In the Path of Light with MAA

A Journey of Love and Transformation

マーとともに、光の道をいきる

愛と変容の旅路

[著]
スワミ・パラメッシュワラナンダ
Swami Parameshwarananda

[訳]
清田素嗣・山岡 恵

bio
books

マーとともに、光の道をいきる——愛と変容の旅路

CONTENTS

装幀・本文デザイン　竹川美智子

前書き

「前書き（Foreword）」とよく似た響きの「前進（Forward）」という言葉があります。本書には、この「前進」のほうが似つかわしいかもしれません。

私たち誰もが、「前進」をしているのだ、と言ってもよいでしょう。進化という言葉が示唆しているのは、私たち誰もが何者かに進化しつつある、ということです。それと同時に、私たちは常に、今ここに、存在しているのです。さらに私たちは、今という時間の中で動き、そこには本来、前進と後退という二つの面があるわけではない、と表現することもできるでしょう。しかし、ここで止めておきましょう。時間や二面性の幻想について、哲学的に論じてゆく時でも場所でもありませんから、この件はまたあとで触れるようにします。

前進すること、進化すること。これらの言葉を記していて、私には三つの例が思い浮かびます。私たちは二〇一七年に突入しました。私の名前は六年前、法的に「スワミ・パラメッシュワラナンダ」に変更されました。そして三八年前、私はアフリカ大陸の東南沖にあるモーリシャス島を経営コンサルタントとして訪れ、その数年後にはその島で生まれた私のグル（導師）であるサイマーとともに、スワミ（高僧）として再訪しました。

これらすべてが、私が今この本を執筆していることとどうつながるのでしょうか？　私の意図はどんなことであり、そして、この本がどのようにあなたの役に立ってほしいと願っているのでしょうか？

私はこの本が、人生のさまざまな局面にあるすべての人々の役に立つように執筆しています。例えば、あなたが自身の人生に不満を抱いているとしましょう。あなたは人間関係に満足していなかったり、子供とどう接したら良いかわからなくなったりしているかもしれません。もしかしたらあなたは、ありのままの自分でいることに理由のない居心地《いごこち》の悪さを感じているかもしれません。あるいは、愛する人や職を失うという大きな転機に直面していて、これまで長いあいだ心の拠《よ》り所《どころ》としてきた、いわゆるアイデンティティが消《き》え失《う》せてしまったかもしれません。真の自分自身を表現できていないと不満に思っているのかもしれませんし、人生のより大きな意義を探しているかもしれません。もしくは素晴らしい人生を送ってきているものの、何か物足りなさを感じ、もっと心の底から満足したい、と本能的に感じているかもしれません。

ここに挙げたすべての例の共通項は、前進するということです。あなたは現在の自分自身から、あるいは今いる人生の場所から、進化しようとしているのです。

あるいは、もしもあなたが、自分自身の進化のために内面を見つめなければならないということに気づき始めているならば、この本はそうしたあなたに役立ってくれることでしょう。私たちの真の姿は自身の内面に隠されていて、私たちの多くは、その真の姿とかくれんぼを演じてしまっています。自分自身から隠れて、自分を満たしてくれる人や物を自分の外に見つけようとしているのです。もしかしたら、あなたはすでに自身の内面を見ようとし始めているか、あるいはもう長いことそうしてきているかもしれません。あなた自身とあなたの人生をもっと見つめることで、あなたは前進のために必要なステップを踏むことができるようになります。

最後に申し上げたいのは、この本は、単なる変化ではなく変容を求めているあなた方のためのものだということです。その違いはどんなものでしょうか？　変化とは姿や格好を整えたり修正したりする行為に過ぎません。外見が変化しても、その下にある根本は、同じ人間のままです。それは壁のしっくいやペンキを塗り直すようなものであって、まったく同じ構造がそのまま下に残っています。しかしあなたが変容した時には、元の姿がわからないほど、土台から作り直して自分自身を改革しているのです。自分自身とその人生についての新たな思考、感情、認識によって、あなたは自分が誰であるかを、再創造しています。この再創造は、あなたの行動、コミュニケーション、人間関係、自己表現において、パワフルに発揮されるのです。

つまり、この本は自身の内面を見つめ、変容を成し遂げて前進したいと願う、さまざまな人々のためのものなのです。

さらにこの本には、注視していただきたい二つの重要な特徴があります。

私はヒンドゥー教の伝統と教えにつながるスワミです。ですから、写真でご覧になる通り、白い服を着用しています。あなたがこれから読まれるのは、服装も含めた私の進化の物語なのです。そんな風に私は、自分自身の属するヒンドゥー教の系統を尊重し、敬愛していますが、この本は宗教的観点から書いてはいません。この本のテーマはスピリチュアリティ、つまりはスピリット（霊）が、私たち誰もが自身の内面を突き詰めて行った時に見出す、真理もしくは本質である、ということです。スピリットこそが、私たちが変容の結果として実現し、表現し、日常生活を生きる、その対象であるのです。

次に申し上げたいのは、私は導師《グル》、つまり悟りに達した師を持つという人生の道を歩んできたことです。マーという形をとって私の人生に訪れた予期せぬ祝福が、いかに必然的なものであったか、おわかりいただけることでしょう。この本は、マーとの二二年以上の日々がもたらしてくれた私の進化と深い変容をまとめあげたものです。この本を読むにあたっては、マーを導師として仰がなければいけないということはありません。人生において導師を持つことが、あなたに義務づけられているわけではないのです。あなたは私と同じ選択をする必要はなく、私の真似をして同じような服を着たり、剃髪《ていはつ》したりする必要はありません。もしもあなたが、自身の内なるスピリットを思い出し、再発見し、それを大切にして人生を歩むことに興味があるならば、この本はそのための一助になります。これから開くページは、あなたの進化に貢献できる教訓で埋め尽くされているのです。

私はマーと会うまで、本当に苦しみました。私の苦しみ――「その苦しみ」ではなく、「私の苦しみ」とするのは、「私」の執着が原因だったからですが――はマーと出会う前の二年間に、最悪の状態に達していました。この本が存在しているのは、その頃の私の苦しみを知ることで、あなたが自分自身で苦しまずに済むようになるためなのです。

この本はあなたの変容への旅のガイドブックです。人生の旅を続けているあなたは、これからいろいろな国々、さまざまな状態やエネルギーを訪れることになります。あなたが遭遇するのは十数年に及ぶ私の体験とそこで得られた教訓であり、あなたはそれらを自身の人生に役立てることができます。すべてが、あなたの日常生活に応用してもらうための提案です。そう、私たちは自分自身について学ぶことはできますが、学んだことを活かさなければ、人生の目的や夢を実現し、自己実現する上での前進はありません。そしてそれらを実現することが、私たちがこの時に、この肉体をもって、人間として生まれてきたそもそもの理由なのです。

私の歩んだ道を、あなた自身の旅を展望し設計するための枠組みとして活用してください。この本が提示する質問、教訓、そして実践方法はなんらかの形で必ずあなたの琴線《きんせん》に触れ、惹かれたり応用してみようという気持ちになったりするはずです。大半がそうでしょう。なぜならば、それらはいずれも人間が生きる上で重要な事柄ばかりだからです。私には何ひとつ特別なところはありません。また、あなたと変わるところもありません。先ほども申しましたが、私は苦しみ、混乱し、ボロボロになりました。そこで変容への道を歩み始め、その時からはずっと集中し、辛抱し、自己を律してきました。最も重要なのは、自分自身を捧げて、打ち込んできたということです。

私たちは誰もが、自分で選んだ道で進歩を遂げることができますが、それは自身の内にある真の本質に自分を捧げ、実現に向けて責任を持ち行動に移してこそ可能になるのです。道の上をゆく（道に則《のっと》る）のではなく、道の中をゆく（道そのものになる）のだとマーは言いますが、まさにその言葉の通りです。変容を果たしたことで私は生きながらえ、生き続けており、人生のさまざまな可能性が広がってきています。変容の旅を続けるにつれて、あなたの人生にもそれらは現れ、そして明確なものになってくることでしょう。

もしもこの本を読み終えて、私が意図したところとあなたの思いが合致したと感じたら、どうぞご連絡ください。メールアドレスは swamiji@lightlegacy.org です。

私はこうして書いている間にも進化を続けています。自己表現こそが私たちすべてにとって変容の鍵だからです。私たちは表現を通じて、自分は何者であるかということをより明らかにしてゆきます。自身の人生をより明白にしてゆくのです。マーは、他の偉大なる師たちと同様に、私たちは誰もがシャクティというエネルギーであること、つまりダイナミックで知性を有した、創造を司る女性性エネルギーそのもの

ハー・ホーリネス・ジャガットグル・サイマー・ラクシュミ・デヴィ
Her Holiness Jagadguru Sai Maa Lakshmi Devi

だと教えます。私たちが自己表現をする時、このエネルギーが内から溢れ出て、具体化してゆくのです。そうしてこのエネルギーは本来の目的を果たします。その目的とは、自由になり、創造するという、私たち自身の目的でもあるのです。

この文章を読んでくださって、時間を割《さ》いてあなたの人生の進化の道に自分自身を捧げてくださっていることに感謝します。私はこれまでの人生と、今の人生に感謝しています。私はすべての人に、こうした無限の可能性があることが今はわかっています。その無限の世界に入り込んで、内にも外にも自己実現させてゆくための行動を取ろうではありませんか。私たちが歩《ほ》を進めているのは、並外れた旅です。声を合わせて言いましょう、「なんという旅なんだ！」と。私たちは、旅行代理店であり旅行者でもあります。歓びと驚き、新たな風景と冒険に満ちた旅行プランを創造できるかどうかは、私たち次第なのです。それは故郷のように感じられる目的地への旅です。その目的地で安らぐことができるのは、そこが私たち自身のハートの内にある「愛」だからです。

献辞

この本を、私の導師、ハー・ホーリネス・ジャガットグル・サイマー・ラクシュミ・デヴィに、人生において十六年以上も尽くしてきてくださった親愛なるマーに捧げます。マーが私を愛してきてくださったこと、尽くしてきてくださったこと、そして私の――永遠へと至るための――たくさんの人生経験をともにしてきてくださったことを、私は知っています。私は永遠に感謝し続けます。

マーはいかなる瞬間にも、さまざまな形で私の前にその姿を現してくれます。私が意識している間、ずっといてくれるのです。マーは私の内なる声、私の呼吸、私のハートの中のすべての愛がマーを求めるとき、いつでもそれに応《こた》えて、私とともにいてくれます。私がその愛にアクセスできるのは、私の人生におけるマーの存在のおかげです。私たちは皆、自身の内にあるマーの愛を発見しさえすれば、祝福で満たされるのです。

マーとは物理的な存在ではなく、マーと出会ったことのある人の記憶や体験、マーについて書かれた言葉などでは表現できません。マーは人間の意識では計り知れません。マーとはあらゆる可能性であり、統合された領域であり、純粋なる空間であり、根源的な音の「オーム」であり、創造の前の状態そのものなのです。マーとは私であり、あなたであり、すべての人類であり、すべての惑星と銀河であり、すべての世界であり、すべての次元であり、ありてあるものなのです。

マーとは、私が自分自身を捧げる大いなる自己であり、私たちを見守ってくれている存在であり、私たちの内に存在するエネルギーであり、知りかつ知られる者であり、愛し愛される者です。マーとは根源としての愛であり、創造されてきた私たちすべての中核かつ本質のことです。

マーは、マーを表現するこれらの言葉を具体化し、体現するシャクティ（知性を持つ女性性エネルギー）です。マーとは私たちが求めてやまないものです。マーとは私たちが、肉体とともに偉大な自己を実現して、あらゆる瞬間に神なる命を生きられるよう、幾度となく生まれ変わってきた、その根拠となるものです。マーは形があって形がなく、音、光、波動として、同時に複数の次元に存在しています。

私は私自身をあなたに捧げます。マーであり、私であり、大いなる自己であり、マーを通じて私が実感し、知り得た「愛」であるあなたに捧げます。この本は、マーと、マーであるすべてに捧げるということの、ひとつの表現方法なのです。

マーがメッセージの終わりに書き添える、「あなたとともにいつも　マー」という言葉があります。永遠なる存在が永久に私たちとともにいてくれるということの言葉を宣言して、あなたに安らぎをもたらし、あなたを力づけ、あなたの役に立たせてください。これまで私にとってずっとそうであるように、そして多くの人々にとって、これからそうであるように。

マーとともにある私の人生に、私の人生であるマーに、生命としてのマーに、心からの「Yes《イエス》」を。

オム・ジェイ・ジェイ・サイマー（「私の内にいる聖なる母、あなたの内にいる聖なる母に敬意を表します。」）

謝辞

この本を、そして私自身を、謹んでマーに捧げます。またこの本を出版するにあたって、どうしても感謝したいのが、私の娘であるベッキーと、彼女が成長する過程で私が経験させたこと、私たちがともに成長してきたそのありよう、いかに関係を創り上げ、お互いから学んできたか、それらすべてに対してです。私たちの関係について、そして親が子との関係で用いることのできる教訓に、この本の一章を費やしました。ベッキーにその章を書くことへの理解を求めたところ、私たちすべてにとって幸運なことに、彼女は同意してくれました。

ベッキーは私にインスピレーションをもたらしてくれます。彼女は明るく、情熱的で、クリエイティブで、いつも何かに真剣に取り組んでいて、あらゆることに対応する準備ができています。マーが、お気に入りのマントラ（真言）として教えてくれたものに「イエス、アイム・レディー（はい、私の準備はできています）！」という言葉がありますが、ベッキーはまさにそれを体現しています。いついかなる時にもハートをオープンにして自身の内面を見つめられることを、彼女は何度となく身をもって示してくれました。彼女は、私たちの親子関係も、他のことも、何がうまく行っていて何がうまく行っていないのか、誠実に話してくれます。しかしそんな時もただ話しているのではありません。ベッキーは行動をし、変容を遂げているのです。

ベッキーは常に躍動をしているのです。彼女はニューヨーク市にあるニューヨーク大学のティッシュ・スクール・オブ・ジ・アーツを卒業後しばらくの間、私とカリフォルニア州のサウサリートに住んでいました。その後ミル・ヴァレー、オークランドを経て、ブルックリンへと戻りました。彼女はCM・映像の制作補佐から制作進行、制作管理と昇進を続けてゆき、なんと今や「ザ・ライト」という制作会社のオーナーです。彼女はまたグローブトップスという非営利団体の創始者でもあります。中古パソコンの寄贈者を募り、パソコンを所有できれば本人だけでなく周囲の人間の人生も大きく変わるのに、そのチャンスが与えられていない人々に、パソコンを提供する団体です。その活動はインド、アフリカ、ハイチ、北米で行われています。

ベッキーは自分の愛することを職業として仕事をしているだけではありません。彼女はアフリカン・ダンスのダンサーであり、アフリカン・バレエ団の団員でもあります。私はニューヨーク、ロスアンジェルス、パリ、ウエリントン（ニュージーランド）を含む世界中の都市で、彼女のダンスを観てきました。彼女は自身が愛することを実践していますが、その中にはサイマーのティーチャー（講師）の一人であることも含まれます。彼女は私とともに英語とフランス語でマーの教えを世界中で教えてきているのです！

過去三〇年以上も、自分自身や人間関係、そして自分の人生、それらについてどれほど多くをベッキーから学んだことでしょうか。私は深く感謝しています。ベッキーの生命力、力強さ、ユーモアのセンス、笑い声に感謝しています。ベッキーが私と同じくらい映画とポップコーンを愛していることに感謝しています。足の指先が湾曲しているのも、日光にあたるとあせもが出やすいのも遺伝のせい、と私を責める時もありますが、ベッキーが私を愛してくれる、その愛し方を私は愛しています。人と出会い、交友を深めてゆくことを深く愛するベッキーを、私は愛しています。彼女が人生を二〇〇パーセント愛している、そのことを私は愛しています。

ベッキーが私にとってどれほど意味のある存在であり、私たちそれぞれの人格の変容を通して、二人の間の愛と関係性がどれほど成長し、あらためてその本質を明らかにしてゆくか、私は知っています。彼女なしで今の私はないこと、その真理は残りの人生にもずっと当てはまるということを、私は知っているのです。

私はまた、サイマーのブラマチャリーニ（尼僧）の一人であり、サイマー・ジャパンの代表であるラジェッシュワリ・ダスィ（礼子デューイ）にも、感謝の意を表明したいと思います。彼女の献身、天恵《グレース》、そして日本でコミュニティを築き上げて、世界の家族たちに尽くしてきた、そのリーダーシップに私は敬意を表します。この本が多くの美しき日本の魂たちに役立つよう、愛をもって日本語翻訳に協力してくれた清田素嗣氏、山岡恵氏、出版に尽力してくれた編集の倉持哲夫氏、（株）ビオ・マガジンの真貝尚代氏にも感謝します。

二〇一七年一月

第1章

若かりし頃

中西部出身の可愛い坊やだったユダヤ人が、白衣《びゃくえ》に身を包み、剃髪《ていはつ》し、グル（導師）に身も心も捧げるスワミ（指導的立場にある行者《ぎょうじゃ》）となって、一体何をやっているのでしょうか？

まずお伝えしておきますが、私にはもともと毎日剃らなければならないほどの髪はありませんでした。次に、どうしてこうなったのかは、私がマーと出会うことになったいきさつを説明しますので、それでおわかりになるだろうと思います。

マーと出会う前と後、「ビフォー」と「アフター」の私の写真を、まずはご覧になってください。サイマーと私の間でジョーク半分にずっと語ってきたことですが、変容を果たした人たちに本人のビフォー・アフターの写真を提供してあげれば、誰もが自分自身の変容の大きさを、とても深く理解できることでしょう。古い写真の、私の髪を見てください。私の友人は当時、私のことを「ドレイパー」（人名ですが『覆いをかける人』の意味にもなります）と呼んでいました。髪を無理やり引っ張って、髪のない部分を覆い隠していたからです（風は私の大敵でした）。この写真が、当時の人生において私がいかに多くを「隠していた」か、象徴しているということが、おわかりになるでしょう。

私が生まれたのはシカゴの伝統的なユダヤ人家庭で、私が十一歳の時に、多くのユダヤ人家庭がそうするように、郊外へと移り住みました。イリノイ州ナイルズでの生活はさして珍しい出来事もない、いたって平凡なものでした。バル・ミツヴァー［1］もしてもらいましたが、その時にもらえる贈り物が目当てというだけでした。映画にはよく行きましたし、今も変わらない楽しみのひとつです。バーガーキングにもよく行っていましたから、食生活は変わりました。サマー・キャンプにも参加しました。最も強く記憶

―― 1 バル・ミツヴァー――ユダヤ人の男子が十三歳になる時に行なう成人式。非常に大規模に行なうケースもある。

ポール H. フェアスタイン博士
Dr. Paul H. Faerstein

スワミ・パラメッシュワラナンダ
Swami Parameshwarananda

に残っているのが、泳ぎを覚えるようにと、プールの深いところに放り込まれたことです。これはうまくいきませんでした。ただ単に息が詰まり、大量の水を呑み、恥ずかしい思いをし、プールにいくことが大嫌いになっただけでした。

学校の成績は常に良い方でしたが、スポーツは得意ではありませんでした。友人も多くありませんでした。その頃、髪をグリースで固めた、私たちがグリーサーと呼んでいた暴走族のような連中からいじめられていて、スクールバスに乗るのは楽しいことではありませんでした。放課後の活動のひとつとしては合唱団に参加しており、高校三年生の時には団長になり、それ以降は配役と進行を同時にこなすようになりました。私は『サウンド・オブ・ミュージック』でのロルフの役割を果たしていたわけなのですが、合唱団はやめてしまいましたし、スターになることもありませんでした。

幼少期から若年期にかけて、私は母親にべったりで、離れることなど考えてもいませんでした。父親は物静かで内にこもりがちな人間で、私は特に問題もなくつきあっていましたが、彼のことをほとんど理解していませんでした。いつも腹を立て、数年間もうつ状態にあった兄とは、まったくうまく行っていませんでした。ずっと後年になって兄から聞いたのですが、子供の頃の私はいつも兄のあとをついて回り、兄はずっと私を無視していたそうです。私は彼のこともまたよく理解していなかったのです。

私は学校でも家でも問題を起こさない、いわゆる「いい子」でした。タバコ、麻薬、アルコール、不純異性交遊、そのいずれにも手を染めませんでした。喧嘩も、反抗もしませんでした。家庭内の空気には敏感で、できる限りやわらげるようにジョークを連発し、皆が満足するよう、期待されている通りの自分であるよう振る舞っていました。家庭内にはいつも、表現されないままの怒りが沈澱していたのです。食事の間の沈黙は重苦しいものでした。そこにあった怒り、恨み、悲しみが私自身の内部で、長年にわたってうずいていたのです。

ウィスコンシン州のベロイト・カレッジに通っていた一九七二年、私は初めて自立しました。愛するフランス語をそのまま専攻にしていました(十一歳からフランス語を学んでいたのです)。その後、心理学を加えて複数専攻としました。後に妻となるレスリーと出会ったのは初年度、一九世紀フランスロマン主義文学のクラスの、初日のことでした。初めての親密な男女関係に胸が躍《おど》るようでした。最初はただの友人同士で、レスリーの彼氏がキャンパスに遊びに来た時には、私の部屋に泊めてあげたことすらあったくらいです。ニューヨークを訪れた時に彼女と彼女の両親と初めて出会い、そこで一緒に過ごした時から、二人の仲は進展しました。レスリーの母親は初めて会った時、そうなることを予言しました。いつも、とても、勘の鋭い人でした。

レスリーと私は大学三年生の時に一年間、交換プログラムでフランスに留学しました。ブルターニュにあるレンヌ大学の文学部で学んだのですが、ホームステイ先は別々の家庭でした。私が住んでいたのは小さなシャトー(城)で、態度は荒々しくても実は心優しい中佐と、一風変わった夫人、彼らがこよなく愛するダックスフントとメイドさんと、ともに暮らしました。お二人のいずれかがラ・ファイエット侯爵〔2〕の子孫で、ある晩ムッシュとマダムがリビングリームのキャビネットの奥から、黄色く変色した羊皮紙に認《したた》められた、独立戦争時にラ・ファイエットとジョージ・ワシントン将軍が交《か》わした手紙を引っ張り出してきて、見せてくれたことがあります。これには感銘を受けました。毎日の生活の中では、メイドにかしずかれること、バゲットにたっぷりヌテラ〔3〕を塗ったサンドイッチをさらに熱々のホットチョ

2 ラ・ファイエット侯爵――フランス革命とアメリカ独立革命の両方で英雄として名を馳せたフランス軍人。

コレートに浸して食べること、そしてベッドルームがある二階へと、曲がりくねった階段に敷き詰められた赤いカーペットの上を駆け昇ることを満喫しました。

レスリーはフレンドリーで陽気な、子沢山《こだくさん》の大家族と暮らしていました。彼らとともに過ごし、おいしく食事しながら、白熱する政治談義に耳を傾けることは、私にとってはリラックスできるひと時でした。彼らの政治的信条は、マルクス・レーニン主義者、共産主義者、ファシストとさまざまで、何を言っているのかよく聴きとれない時もありましたが、私もできる限り政治談義に参加しました。それは私が成長の過程で経験してきた、沈黙が君臨し支配する食事の光景とはとても対照的なものでした。

四ヵ月が経った時、レスリーと私は交換プログラムを修了し、パリへと移りましたが、その優雅さと歴史、そして多様性は私をたちまち魅了しました。セーヌ川とエッフェル塔の近く、ゲートで囲まれた通りの集合住宅の一階の使用人用宿舎に暮らすことになりました。ガストン・セント・ポール（聖人パウロ）という名の通りでした。私に別な聖パウロとの出会いがあることは後述します。ちなみに私の出生時の名前はポールです。しかし、私は聖人ではありません。ミドルネームはハリー（Harry）です。アメリカ人が「ハリー」と発音すると「髪がふさふさ（hairy）」という言葉にも聞こえますが、私は残念ながらそうではありません。

レスリーはパリのシャンゼリゼにあるチャーター・フライトの会社で働き、私はパリ西部郊外のコミューンの、ヌイイ・シュール・セーヌにあるアメリカ人向け病院で、バイリンガル（英仏二ヵ国語）の受付として働いていました。スキルは必要とされませんでしたが、チップを求めて懸命に働き、時にそれを得ることに成功しました。しかし、亡くなったばかりの患者さんの親族を霊安室へと案内することは、たとえ裕福な人たちの場合でも、嬉しい仕事ではありませんでした。パリで暮らした後、レスリーと私は欧州の鉄道システムであるＥＵレールの乗り放題パスを使って、ヨーロッパ中の都市を数ヵ月間、旅行しました。スイスのベルンで婚約し、指輪はダイヤにしました。

ほぼ一年を過ごしたヨーロッパを離れ、二人はニューヨークでレスリーの両親とともに暮らしながら、コロンビア大学のティーチャーズ・カレッジで、自分たちの大学で単位として認めてもらえる、タイピスト勤務をし始めました。レスリーの父親は聡明なインテリで、酒を飲んでは議論を仕掛けることが大好きだったため、私にとっては彼とのつきあいは大きな試練でした。彼女の弟は、私に敵意を抱いており、それを隠そうとはしませんでした。私はできる限り静かに、感じていることを自分の内部に押し込めるという、自身の「パターン」を続けていました。私が代償として得ていたのは、彼女の父親からもらう劇場の無料チケットと、ミッドタウンでも有名な彼のデリで食べさせてもらえる、素晴らしくおいしいコーンビーフ・サンドイッチとピクルスでした。ベロイト大学へ戻って最終学年を終える準備が完全に整ったレスリーと私は、一九七一年四月四日、コロンビア大学のセント・ポール・チャペルで結婚式を挙げました。

つむじ風のように活発な動きは、吹きやむことがありませんでした。私たちは一九七二年八月にベロイト大学を卒業、マンハッタンへと戻った九月からは二人とも大学院へ通い始めました。私はニューヨーク大学で産業／組織心理学の哲学博士課程へと進み、レスリーはコロンビア大学でのソーシャル・ワーク学修士プログラムに続いてティーチャーズ・カレッジで教育学博士課程に進みました。二人とも七年後に博士号を取得します。

―― 3　ヌテラ――ヘーゼルナッツをベースにしたチョコレート風味の甘いスプレッド。

私にとってそれらの年月は、授業と研修と総合試験と論文の日々でした。パートタイムでカウンセリングを行えるようになり、卒業の一年前には正規のカウンセラーとなっていました。レスリーはソーシャル・ワーク学修士取得後、教育博士課程に進んでいましたが、コロンビア長老派教会病院で、フルタイム勤務を始めていました。結婚生活には浮き沈みがあったものの、ともに学業を修了する時期が近づいてきたため、子供を持つことに決めました。

ちょっと思い描いてみてください。一九八〇年五月十六日の夜遅くのことでした。ベッドに横たわり、「ジョニー・カーソン[4]」を観ていた時にレスリーが破水しました。彼女をオレンジ色のバスタオルでくるみ、タクシーで近くのベス・イスラエル・ホスピタルへ向かいました。二二時間にも及ぶ厳しい陣痛の末、レスリーはベッキーを産んでくれました。ベッキーはどうやってこの世に現れたと思いますか？母親のお腹側に顔を向けた、アメリカで言う「サニーサイドアップ」です。見守っていた私をまっすぐに見つめて、生まれてきてくれたのです。私にとってそれは、今なお胸の奥深くで大切にしている贈り物です。

そこからマーと出会うまでは、対照的なことに満ちた年月でした。私は心地よく、楽しみ、旅行をし、人と交際しました。私はまた苦しみ、怒り、葛藤し、内にこもりました。私を診《み》てくれたセラピストはそれを「洞窟の中にいる状態」と形容しました。真っ暗闇の中にいる方が、自分自身と、自分の欲求と、幻想と、人生の真の目標と向き合うよりも、まだましでした。つまり、私は自分が何者なのか、まったくわかっていなかったのです。

私は自分のための個人セラピーと、レスリーとともに受ける夫婦でのセラピーに時間を費やしました。そして大手の国際的マネージメント・コンサルティング会社であるヘイ・グループの協同経営者の座を目指して、毎日長時間働き続けました。しかしそれは、学校で最高の成績を収めることから、仕事で最大の売り上げを達成することへと移行しただけでした。私は常に、外部から与えられた目標を達成することが成功だと信じて、自分自身を評価し続けていたのです。

こうして社会的、職業的、経済的な基準としては成功を収めていたにもかかわらず、私は崖っぷちにいました。足下《あしもと》は断崖絶壁です。私の歩みはそこで止まってしまいました。もしもここから跳んだとしても、空の飛び方を知らないうえ、私を指導してくれる誰かがいるわけでもありません。私の思考と感情は行き詰まり、私は混乱し、不活発になってしまいました。

その時、何が起きたでしょう？　その状態の私が何を引き寄せたと思いますか？　もしかしたら、生まれてくる前の約束に基づいてのことかもしれません。二年と経たないうちに兄が、胸腺のガンにかかり、一時小康状態を保ったものの肺ガンで死去しました。母が乳ガンを患《わずら》った後、脳腫瘍で死去しました。十三年間、勤めあげた会社からクビを言い渡されました。二一年間の結婚生活が終わりを告げ、離婚しました。私が自分の拠《よ》り所《どころ》としていたもの、そして自分自身のアイディンティとなっていたすべてが消え去ってしまったのです。私が長年——正確に言うと四四年間——意識を向けてきたものは、何ひとつ残されていませんでした。私は悲しみ、嘆き、怒り、不安になり、否定し、やがて何も感じなくなり、生けるしかばねのようになってしまいました。これから自分の身に何が起こるのかも、まったくわかりませんでした。

4　ジョニー・カーソン——アメリカの人気トークショーのホスト。ここでは平日二三時三０分から全米で毎日放送していたカーソン司会の人気トーク番組 *The Tonight Show starring Johnny Carson* のことを指す。

人がすべてを剥《は》ぎ取《と》られ、無防備に自身をさらけ出して、白紙の状態になった時、何が起きるでしょうか？　そう、「マー」。「マー」が起きるのです。

母、守護者、悟りを開いたマスター、愛と光への奉仕者。マーとは導師《グル》、つまり私たちを虚偽から真理へ、闇から光へ、死から不死へと導いてくれる存在であり、それはヒンドゥーの哲学書であるウパニシャッドにある、サンスクリット語のマントラの通りです。

アサトーマー　サッドガマヤー　　　　　虚偽から真理へと　導きたまえ
タマソーマー　ジョーティル　ガマヤー　闇から光へと　導きたまえ
ムリトョールマー　アムリタン　ガマヤー　滅びから不滅へと　導きたまえ
オーム　シャーンティ　シャーンティ　シャーンティヒ　オーム　平安あれ　平安あれ　平安あれ

その偉大で、きわめて重要で、摩訶不思議なマーとの出会いについてこの後、記してまいります。すぐにでも先を読みたいと感じてくださっているかもしれませんが、まずは次に記すことに目を通してからにしてください。それはあなたのためです。私の経験についての話から、経験を通じて学んだ知恵へと移りましょう。

私が経験から学んだこと

◆苦しむ必要はない！　そう、私は自分自身のアイディンティティだと思っていたものすべてを失って、重大な苦痛、悲しみ、苦悩、そしてある意味での死すら感じていました。しかし変容を遂げるために、そこまで遠いところ、もしくは低いところまでゆく必要はありません。私たちは「今」を見据え、内省することで、最高の自分になる上でもう必要のない、怠惰さや行動などのパターンを見てとることができます。苦しみは自分自身が創り出しているのだと知り、周囲の人間や状況のせいにするのをやめることができるのです。そうです。私たちは苦しみを創造し、再創造してしまうのです。つまり人生における苦しみを自分で強固なものにしてしまうのです。そしてそれが人間というものだと、か、それも自分のアイデンティティの一部なのだと感じたりします。しかし、その苦しみは容易に消し去ることができます。私たちは自分たち自身と自分たちの人生を方向転換させることができるのです。

◆変容にさほどの時間は必要ない。心理学者として、そして自身もセラピーを長年受けてきた立場として、熟練の精神科医の治療そのものを過小評価したり、治療がもたらす結果を否定したりするつもりはありません。ただし、知っておいていただきたいのは、私たちは、人生におけるあらゆる思考や感情や出来事をひとつひとつ処理せずに、速《すみ》やかな変容を遂げることができるということです。変容を加速するためには、集中力、規律、誠実さ、謙虚さが必要です。私たち自身を、私たち自身に対して包み隠すことなく明らかにするための勇気を必要とします。変容と変化の違いを、忘れないでください。あなたは壁紙を貼り直したり塗り直したりしているのではなく、かつて存在しなかった新たな何かを創造しようとしているのです。

◆内面を見つめることを忘れない。私は自分の外に設定した目標や成果に気をとられるあまりに、自身の内面で何がうまく行っていないのかを見出し、それと向き合えるようになるまでに、数年間もかかってしまいました。自身の内面で正しいと感じられない、信頼できると思えないものばかりと向き合っていたのです。自身の内面を誠実に、直接的に見つめないのは時間の無駄です。もっとも重要なのは、苦しみに手を差し伸べることです。水をやり、栄養を与えてあげて、私たちの生活、マインド、肉体、細胞、そしてオーラの中で成長をさせてあげるのです。苦しみは自発的にどこかへ去って行ってはくれません。不安、混乱、憂鬱感、怒りは勝手に消え去るということはないのです。両眼をしっかりと開いて自分自身に問いかけましょう。自分自身をしっかりと表現しましょう。そうやって私たちは学び、学んだことを使って自分自身を根本的に改革するのです。

◆**私たちは自分の両親でも、これまでの経歴でもない。**私は家族の中で、ある特定の役割を演じながら育ちました。抜き足差し足でトラブルを避け、にこやかに、人から言われた通りにしていました。しかし私たちは同じ感情を抱き続けたり、過去のパターンを続けたり、同じストーリーを頭の中で繰り返す必要はありません。人生で出会う人々に対して、過去と同じ役割を果たす必要はないのです。私たちは創造者であり、自分たち自身をたった今この瞬間にも、新たに再創造できます。過去の延長や、過去を踏まえた未来にする必要はありません。

◆**恐怖は視界を拡げない。**先ほども述べましたが、私は洞窟の中にこもり、自身の思考、感情、行動を、思い切って踏み出し、発揮することを避けていました。この引きこもり、視野の狭さは、恐怖から来ていることを知ってください。それは未知への恐怖かもしれませんし、傷つくことや拒絶されることや愛されないことへの恐怖、あるいは過ちを犯すことへの恐怖かもしれません。これから起こりうることへの恐怖や、真の自分の思いや感情を表現した時に他人からどう言われるか、という恐怖かもしれません。私たちが自分たち自身を閉じ込めてしまったものは、内面に残り、拡大され強化される、という事実があります。そして事態を悪化させ、より苦しくさせる人や状況を引き寄せます。

◆疑わない、やってみることを恐れない！ 今の私が持っている知識とともに振り返れば、かつての自分がどれほど待ち続け、拘束されたかのような状態で苦しみを長引かせていたか、はっきりと見えます。私の苦しみは私の人生だけでなく、私のかつての妻や私の娘、両親、兄の人生にも影響を与えてしまいました。私たちは愛に、宇宙に、光の存在たちに、偉大なる師、マスターたちに抱かれていることを知ってください。そして、ただ待っているだけであり、私たち自身と私たちの人生を癒し、変容させようとしてくれている存在たちの声に耳を傾けていないのは、他ならぬ私たちだということを知ってください。私たちに引き寄せられ、人生の一部となってくれる、それを待ち望んでいる人々、そしてチャンスはいくらでも存在します。彼らは私たちが最高の自分となり、さらに十分に、もっとパワフルに自身を表現し、そして人生の目的を生きる、そのために尽くしてくれようとしています。私たちが挫折、問題、混乱、敗北、あるいはどん底と呼んでいるものは、実際には根本的な改革への入り口という、通過点に過ぎないのです。

第2章

そしてマーが現れた

喪失感と空《むな》しさのどん底から、私は愛と喜びを再認識するという高みへ、昇ることになります。

自分自身のアイデンティティが消えようとしていた時期、私は人生の意義、そしてこれまでとは違う何かを、探し始めていました。グラマーシー・パークからグリニッジ・ヴィレッジに引っ越し、若い学生たちに交じって、若返りと若干の老いとを同時に感じたりもしました。後に住むことになるコロラドにアウトワード・バウンド協会が主催するアウトドア活動旅行に出かけ、誰かが支えてくれているロープに必死でしがみついて、心細さと闘いながらロッキー山脈を下ってゆくという体験もしました。当然、そこで学んだ教訓のひとつとは「誰かが支えていてくれているのを心から信じる」ことでした。夜はたった一人で内省し、自然と心を通わせました。それは過去に経験したことのない、まったく新たな行動でした。

私が瞑想を始めたのはマーと出会う、ちょうど六ヵ月ほど前のことです。初めて読んだ瞑想の本には「羽毛《うもう》が雲の上へと降り立つ様子をイメージして」と書かれていました。私は自分の肉体、欲望、性的嗜《し》好《こう》をより深く理解し、それらとの新たで親密な関係を探求してゆきました（私は長いこと洞窟の中だけでなく、クローゼットの中にも——つまり自分の性的嗜好を隠しても——いたのです）。私はさらに、ランドマーク・エデュケーション社が主催する自己啓発プログラムを受講し、その後も上級コース、自己表現のプログラム、リーダーシップのプログラムと相次いで受講してゆきました。私は自分自身の「仕事」と「勝利の方程式」について学び、自分自身という名の可能性を創造していったのです。『私』とは、人々が共同で創りあげる可能性のことである」という言葉がありますが、まさにその通りでした。嬉しいことに、その「可能性」は実を結び、今の人生へと続いていています。

この世界における自分自身という可能性を明白にするプロジェクトを、私は母が亡くなった直後、職を失う直前に手がけました。それは私の勤務先があったジャージー・シティの埠《ふ》頭《とう》で行われた、芸術音楽祭でした。面識のない多くの人々とも関わり合う、まさに大勢が心合わせる共同創造活動を、私は心から楽しみました。しかし同時に、ある不自然さも感じたのです。というのも、そのプロジェクト自体と、私にとっての意義とが、私の上司たちや多くの同僚コンサルタントたちには受け入れがたいものだったらしいと感じたからです。仕事上で「もうじき何かの間違いが起こる」とも感じました。

宇宙は往々にして、私たちが自身の可能性を明確にする努力を諦めないかどうか、試練を与えて観察します。私にとってその試練は、土砂降《どしゃぶ》りで芸術音楽祭が中途打ち切られる、という形で訪れました。もちろん、私はひどく落胆しました。ただ、土砂降りの、観客もほとんどいない中、「アメイジング・グレイス」を歌い続けていた美しい黒人女性歌手には感動を覚えました。すべてを片付け終わった後、私たちの多くが近くのバーに行き、共同で行った創造活動を一緒に祝いました。

ランドマークのプログラム受講を終えた私は、今も価値を感じ、ときおり意識に上らせる重要なトレーニングを引き続き受けました。それはニューフィールド・アソシエーツ社が提供していた、存在論〔5〕に基づく八ヵ月間のコーチングです。人間として存在するとはどういうことか、私たちはどのようにして現実を創造し、言語や会話を通じてその現実を生きているのかを学びました。より効果的な行動を取るために自分自身と世界への視点を変えてもらうには、どう指導すればよいのかを学ぶことができました。今でも鮮明に記憶にあるのは、その時にコーチ（指南役）から教わった、「基準を高く設定しすぎなければ、勝利を収められる。その基準を設定する力を持っているのは、私たち自身である」という深い学びです。それまでの私は、自分自身の達成したことに何ひとつ満足も感謝もせず、ひたすら次の目標へと進むだけ

―5　存在論――存在するものの性質ではなく、それを存在させている意味や根本を問う哲学。

でした。そして、成し遂げられなかったらどうなるかという不安を胸にいだいていたのです。

この時期、仕事上で「終わりを迎えて」しまってからは、個人でのコンサルティング活動を開始しました。仲のよい友人と同僚と組み、ユニセフとの大きなプロジェクトを引き受けることができました。ある日のこと、友人と話をしていた時に、彼女の友人がマサチューセッツ州のバークシャーでスピリチュアル・ワークショップを企画しており、インド人の先生が話をするそのワークショップに行くのだという話を聞きました。彼女は内容をうまく説明できませんでした。その時、「私も行ってもいいかな？」と瞬間的に尋ねている自分がいました。招待された人たちしか参加できないワークシップなので、その友人に聞いてみる、とのことでしたが、確認してくれた結果、私は参加できることになりました。

私はその頃、インド人を一人も知りませんでした。インド料理を食べたこともなければ、インド音楽を聞いたことも、ボリウッド映画〔6〕を見たこともありませんでした。インドについてもインド人についても何も知らなかったのです。ワークショップが始まる前日、私は友人とともにグレート・バーリントンのクリスタルショップで買い物をしました。店を離れようとした時に、サリーを着たインド人女性が、ヒゲをはやした背の高い男性とともに近づいてきました。その時私は、それがサイマーと、プログラムを運営している友人の友人だと知りました。一九九四年のレイバーデイ・ウィークエンド（九月の第一月曜日にかかる三連休）のことでした。

私はマーを見、マーが私を見ました。私は微笑《ほほえ》み、マーが微笑みました。磁力のようなもので強烈に惹かれるのを感じました。私はマーに近づき、ためらうことなく尋ねていました。「ハグしてもよろしいでしょうか？」と。マーは笑い、私たちは抱き合いました。その時の抱擁は、今この瞬間もはっきり感じることができます。毛穴がゾクゾクとして、かつて感じたことのないほどの偉大な愛が、私の中にどっと流れ込んできたのです。私は温かさと優しさと「家でくつろいでいる」かのような状態を満喫していました。とても心地よく、とても打ち解けていて、大いなる喜びが感じられました。頭では何も感じていませんでした。私は完全にハートの中にいて、それが私に満面の笑みをもたらしてくれました。

マーは私の友人も抱きしめましたが、友人は同じような反応は示しませんでした。マーはそれからクリスタルショップに向かって歩き出しました。私はマーから目を離すことができなかったので、後ろ向きに、微笑んだまま歩き出しました。彼女は肩越しに振り返り、私に笑いかけてくれました。たった今、何が起こり、それが何を意味していたのか、もちろんマーには私よりもずっと深くわかっていたのです。

週末のワークショップは私にとって新しいことばかりでしたが、まったくまごつくこともなく楽しみました。その頃は少人数でのワークショップだったので、参加者は全部で十二人でした。私たちがエジプトで神官だったことがあるとマーが告げ、その後、互いに聖油を塗り合い[7]ました。しかしその説明は、せっかちで攻撃的で競争心旺盛な典型的「タイプA」と分類される性格で、しかもニューヨーカーである私の人生にも、中西部郊外で育ったユダヤ人としての私の人生にも、しっくりくるものではありませんでした。まさか私が六ヵ月後にエジプトに行くことになるとは知る由もなかったのです。

マーに初めて会った瞬間と同じように、ワークショップの間中、私はまるで家でくつろいでいるかのようでした。そこでの出来事とマーの教え、そのすべてに対してハートを開き、すべてを理解していました。疑念も疑問もなく、すべてを受けとめました。今後もマーの教えを学び、ワークショップに参加し続

6　ボリウッド映画――インドの娯楽映画。かつてボンベイと呼ばれたムンバイが映画産業の中心であるため、こう呼ばれる。
7　塗油（アノイントメント）――神聖なものとの新たな関係を得たことを象徴する。

けるであろうことがすでにわかっていました。私の人生はそのプログラム後も、うわべは何も変化していませんでしたが、私の内部で何かが始まったことが、私自身にはわかっていました。それを分析することはしませんでしたが、言葉として表現するならば、それは「未来を感じた」ということだったと思います。

三ヵ月後の年末のこと、私はウエスト・バージニア州で二度目のマーとのワークショップに参加しました。そこで、マーがかつて住んでいたフランスから来た、多くの教え子たちと会いました。その中の数名は今もマーの近くにいます。一人は僧となりました。以後に何度も経験することになる、初対面の相手なのに心の奥深くでは知己《ちき》だと感じる出会いを、この時初めて、何人もとの間で経験しました。私はこのコミュニティの一部なのだ、と感じました。

それから約二ヵ月たった一九九五年の二月、私はエジプトへ行きました。その後に起きた出来事が、マーと自分自身への疑いをもたらしました。それは私のマーに対する献身を最終的なものとする出来事でしたので、ここでそのことに焦点を合わせます。その出来事が私に献身とは何か、疑いとは何であり、どう感じられるものなのかに、確たる答えを与えてくれました。さらに自分自身を信頼するとはどういうことなのか、そして真底で正しいと感じることを知って行動するとはどういうことなのかも明らかにしてくれました。

私のマーとの初めてのエジプトへの旅の後、私の友人と彼女の友人が、マーに対して疑いの目を向けるようになったのです。結果として、彼らはマーから離れてゆきました。導師やマスターを批判的に見たり離れていったりするというのは多くの集団でよくあることです。通常それは恐怖心や、自分の悪い面を他人の欠点であるかのように転嫁するマインドの動き（投影）、かつて誰かに抱いた感情を目の前の相手に抱いているかのような誤解（転移）、あるいはそれ以外のなんらかの、人間が創り出したものに端を発していています。彼らの中で起きていたことが何だったのかはともかく、ここで重要なポイントは、彼らが批判と疑問を繰り広げ始めた時、私の中で何が起きたのか、です。これは私のエゴ（自我）とパーソナリティ（人格）についての話です。彼らの思考と感情に、私は自分自身の感情と意見を結びつけ始めました。マーのことをけげんに思い始めたのです。マーという存在と、マーに対して抱いていた自分の感情に疑いを持ちました。不安と混乱が襲ってきました。私はマーに強く惹かれ、深くパワフルな愛を感じていながら、誰かの言葉に基づいて、それを批判していたのです。

そこに加わってきたのが喪失感でした。愛という感情を失おうとしていた私は、もうそこにないと思うがゆえに、たまらないほどに愛が欲しくなりました。自分自身を、自分にとって何が大切なのかを、失いそうになっていたのです。思えば私は、成長の過程でも結婚生活においても、同じことをしてきました。幼年期には、家の中を支配していた沈黙と表現されない怒りの前に、そして母親が自分にこうしてほしいと考えているに違いない、という思いによって、自分自身を見失っていました。妻であるレスリーと彼女の家族たちとの関係においても、洞窟の中へと引きこもるように振る舞うがゆえに、彼らにますます力と決定権を与えてしまい、結果として自分自身を見失ってしまいました。私は同じパターンを繰り返してしまっていたのです。それは自分自身にとっての真実（絶対の真理）ではなく、他の誰かの真実につき従うというパターンでした。

回りくどい言い方はやめにしましょう。私はマーに疑念を抱いたのです。私がデラウエア州で開かれたマーの次のワークショップに参加しなかったのは、その疑いのせいでした。しかしそこで、決定的なターニングポイントが訪れます。そのプログラムの参加者のうち二〇名ほどが、プログラムの後にマンハッタンへとグループで戻ってきたのですが、その中にマーが加わっていたのです。彼らはミッドタウンのインド料理店で夕食をともにする手配をしていて、なんと私もそこに招待されました。こうして、疑念と喪失感に、今度は罪悪感が加わりました。

マーが長いテーブルの端に、私はそこから一番離れた反対側の端に座りました。ディナーが始まって間もなくマーが私を見て、私もテーブルを隔てて座るマーを見ました。マーがその時、こう言いながら泣き始めたのです。「どうしてあなたは私を疑うの？」と。私はハートを突き刺されたように感じました。私の内面からとてもパワフルな何かが外に飛び出そうとするのを、喉の奥で塊のようなものがさえぎっています。マーと私は同時に歩み寄り始めました。私はもう我慢ができず、胸も張り裂けんばかりにむせび泣き始めてしまいました。私たちは抱き合い、お互いの腕の中で泣きました。誰もが食事を中断し、私たちを見つめていました。

それが私の疑念の終焉《しゅうえん》でした。もうためらいも不審もありませんでした。私はマーを愛し、マーを抱擁し、マーに自分自身を捧げました。以来、それは変わることも揺らぐこともなく、あの嫌な感情はすっかり消え去ったままです。

私が、自分自身をどれほどマーに捧げているか、そしてそれはいったいどういう意味なのか、いくつかの側面からお話しましょう。

ここまで、マーの愛といたわりについて記してきました。マーとは、私が内面の奥深くで覚えていた、私自身そのものでもある愛、純粋なエネルギー、意識、そして創造活動を司る神聖なエネルギー、シャクティであり、人間はそれと融合して創造を行なうのだということも説明しました。マーが私たちに、闇か

マーとスワミジ　2010年シカゴでのダルシャンにて
Maa and Swamiji during Darshan in Chicago, 2010

ら光へと移行することをいつも覚えていられるように、導師として尽くしてくれていることもお伝えしました。ここで、私のマーへの献身の思いと、何が私を惹きつけ啓発してくれるのかを、より理解していただけるように、マーについてもう少しお話させていただきます。今からお伝えする話はあなたにとって、変容を果たすという目的のために導師または悟りを開いたマスターという存在を持つことへの興味を引き起こすかもしれませんし、あるいは本来の自分、大いなる自己へより自身を捧げようという思いを強くすることになるかもしれません。いずれにしても、言葉として受けとめた上で、言葉を越えて、そして感じてください。

マーは言います、「私は自分の信者を探しているわけではありません。私は信者を率いるようなことには向いていません。私は、偉大なマスターとなる人たちを育てようとしているのです」と。マーの使命は、私たちが本来はマスターであることを気づかせ、マスターとして行動しパワフルに生きることを通じた人類と光への奉仕を、可能にさせることです。私たちは信者ではなく、マスターとなるべき存在なのです。私たちは創始し創造する存在であって、何かに反応したり、何を考え、感じ、行なうべきかの指示を待ったりするような存在ではありません。私たちは日々のサダナ、霊性開発のための自己修養を、規律正しく行なう門人なのです。マーは、私たちがどれほど力強い存在となれるかを、教えとそれを実践する姿を通して示してくれます。マーが焦点を当てているのは実践的なスピリチュアリティ、つまり私たちがより多くのことに気づき、日常生活の中でそれを活かしていけるようになることです。そうなれば私たちは、より良い存在として、自身の目的を自覚し、具体的に表してゆくことができるのです。

マーはこれまでの人生において、たくさんの役割、地位、場を経験してきており、そうした直接の体験に基づいて話してくれます。マーはさまざまな立場から得た知識を分かち合うのです。母として、妻として、娘として、姉妹として。また、ビジネスパーソンとして、起業家として、政治家として、教師として、セラピストとして、ヒーリング施術者として。また、東洋人であり西洋人でもある立場として、インドの伝統が継承されているモーリシャス島で生まれ育った、帰化フランス人として。そして、男性至上社会の中の女性として、島の娘として、洗練された都会人として。

マーは、木登りをしたりペットの猿を可愛がったり、光の存在である親友たちと交流していた、生まれ故郷の島を二〇代前半で離れました。マーはパリでオペア[8]をした後、結婚して二人の子供をもうけました。医療の分野で学び、教え、人々に尽くし、ヨーロッパの政界で成功を収め、世界を旅行しました。マーはフランスのシャトー（城）で豪奢《ごうしゃ》な生活をし、インドのプッタパルティでは敬愛する導師であるバガヴァン・シュリ・サティヤ・サイババのアシュラム（僧院）で質素に暮らしました。ババは後にマーに、西洋社会で教えながら人々に尽くすようにと告げ、その頃に私はマーと出会ったのでした。マーは西洋社会とインドの両方で非営利団体と営利団体を創設し、インドでは数千年の歴史上で初めて、インドでも最高位のスピリチュアルな称号を授与され、しかもシヴァとヴィシュヌの両方の系列からの伝授を受けた女性となりました。

これらの体験を通してマーは、私たちを全体性の観点から、そして命のあらゆる側面から観《み》ていきます。マーは私たちが問題、課題と呼ぶ無数の出来事への対処の方法を、自身が克服してきた経験から導いてくれるのです。マーは私たちをワークショップで、旅の途上で、ホテルで、アシュラムで、カンフェレンス・コール（電話会議）で、書かれた文章や録音された音声を使って、教えてくれます。マーは自己変

――8　オペア――住み込みで家事をしながら言語を習得する留学生。

容のための修練方法を提供するとともに、私たちの脳と肉体及び精妙な肉体であるサトル・ボディ（神秘体）に変容をもたらす現代的ツール（手段）とテクノロジーも紹介しています。マーはさまざまに異なる修練方法を専門家とともに研究し、それが新しい方法論であれ古代からの叡智であれ、個別にあるいは統合させた形として、私たちの自己実現の役立つようにして提供してくれているのです。マーは私たちに、高次の波動とシャクティを保ち、それを表現し、伝えてゆくために、常に力強く輝いているように、と伝えます。そうすることで、私たちが人類と地球の変容、世界全体の悟りとアセンションに貢献できるようになるためです。

マーは私たちという存在の諸相（さまざまな姿や様子）を、異なる複数の次元で、そして異なる状態において、支援のワークをしてくれています。エネルギーとヒーリングのマスターであるマーは、私たちの光を見つつ、どんな不純なものやゆがみが、その本来の光の輝きと表現を妨げているのかを観てとります。私たちがエネルギーであり、地球に常に降り注いでいる新たな波長と整合がとれた状態へと変容できること、神の愛そのものである本来の自己と統合を果たせることが、マーにはわかっています。マーは私たちの低いエネルギーを浄化し、変質・変容させると同時に、私たち自身も同じことができるように教え、導いてくれるのです。

マーは手の届く、地に足が着いた存在であり、情熱的でカリスマ性があり、生命力に満ちていて、まるでレーザー光線のようにまっすぐで直接的です。マーは私たちの内面の核心に瞬時に触れるので、その愛に満ちた指摘をオープンに受け入れれば、私たちは最速で変容を果たすことができます。マーは私たちを心地よくして好かれようとはしていません。私たちがマーを愛しているかどうか、もっと言えば好きかどうかも、マーには関係がないのです。マーは私たちを愛しており、私たちに心身を捧げてくれていますが、関心があるのは私たちが変容を果たす上でマーが役に立てているかどうか、という点だけです。マーは変容のコーチですが、悟りを開いたコーチです。私たちが本来誰なのかを知っていて、愛と慈悲心で私たちを同じような境地へ、新たな気づきに基づいて行動できる世界へと導いてくれようとしている指導者であることさえわかっていただければ、どんな呼び方でも構いません。

マーはあらゆる伝統、宗教、スピリチュアルな教えを敬い、受け入れています。マーはそれらに共通する愛と慈悲心というメッセージを際立たせて、それらの多様性が織りなす力を、統合させようとしています。マーは世界的な人道活動家であり、人々の健康の改善と社会福祉の充実を目的とするプロジェクトを通じて、経済的・物質的な貢献を行なっています。こうしたプロジェクトはマーの教え子たち、コミュニティが、セヴァと呼ばれる無私の奉仕の尊さを学び、それを通じて変容を実現することにも役立っています。マーは女性が気高くいられるよう、男性社会の中でも自らの力を失わずに自立できる能力を得られるよう、女性のために献身的に活動しています。マーはまた、若者たちにもひたむきな愛を注いでおり、若者たちが、この地球の未来の創造者であり光の大使であるという、自らの力を実感し、それを表現してゆけることに、すべてを捧げています。

私が経験から学んだこと

◆**思い出すこと。**内奥《ないおう》において私たちは、自身が本来は誰であるかを知っています。私たちは愛と喜びと平和といった「神性に満ちた属性」とも呼べる感情を持っています。しかしそれらは、人間が創り出したものや、考え方のパターンや、信念体系、そして真実や事実であると思い込んで自分と一体化させているストーリーなどによって覆われてしまっているのです。古代のヴェーダ（インド哲学）の教え、他の伝統や文化に基づく叡智と教え、そしてマーの言葉と文章は皆、同じことを語っています。それは幻想、マーヤ、忘却、無知についてです。虚偽への思いを強めたり助長させたりしてしまう時、これらから生じた苦しみが私たちの中へと入り込むのです。

導師、つまり数世紀、数度の人生にわたって待ち続けてくれていたマスターと出会うことで、私たちは思い出し始めます。なつかしいような、心地のよい、まるで母親の腕の中に抱かれているかのような感覚に惹きつけられます。私たちは深く愛されていて、これまでもずっと愛され続けていた、そのことを実感するのです。マー（または導師、あるいは本当の偉大なる自分）は私たちを忘却の彼方《かなた》から連れ戻し、苦しみから目覚《めざ》めさせてくれます。その時から私たちは、無知であったことに気づいて生きてゆき、自身を解放することができるのです。

その状態は、マーとの初対面で、私が求めたハグとともに始まったのです。その瞬間に感じた愛、とても深い愛は、記憶や残像を伴うことなく、はっきりと覚えています。この、思い出すという状態が、本来の偉大なる自己実現への道の始まりです。これこそが私たちの本質への気づき、目覚め、意識の悟りなのです。マーはリメンバー（remember：思い出す）とは、re（再び）member（メンバーとなる、集《つど》う）であると言います。愛である私たちが、ワンネスの意識で、愛ある家族として再び集うのです。

マーからの、貴重で的を射た、愛に溢れる言葉を贈ります。「私はあなたの中に、目覚めたエネルギーとして、目覚めたシャクティとして、存在しています。だからいつも、どんな時も、あなたは偉大なる存在を体験できるのです……。あなたは持てる肉体を愛する者ではありません。あなたの内にあるシャクティを愛しなさい。あなたの内なる自己（セルフ）を愛しなさい。光はあなたの内で今、灯《とも》されています。その光を愛しましょう。その光はあなたの内にある、途方もなく大きな、神なる愛を活性化しています。その愛を愛しましょう、世界をあなたとして、あなたの家族として愛せるように。（「愛に満ちたマー」『天恵《グレース》の花びら』未発表部分より抜粋）」

◆**遅かれ早かれ、その時がくるということ。**多くの方がご存知の通り、偶然というものは存在しません。時が来たら、今こそその時なのです。私たちの体験、選択、行動のすべてが避けがたい方向へと、そして最高の自分となり、可能性を実現させ、この世に生を受ける上で意図し計画してきたことを現し出させるために役立つ何かへと、整えられます。すべては天与の計画に則って神々《こうごう》しく展開してゆきますが、私たちには自由意志があるため、それが進化の速度に影響します。私たちは自己実現と自らの開花へと向かいつつ、自分たちの状態を自分たち自身で決めています。私はマーのそばに留まることを選択しました。自分自身をマーに捧げることで、自身の変容と進化を加速させることを選んだのです。私の苦しみはすみやかに減少し、それは献身、愛、平和、喜びへと変容しました。いたしかたのない浮き沈みというものはありましたが、「沈み」はそう多くなく、かつてのように重大でもなければ長引くこともありませんでした。

◆**献身によって自分自身に力を与えること。**献身とは、誰かや何かに対し、精魂を傾けた強い関わりを持つということであって、そこには遠慮もためらいもありません。私のマーへの献身は私のハートを貫き通していて、マーを思い浮かべるだけでハートが拡大し、脈打ち始めるのを感じます。私自身のハートの中心と存在そのものが発する、深い愛を感じるのです。しかし献身とは感情を超越したものでもあります。それは人生を通して持続し浸透してゆく「状態」です。何が真実で、正しく、永遠なるものかを「わかっているということ」が生み出す「状態」なのです。献身を情動と混同しないでください。情動は人間としての人格（パーソナリティ）から来るものです。情動は、執着や、期待や、欠落している何かを埋めるために別なものを外部に求めようとする考えを、その中に有しています。

それでは疑念はどうでしょうか？ 疑念とは揺れ動く大地を歩いているかのような感覚です。足元が定かでなく、次の瞬間に何が起こるかが確かでないので、不安定で落ち着きません。疑念は自分自身への不信、何が正しくて何が間違っているのか、何が真実で何が嘘なのかがわからないところから来ています。それに伴って、自信のなさ、神経過敏、混乱、あるいは焦点がぶれていてまっすぐに何かとつながっていないとか、何を拠り所にしてどう振る舞えばよいのかわからない、などの感覚もあるかもしれません。

私がマーに対し、つまりマーとともにいるという自分の選択に疑念を持った時、「自分自身」を感じることができませんでした。私が感じていたのは他者たちであり、他者たちの知覚や感情を、自身のそれよりも強く感じていたのです。マーの献身へと還ってきて、マーとともに泣いた時、私は自分自身を再び感じることができました。その時、私は自身の力強さ、自らとの約束、真実を再発見し、みなぎる力と同時に、私のマーへの愛の確かさを感じたのでした。

第3章

「私と旅しましょう《カム・フライ・ウィズ・ミー》！」

「カム・フライ・ウィズ・ミー」とはフランク・シナトラの歌の歌詞ですが（年齢がわかってしまいますね）、私がマーと行ない、今も行ない続けているのはまさにそれです。比喩的にも、エネルギー的にも、そして実際にも。まずはエジプトとフランスへ、飛び立ちましょう。

マーと出会って六ヵ月後、私は他の十二人の教え子たちとともに、エジプトでマーと同じボートに乗っていました。ナイル川を下りながら、重要な遺跡を訪れ、瞑想し、想像もつかないような深い体験を重ねてゆきました。私の人生と自分自身の変容に非常に大きな影響を与えた五つの出来事をお伝えしたいと思います。

ナイルの旅が始まってほどなく、マーの提案でグループの全員がデッキに輪になって座り、沈黙の瞑想に入りました。私は異常な疲れを感じ、デッキから降りて自分の部屋で休むことにしました。ベッドに横たわると、私は非常に深い、かつてないほど深い瞑想状態に入りました。動くことすらかないませんでした。呼吸が深くなり、体は小刻みに振動を始めました。どんなに試しても、体のいかなる部分を動かすことも、身動きすることもできない状態で、数分が経ちました。突然、自分の手が勝手に動き出し、頭、胸、骨盤、臀部、大腿部をなぞり始めました。それはゆっくりとした、優雅な動きでした。手に温かな脈動を感じ、体全体が拡張していることも感じていました。ヒーリングのエネルギーが指から流れ出ていたのですが、その時には意識でそれを理解することはできていませんでした。

私の手はやがて全身をめぐることをやめ、体の両脇で静止しました。手がヒーリングワークを終えた瞬間、子供の頃にシナゴーグ（ユダヤ教会）で聞いて以来、耳にしていなかった言葉が脳裏をよぎりました。「カドーシュ・カドーシュ・カドーシュ・アドナイ・ツェヴァオット（聖なる、聖なる、聖なる、万軍の主）［9］」と。その言葉が数度、脳裏で繰り返され、やがて意識を取り戻した私は両眼を開きました。

休息が得られた感覚があり、体が軽く感じられました。私は起き上がり、マーと仲間たちに合流するために階段をあがりました。

私がデッキにあがって目にしたのは、輪になって座っている仲間たちと、マーの前の空《あ》き椅子でした。私はその椅子に座りました。皆が目を閉じて瞑想をしているので、私も目を閉じました。それは一分間ほどでしょうか、私はマーに抱かれるような感覚の中で、グループの仲間たちのエネルギーの中でじっと座り、やがて目を開けてマーをまっすぐに見ました。マーが目を開き、私の瞳の奥深くを覗き込んで言いました。「カドーシュ・カドーシュ・カドーシュ・アドナイ・ツェヴァオット」と。

この言葉は私の存在の核へと入りこんできました。両腕に「神肌《かみはだ》（マーは『鳥肌』ではなくこう呼びます）」が立ちました。涙が溢れてきました。ハートが躍《おど》りだし、拡がっていくようでした。私が感じたのは大いなる愛と大いなる記憶、そして確かな確信で、それらすべてが一瞬にして、私のマーへの献身を強固なものにしてくれました。これと同じ感覚は、二度と味わったことがありません。あの時と同じようにマーを、世界を、あるいは自分自身を体験することは、もう二度とできなかったのです。このことはその後の私の多くの体験と関わりを持っており、私はそれらを「体験」ではなく「リマインダー」、つまり「思い出させてくれるもの」と呼ぶことにしました。「リマインダー」がいつも、私を道そのものに保ち続けてくれ、マーとそして私の偉大な自己（真我またはセルフと呼ぶこともあります）との統合を図ってくれています。そして、私の気づきと意識を引き上げてくれることで、変容の道そのものを生きる私の背

---

9 「カドーシュ・カドーシュ・カドーシュ・アドナイ・ツェヴァオット」――『旧約聖書』「イザヤ書」6章3節。天にいる神を天使（セラフィム）たちが賛美する歌の一節。

を、前へ前へと押し続けてくれているのです。

この旅でもうひとつ、イシスを祀るフィラエ神殿で起きた出来事があります。

私たちのグループはボートを降りて、木々に囲まれた、ひっそりとした空間に集まりました。ここで儀式または瞑想をした記憶はありません。ただ沈黙の中で座っているだけで、このエネルギーのうねりを、この全身を包む強烈な波動が背筋を走るのを感じ始めました。私の体はそれまでに経験したことのないほど震え始め、意識ははっきりとしているので、震えを止めようとするのですが、それが叶いません。この光景をグループの他のメンバーの目にどう映っているか、気になったのですが、マーは皆にそれぞれ自分のことに集中して、人のことはほうっておくように、と命じました。

私はひたすら、震え続けました。その状態で私は、あらゆるレベル――身体的にも性的にも――興奮を感じていました。私の身にいったい何が起きていたのか。それは私にとってはどうでもよいことで、抵抗なく、ただ身を任せていました。やがて私は、その時はなんと呼んだら良いのかわからなかった至福と恍惚《こうこつ》の状態に入り、ただそれを味わいながら、永遠に続くことを望んでいました。ようやく私が目を開き、微笑《ほほえ》みながらマーを見た時、マーが微笑みました。

今の私は、これがクンダリーニと呼ばれるものだと知っています。知っていても、特に違いが生まれるわけではありません。いずれにしても私は喜びの中にいて、自身が歩む道そのものへの愛と献身がさらにもう一度、深まったことを感じていました。私はマーと、そしてグループの仲間たちとともに海岸で踊り始めました。両腕を挙げ、体を揺らし、携帯していた大型ＣＤプレイヤーから流れるチャンティング曲、「フロム・ザ・ゴッデス」を栄唱しました。そのチャンティングとダンスのなんと楽しかったことか！

何度も言いますが、偶然というものは存在しません。このＣＤとチャントのクリエイターであるロバート・ギャスはその後、都合がつけばいつでもマーのプログラムに参加して、主にヴェイルでこのチャントを演奏していました。彼もまた母なるマーを愛していて、演奏の後にはマーの膝に顔を置き、チェシャ猫〔10〕のように微笑んで安らいでいたものです。彼もまた、自身を捧げる者、バクター（帰依者《きえしゃ》）であり、私と同じくらいにマーを崇拝しています。

そして、カイロとギザのピラミッドへと進みます。

窓からピラミッドの見える、マーの部屋での夜から、この話を始めましょう。私はマーのベッドのすぐ脇で、もう一人の教え子と並んで床に座っていました。ベッドに座って私たちと話をしていたマーが突然、深い瞑想に入りました。キリストであるイエス大師の聖なるエネルギー、シャクティがマーへと入り、そこからもう一人の教え子へ、部屋へ、私の中へと移動してきました。私たちはマスター（大師）のエネルギーを深く吸い込みました。マーが言葉を発しました。なんと言ったのかは記憶に残っていませんが、触れることすらできそうな、確かな愛が私の中を流れ、私を包んでいたことをはっきりと覚えています。ある瞬間にマーが手を挙げて、それを私たちに示してくれました。マーの両方の手のひらには、黄金の薄片《はくへん》が載っていたのです。その時、私はマーの肉体が見えなくなりつつあるのを目にしました。その後、数回体験することになりましたが、それが初めてのことでした。私は心臓が飛び出しそうになりました。マーに消えてほしくない、と思った私は思わずお願いしていました。「マー、行かないでください、どこにも行かないと約束してください！」と。マーは同意してくれました。だから今も、この世界にいて

---

10 チェシャ猫――ルイス・キャロルの『不思議の国のアリス』に登場する、常にニヤニヤ笑いを浮かべている猫。由来に諸説のある「チェシャ猫のように笑う」というイギリスの慣用句から生み出されたとされる。

くれています。マー、ありがとうございます。

次の夜、マーと私たちのグループはギザの大ピラミッドへ行き、王の玄室で朝まで過ごしました。まさに記憶に値する一夜だったのです。

月明かりを頼りに私たちが近づいてゆくにつれ、ピラミッドはその姿をぼんやりと現し始めました。内部の細い廊下をゆっくりと、足元のぐらつく通路を、バランスをとりながら、出っ張った岩盤をかがんで避けながら、進んでいきました。途中、壁に裂け目がいくつもあって、独立した洞窟のようになっている箇所がありました。その場所の音の響きは素晴らしくパワフルだったので、私たちは「オーム」を一斉に唱えて、その反響に耳を澄まし、残響を感じていました。そうしてようやく、明け方までの時間を過ごす王の玄室へとたどり着きました。

輪になって座り、瞑想すること数時間、大いなる静寂が室内に充満してゆきました。その時のエネルギーと波動のひろがりと偉大なパワーを、今でもはっきり感じることができます。マーはかつてプログラムの際に、ポール・ホーンの「インサイド・ザ・グレート・ピラミッド（大ピラミッドの内部にて）」という曲を流すことがありました。室内で奏でられている彼のフルートの響きを聴くたびに、私はあの時の、自分自身の内面の深い境地へと立ち戻ることができます。

私たちは一人一人順番に、大理石でできた石棺（サルコファガス）の中に横たわりました。サルコファガスとは「肉を食べる」という意味のギリシャ語から来ているそうです！　その中に数分間、横たわっているだけで、静寂、死の状態、空虚、充足のすべてを深く感じられました。今の私には、あれがまさに「シヴ」、つまり純粋な空間であったことがわかります。

マーと私たち全員は、日の出とともに大ピラミッドを後にしてゆきます。光は砂に反射して、何時間も暗闇の中にいた私たちの目を刺しました。まるで新たな世界へと入りこんでゆくかのようでした。

そしていよいよシナイ山に登る時がきました。日の出とともに山頂に着けるように、マーが私たちのためにラクダの手配をしてくれました。いつも細かなことまで、なんにでも気を配り、意識を向けているマーは、私にぴったりのラクダを探してくれていました。まだ子供のラクダで、こぶがそう大きくなく、くっつきすぎていません。つまり、股間《こかん》がきつい思いをしなくてすむのです。そうでなければ、登ってゆくのにさぞかし苦痛を覚えて、気が散ったことでしょう。おかげで山頂に着くまで、ほんの少し不快さを感じる程度ですみました。

ラクダを降りて、急な斜面を歩いて登ります。山頂に近づいた時、マーが私にしっかりとつかまるように、と言いました。その時、マーが液状の光に変わり、その腕をつかんでいる私も、液体となって溶け始めました。私たちは流れるように山頂へと達し、岩の上に他の教え子たちとともに並んで座り、昇る朝日と、夜明けの壮麗な光を浴びていました。

続いて、セクメットに出会いました。

セクメットは戦士である女神で、太陽神であり、雌の獅子として描かれます。古代エジプト人には、マミジロキクイタダキという鳥を好む、ファラオ（専制的な国王）の守護者として知られ、女神ハトホルが異なる形で現れたものとも考えられています。マーが八月二日生まれの獅子座であることにも、何かの符号を感じます。

私たちはエジプトで数ヵ所、セクメットの遺跡を訪ねましたが、そのうちの一ヵ所の話をしましょう。巨大な鋼鉄の門に大きな錠がかけられて、チェーンが巻きつけられた入口を思い描いてください。その閉ざされた一画にマーが足を踏み入れた瞬間に、チェーンが魔法のように解けて地面に落ちました。こういうことは何度か起きているのですが。とにかく私たちは、大きな黒いセクメット像が安置されている、小さくて非常に暗い小部屋に入りました。マーとともに全員が像の周りに立ちました。天井からたった一筋の光が射しており、セクメットの像が乗った壇の上、足のすぐ前を照らしています。そこに小さな花が置かれていました。私たちはセクメットの像を儀礼にのっとって水で清めてから、目を閉じて、寺院の静寂の中で、深い瞑想へと入りました。私たちが目を開いた時、セクメットの足元から花が消えて、小さなハート形をしたすべすべの石が、代わりに置かれていました。

エジプトからフランスへと滑らかに移行してゆく流れの中で、私がエジプトで読んで非常に強烈な影響を受けた本をご紹介しましょう。本のタイトルは"I Remember Union（アイ・リメンバー・ユニオン　一つであったことを思い出す・未邦訳）"、イエス大師とマグダラのマリア［11］とユダの間で、生まれてくる前に契約が交わされていた、という内容の本です。この本はとてもクリエイティブな出版物の体裁をとっていて、レイアウトはそれぞれのページに書かれている内容とエネルギーに即したものとなっています。この本を読んだ時、私には確かに「思い出した」という感覚があって、偉大な愛と献身が私の内部で活性化されたことを感じました。私はかつて、こういう形で本とのつながりを持ったことはありませんでした。イエスもマグダラのマリアも、その人生の中で訪れたと言われている南フランスとエジプトへの旅の途中だったので、タイミングとしても完璧でした。

セクメットのエジプトから、イエス大師の南フランスへと、ともに旅してゆきましょう。今、これを書

11　マグダラのマリア――「新約聖書」中の福音書《ふくいんしょ》に登場する、イエスに従った女性。イエスの死と復活を見届ける証人で、キリスト教の主要教派でいずれも聖人に列せられている。

1995年エジプトでのサイマー。セクメットの像、そしてハトホルの像
Maa with a statue of Sekhmet in Egypt, 1995　Maa with a statue of Hathor in Egypt, 1995

スフィンクスとマー！
Maa with the Sphinx!

いているのは、ちょうどクリスマスイブです。

私たちはその時、マルセイユのはずれ、マーから学び始めた最初の二年ほどによく訪れた地にいました。私たちはマグダラのマリアの洞窟を訪れるという祝福を得たのですが、そこで起きた出来事を、私は絶対に忘れることはないでしょうし、絶対に忘れたくもありません。その時の体験と自分自身の状態を思い出したり語ったりするたびに、私の体は振動を始めます。

私たち数名はマーの後について、長い、曲がりくねった道を進んでゆきました。決して急な登り坂ではありませんでしたが、洞窟の奥を進んでゆくにはゆったりと、深く呼吸することが必要でした。空気の中の静寂と明るさが、そよ風が、神聖さが漂っていました。ようやくたどり着いた時、私は「キリストの受難」を描いた像をそこで目にしました。イエス大師が十字架に架けられ、右手にマグダラのマリアがひざまずき、左手に聖母マリアがたたずんでいます。

マーは私たち全員に、その光景の前に立ってゆったりと呼吸し、意識をマグダラのマリアに向けるよう命じました。マーが指示したのは、マグダラのマリアの長くたなびく髪から始めて、マリアの髪から腕へ、腕からイエスの足へと目でたどってゆくことでした。

マーが私たちの注意の方向を導いてゆく中で、私は呼吸をしながら、ゆっくりとイエスの足へと近づきました。ハートが拡張してゆくのを感じ始め、その核となっている部分の奥深くに温かさがうずくのを感じました。さらに冷たい微風がハートから喉へと上がってゆくのを感じました。口から通って出入りする空気、それはなんとも柔らかで、すっきりした気分になる呼吸でしたが、ひと息吸い、ひと息吐くたびに、喉をリラックスさせてくれました。

マーは、イエス大師の胸の付近とハートに意識を集中させるように命じました。そうした途端に呼吸が深まりました。吸気も呼気も長くなり、胸郭を、横隔膜を広げました。喉の奥で呼吸が音を立てているのが聞こえるほどでした。非常にパワフルな生命力が私の肉体を刺激し、私に滋養分を与え、若返らせてくれるのを感じました。生きていることを強く実感し、同時にハートの中心から溢れ返る愛と優しさが、体中を駆けめぐるのも感じます。マーとともにいる時によく起こる体験あるいは状態なのですが、涙が頬を伝います。それは天恵《グレース》の涙です。

滋養をもたらすかのような深い呼吸が続き、愛と至福の状態はいっそう強まります。私はイエス大師と、彼の愛と慈悲心、その生命力と同化しました。これが現実に起きていることだとわかっていました。その時の私は、イエスであるユダヤ人でした。

マーは、そのままの状態にいながら、ゆっくりと、もと来た場所へと傾斜をくだってゆくように、私たちに告げました。私たちはマーとともに歩みました。エジプトでもそうであったように、私はここにかつてマーとともにいた、イエス大師とともに歩んでいた、そう感じていました。多くの人が同じことを口にするのを私も知っています。「私はイエスとともにいた」と。それでも私は、深い部分で自分がそれを知っていることも、自分自身のその時の状態も、今なお否定することができません。

私は深く呼吸しながら感じていました。私はイエス大師として呼吸し、感じ、体験し、生きていると。道をくだりきったところでマーは、私たち数名にマーとともに地面に座り、古くて大きな、太い根を持つ木にもたれかかるように命じました。私はその木とともに呼吸しました。イエス大師と、母なる大地と、地球の核の奥深くとひとつになりました。私は大自然の無限さとパワー、そして愛の拍動という、私たちの自然なる本質を体験し、そのものとなりました。なんとありがたいことでしょう。マーよ、ありがとうございます。大師よ、ありがとうございます。母なる地球よ、ありがとうございます。

ユダヤ人として育ち、バル・ミツヴァー（ユダヤ教の成人式）も受け、祝日を家族とともにシナゴーグ（ユダヤ教会）で祝ってきた私ですが、イスラエルへ行ってみたいという思いは一度も抱いたことがありませんでした。子供の頃の私にとってイスラエルとは、ヘブライ語学校とのつながりしか感じられないものでした。ヘブライ語の読み書きはできるようになっても、自分が何を読み、何を書いているのかがさっぱりわからないので、ヘブライ語学校は退屈で仕方がありませんでした。しかし、エジプトの時と同じように、イスラエルに到着すると、そこは我が家のような自然な場だと感じ、それ以来マーとともに数回、訪れることになりました。

ある時、私たちはテルアビヴ近くの丘にあるヤギ牧場に滞在することになりました。私たちは日々、屋外で眠って夜明けとともに目を覚まし、なだらかな丘陵と美しい景色を目にしていました。私がマーと、もう一人の教え子と丘の斜面を歩いていた時、マーが私たちに、サンダルを履《は》いてひらひらとしたローブをまとい、優雅にこの丘を歩いているのを想像してみるように、と告げました。それは難しいことではなく、古代に、暑さと埃の中で私たちが一緒にいる様子を、私は回想の状態の中で思い出していました。

続いて、一九九八年に、「セレブレーション・オブ・ライト」という、ヨルダン川に面した会場で行なわれた祝祭でのことです。これは文化と政治の調和を図るために、イスラエル、パレスチナ、シリア、レバノン、エジプトのミュージシャンたちが、かつてない形でのコラボレーションを実現するという、夜を徹して行われる祝祭でした。マーはこの祝祭に招待され、数名の教え子たちもともに参加していました。

数千名がステージに向き合う中、満月が川面《かわも》に輝いています。ミュージシャンの中にはイスラエルの人気のグループ、「シェヴァ」もいました。この旅の最初に、私たちはガリラヤ湖（イエス・キリストが布教していたイスラエル北部の湖）の近くで過越祭《すぎこしのまつり》のセデル［12］をシェヴァのメンバーらと祝っていまし

1995年南フランス、マグダラのマリアの洞窟の前でのマー
Maa at the Mary Magdalene grotto in the south of France, 1995

た。陽気な歌声と楽器の演奏とともに、見るからにおいしそうな中東料理が回されるという、私が成長過程で体験してきた、家族の最年少者として「どうして今夜は特別なの？」という問いを繰り返し歌うセデルとは、それは完全に別のものでした。別な機会にイスラエルを旅した時には、イエス大師がエッセネ派とともに布教を行った洞窟で、シェヴァはマーとともに過ごし、それをきっかけに、その後何年にもわたって私たちがチャンティングすることになる「シェマー・イスラエル（聞け、おお、イスラエル）」のCDを彼らは制作したのでした。

話をセレブレーション・オブ・ライトに戻しましょう。親密さ、喜び、そして結束のうねりの中で、誰もが踊り、動き回ります。マーはその夜の間と早朝に数回、ステージへと上がってチャンティングと瞑想を誘導しました。途中で私もステージに上がり、マーが少し前に記したばかりの平和、調和、コミュニティ、奉仕についての文章を読みました。深夜零時に行ったのはキャンドルライト・セレモニーです。マーが非常に大きなキャンドルに火を点《つ》け、数名がそのマーのキャンドルから自分たちのキャンドルに火を点けます。その数名が観客の中を歩き回り、入場の際に一人一人に渡されていたキャンドルに火を灯《とも》してゆきます。自分のキャンドルに灯された火を別の誰かのキャンドルへと灯してゆき、光は大地のいたるところへと広がってゆきました。私たちはひとつのコミュニティとして、家族として、一体感を祝ったのです。どの国から来たかも、国籍も宗教も年齢も素性も、もう何も関係なくなりました。マーがもう一度ステージに立ったのち、私たちはチャンティングしながら、朝日と新しい一日を喜びとともに迎え入れました。

12 過越祭のセデル――過越祭は春分の日の後の最初の満月の日から一週間にわたって行なわれるユダヤ教の祭。初夜と二日目の夜にマッツァーと呼ばれるパンや子羊、卵を食べる「セデル」の儀式を行なう。『旧約聖書』の「出エジプト記」に記載のある出来事を起源とすると言われる。

私が経験から学んだこと

◆**私たちは自身の内面を旅することができる。**私たちは何かを学び、自分自身を体験し、変容し、ただ在《あ》るという状態に新たに移行するために、どこか遠くへ旅する必要はないのです。私たちは、自分の内側で安らぐことができます。私たちはじっくりと考え、自身の内なる叡智につながって、いっそう気づきを深めることができます。この新たな気づきを生活の中で役立てることで、新たな価値基準に基づいて、進化を遂げることができます。私たちの内側には、あらゆるものが存在し、明らかにされるのを待っているのです。思い出すという行為はとても豊かなものであって、私たちに力を与えてくれ、真の自己（セルフ）という「家」へと帰り着くまで、続いてゆきます。

◆**ゆだねる。**西洋人、特にアメリカ人は「ゆだねる」と聞くと、思い通りにできなくなるという意味にとらえます。自主性も奪われ、誰かの意のままに操られることを余儀なくされるようにとらえてしまうのです。ところが実際に、私たちがスピリチュアルな意味で真にゆだねれば、私たちは完全にオープンになります。誰かに対して、あるいは体験、驚異的な状況、可能性、信頼、信念、献身、知的理解、いずれに対しても自分たち自身を捧げることができるようになるのです。ゆだねる時、私たちは「今ここ」、その瞬間だけを生きています。未来のことや、これから何が起こるかなどについて心配をしていません。ゆだねるという状態、エネルギー、行為を通じて、想像できなかったような、常識では考えられない奇跡が起こります。これらの奇跡は自然なものです。なぜならば、それらはこの世界で生きる上で体験すべきことは、すべてのワンネスにあるという、私たちにとってごく自然な状態の結果だからです。

◆**自分自身を癒す**。すべてをゆだね、ワンネスの状態、つまりあらゆる可能性と豊かさの根源でもある領域と同化すると、私たちは内なる偉大なパワーを使うことができるようになります。このパワーは最も高次の周波数を持つ「愛」という、私たちの本質のエネルギーであり、波動です。この愛のパワーは癒しそのもので、いつでもそれを内面で活性化することができます。ナイルのボートの上で、私の手が勝手に体をなぞりはじめた時も、イシスを祀る神殿で震えが止まらなかった時も、イエス大師とともに呼吸をしていた時も、私の身に起きていたことは、いずれもそれだったのです。愛は癒《いや》します。そして私たちは愛です。私たちは誰もが、本来はヒーラーなのです。

◆**繰り返される合図に留意する**。この旅で体験し、また長年にわたって幾度も経験し続けてきたことなのですが、私たちがオープンになって気づきを深めてゆくと、スピリチュアルな道を生きるための決心や、その進歩に力を与えてくれる、合図もしくは指針が繰り返し目の前に現れます。奇跡としか言い表せないことや、本来の自己を思い出した感覚、あるいは変容をもたらす画期的な出来事などはすべて、私たちの進化を促してくれるものなのです。私たちはただそれらの、常に私たちのためにあるものたちに対して、両眼とハートを開いてさえいれば良いのです。この注意力、そこにあるものに対して向き合う力は、献身の思いと深く結びついています。献身はシャクティ、つまり神聖なるエネルギーを活性化して、私たちの眼を開かせ、生命力を高め、人生の奇跡に対して常に気を配り、足並みを揃えさせてくれるのです。奇跡は私たちに更なる献身の思いを抱かせ、より深く自身を捧げようという意志と決心を固めさせて、進むべき道へと導いてくれます。

◆エネルギーのマスターになる。すべてはエネルギーであるため、この世界で私たちは無限の形、無限の波動を、体験したり創造したりすることができます。黄金を手中《しゅちゅう》に生じさせることも、肉体を消去することも可能なのです。私たちは波動を高めることができます。私たちは自身の思考、感情、意図と想像力によって、肉体とサトル・ボディを浄化し、変容させることができるのです。強度、周波数、エネルギーの質を変えることもできますし、自分自身のエネルギーのフィールドを、対応する自身の内部（ハート、喉、アジナ／脳など）を活性化することで、拡張させることもできます。私たちのエネルギーは、大自然や地球の核、他の惑星、他の次元などとの内面での相互関連性にアクセスを果たすことで拡張します。私たちは本来、ひとつだからです。

◆私たちは過去にもここにいた。私たちは内側に、実に多くの文明、文化、宗教、性別、マスターたち、光の存在たちを有しています。私たちは過去に、実に幾度も生を得ています。私はかつて足を踏み入れたことのない場所や、行ってみたかった土地にいて、あるいは一度も会ったことのない人と一緒にいて、落ち着けたり、くつろげたりしました。心底深い愛と親密さを、とても自然で気楽に感じることができました。私は、何度も別な人生を歩んだこと、今回の人生で目の前に現れて親密になるコミュニティの仲間たちと別な人生で一緒だったことなどを、内奥では知っているのです。過去生、カルマ、生まれて来る前からの約束……そこには、一体、誰がこんなことを思いついたのか、というようなことも含まれています。覚えておくべきなのは、オープンでいること、信頼、信念、そして献身です。私の言うことを信じても信じなくても構いません。あなたの自由意志にお任せします。

◆「つながり」から「ワンネス」へと移行する。私はつながりということと、ワンネスということの違いを学びました。前者はその中に分離と二重性――ひとつになっていないがゆえに、ひとつにならなければならないエネルギー、体験、状態――を有しています。イエス大師と、木とともに呼吸をしながら、マグダラのマリアの洞窟から皆と曲がりくねった坂道を下ってゆきながら、そしてセレブレーション・オブ・ライトで互いのキャンドルに火を灯《とも》し合いながら、私たちが本来はひとつであり、つながる必要はないのだということを、自分自身の核の部分でわかっていました。そうです。これはとても微妙なニュアンスになりますが、道を歩む上で重要な認識は、私たちは本来「何かの行動をとらなければいけない」わけではない、ということです。私たちは何かや誰かを、ひとつにするための行動をとる必要はありません。ただ、本来の「私たち」でありさえすれば良いのです。

第4章

真相に迫ってゆく

では、フランスとギリシャへの旅に出ましょう。

聖なる母であるマーは、いつでも私たちの面倒を見てくれて、私たちの進化に役立てる上で必要なことはどんなこともしてくれます。マーは、私たちの何がうまくいっていないのか、私たちの中で何が変わる必要があるのか、あらゆる状況や次元において、私たちが本来の自分でいることを妨げているのは何なのか、を示してくれます。出会って間もない頃、マーがどんな風に、私の根幹から何かを根こそぎにしてくれたのか、がわかる最初の例をあげましょう。それはブランス・ボルドーでマーと過ごした時のことでした。

マーの招きで、私は数日間マーの自宅で過ごしました。マーの子供たち、ニコラスとエロディもいました。ある朝、ベッドに横になっている私に、マーが朝食を持ってきてくれた時のことを、今も思い描くことができます。別の日の朝、私がベッドに横になっていると、マーはクライオン[13]の書いた本を読むようにと渡してくれました。どんな時でもマスターであるマーは、てきぱきと、とても手早く、おいしい食事を用意してくれました。私はなんと甘やかされたことか。でも、お母さんというのはそのためにいるのですよね？

マーが私たちの面倒を見る際には、私たちの健康に目を向けてくれます。そして、光と変容のための乗り物である私たちの身体を浄化し、強化してくれるのです。ボルドーでの滞在中、マーは私が二人の医師に会えるように手配をしてくれました。一人は頭脳の働きと、モーツァルトやグレゴリアン・チャントなどの音や音楽を使って脳のバランスを図り、再調整する、トマティス・メソッド[14]の専門家でした。もう一人は、エネルギー整骨医で、身体全体と微細な流れやオーラを見る人でした。

トマティス・メソッドのセッションでは、ヘッドホンをしてさまざまな音を聴きました。どんな音が耳に聞こえてきたか、どちらの耳にそれぞれの発信音が聞こえたか、そして発信音の振動や長さなどについて、質問を受けて答えるというものでした。その結果を検討してくれる医師に会いましたが、その医師いわく、私の脳の左半分と右半分のバランスが完全にとれていないとのことでした。右脳と左脳の間の信号を素早く正常な速度で受け取ったり、伝えたりしていなかったため、情報を処理する能力がその影響を受けていたのです。

　医師は私に「若い時、ひょっとして十一歳か十二歳くらいの頃に事故に遭いませんでしたか？」と聞きました。私は「そういった事故について記憶はありません」と答えました。私は二ヵ月余り早産で未熟児として産まれ、三ポンド（約一三六〇グラム）しか体重がなかったこと、病院の保育器に一ヵ月間いたことなどを話しました。へその緒が喉にからまっていたために、産道からこの世に出すためフォーク状の器具が使われ、母は私が死ぬのではないかと心配したことも話しました。水に対する私の恐れは、この体験で説明できるかもしれません。

　そのセッションを受けた後の別の日に、今度は整骨医に会いに行きました。その整骨医は私の身体に波長を合わせて、特に私の両足のあたりを、触れずにエネルギー的に働きかけていきました。それが終わると、私が若い時、十一歳か十二歳くらいの頃に事故に遭《あ》わなかったかと私に質問しました。診断の信頼性とはまさにこのことです。これは無視できないメッセージでした。

　私が家に戻ると、マーはサイレンス（沈黙の行）に入って昼食を準備していて、紙に書いてやりとりを

---

13 クライオン——大天使ミカエルやメタトロンと同じグループの、地球や人類をサポートする宇宙的存在。

14 トマティス・メソッド——フランスの耳鼻咽喉科医アルフレッド・トマティス博士（一九二〇―二〇〇一年）が一九四七年から開発、研究を重ね、完成させた聴覚、心理、発声改善法。

しました。マーは紙に何かを書いて私に渡すと、食事の準備を終えるために台所に入っていきました。ダイニングルームで一人になると、突然私は泣き始めました。それは、ただ泣いたというのではありません。かつてないほどのむせび泣きようでした。両眼から滝のように涙が流れました。鼻からはたくさん分泌物が出てきました。私はそれらを流れ出るにまかせ、我慢せずにいました。かなりの時間むせび泣いたり、ペーパータオルで顔をぬぐったりした後で、むせび泣きが治まりました。私はゆっくりと椅子から立ち上がり、マーに会うために台所に歩いていきました。マーは私を見ると、紙にこう書きました。「あなたは『感情』ではありません」。私には理解できました。少し眼が涙でにじみましたが、私は微笑みました。それから、私たちはサラダとフランスパンのバゲットの、おいしいランチを食べました。

さらに進んで、ギリシャの島々へと航海します。その年は二〇〇〇年、変容の新たな千年紀《ミレニアム》でした。航海の直前にギリシャを訪れるところから始めましょう。私たちはゆっくりとアクロポリスの土地を歩きました。マーと私はウェスタ神殿で待ち合わせ、隣り合って立ちました。突然、以前にここにいたことがあり、マーとともにここで生き、仕えていたことを深く知っていると、私は感じました。私は瞑想状態に移り、高い周波数のエネルギーで満たされ、身体と細胞が振動してきました。一、二分して、私はゆっくりと地面に崩れるように倒れました。マーは座って膝に私の頭を載せて、その場で休ませ、数分間かかえていてくれました。

私たちは、八人が泊まれる帆船《はんせん》を借りました。船に乗った顔ぶれは、マー、私、マーの子供たち二人、マーの長年の友人であるフランス人男性と息子二人、そしてボルドーのマーの教え子の一人でした。では、なぜ私はギリシャ諸島を二週間、帆船で旅行する羽目になったのでしょうか？　その答えは見当がつくかもしれないですね。私が水を恐れていたからです。マーは私たちが自分の恐れに直面するようにします。恐れは私たちが充実した人生を送り、ここにある可能性すべてを活用することを妨げるからです。マーは私を小さな帆船に二週間乗せるということを現実化させただけではありません。マーは嵐、風、集中豪雨を初日から見せてくれました。マーは豪雨を見せてくれただけではありません。主要な帆が壊れたので、浮かび続けるためにボートから水をかきだすという行為も現実化させてくれました……視界に陸地が見えない場所で。マー、ありがとうございます。

もちろん、前後に揺れ、つかまりながら、顔に冷たい水しぶきがかかりながら、水をかきだし、子供たちの目を緊張しながら見つめていましたが、マーがそこにいることがわかっている私は安心していました。隣にマーがいる私に、いったい何が起こりうるというんだろうか？　私は正しかった。何も起こらなかったのです。私が言いたかったのは、私が水の恐れ（そして死！）と正面から向き合っていたということです。私はそれを切り抜けました。大成功というわけではなかったかもしれませんが、それに近いものがありました。私たちは文字通り、水をかきだすように自分を救い出したのです。

その日以降、帆船は何度かいかりを下ろしましたが、私はみんなと同じように、船から海に飛び込みました。あまり遠くまで泳ぎませんでしたが、私は水に身を浮かべて、シュノーケリングも数回行ないました。この旅の準備として、私はカリフォルニア州マリン・カウンティ（郡）にあるミル・ヴァレー高校で水泳のレッスンを何回か受けていました。子供の頃からクロールの息つぎとストロークのコツを飲み込めたためしがありませんが、少々の横泳ぎと、水に顔をつけない平泳ぎをしていました。その私が今、エーゲ海で浮かんでいました。帆船に戻ることを心待ちにしていたことは認めますが。

マーは私の料理の才能について、いまでもその時のことで冗談を言います。私は海から汲んだ水を沸かして、その沸騰しているお湯にパスタを入れたのですが、塩水に塩をまた入れたのです。思い出深い食事です。これには、私たちは大笑いしてしまいました。笑う、と言えば、当時は取りつくろった笑いしかできませんでしたが、長年いくつかのワークショップで私が話してきた、ある経験について申し上げましょう。この話は、恐れに立ち向かい、そこから生還した人の経験談であり、必死になって水をボートからかきだす喜び、というお話と優劣つけがたい、超最高のものです。

ある日、マーは「子供たち」、すなわち、私、ニコ、エロ、そしてジルの二人の息子であるロビンとギイのことですが、私たちのために外海での冒険を準備してくれました。私たちが午後の時間に遊べるようにと、モーターボートが現れました。ボートの後ろには五つの浮き輪が付いていました。私たちはその浮き輪に体を入れ、引っ張ってゆくボートに必死でついてゆく、ということになるわけです。なんという幸せ！　浮き輪の中に体を入れるのに相当の時間がかかりました。ボートの船長に引っ張ってもらわないといけませんでした。このことで、絶対に浮き輪から外れることはできないという確信が強まりました。何しろ、自分一人では浮き輪の中に戻れないのですから。

私たちが帆船から離れて、思い切って、前方にどんどん早く進んでいると、モーターボートにいる船長のところに、マーが加わりました。振り向いて、私たちを見ながら、思い切り笑っているマーが見えました。浮き輪から最初に外れたのはギイだったと思います。両足の間にロープを両手の指で押さえつけている私に見ることができたのは、ギイの身体がボートの後ろで引きずられている様子でした。それから、救命胴衣《どうぎ》を着て浮かんでいる顔が見えました。今いるところに留まるぞ、という私の決意がさらに強まりました。指は真っ赤になり、身体は冷たく、救命胴衣を着ていても、安全でも安心ではありませんでした。私の浮き輪は他の浮き輪と並んで、左右に強く揺れ、前後にお互いにぶつかり合いました。今度は、ニコとエロディが水の中に。二人ともです。それからロビンが続きました。浮き輪を身に着けたままで勝ち抜いた、たった一人の生き残りは誰だったと思いますか？

私の感覚は麻痺していました。モーターボートは無慈悲にも先を進み続けます。そして私はボートにいるマーを見ました。マーは私を見て笑いました。そして片手の親指を上に向けて立てました。とってつけたような笑顔で笑いながら、私はそれを「楽しんでる？　ＯＫ？」という意味だと解釈しました。それで、私はマーに調子を合わせて、私も親指を立てました。未熟者の私は知りませんでした。それが「はい、ボートをもっと早くして！」という意味だったとは。

マーはまた笑いました。モーターボートはスピードを上げます。私の浮き輪はさらに早く、くるくると回転して、他の浮き輪とさらにぶつかります。軌道が広がります。私の浮き輪が描く軌道は、見たこともないような幾何学的なデザインを創りだしましたが、私にはそれを感心している時間はありません。言うまでもなく、ボートがスピードを落として帆船の横に着くまで、私は浮き輪の中に留まったままでした。私の両手についたロープの痕が癒えるまでに数日間かかりましたが、その時以来、私は水について以前と同じようには考えなくなりました。水が怖いかって？　とんでもない！

ギリシャでの経験をもうひとつご紹介しましょう。これは陸に近いところでの話です。マーは私が持つ恐れを克服するチャンスをまたひとつ与えてくれましたが、私はそれをつかみとりませんでした。船のいかりを下ろしたところに近い陸まで泳いでいき、その浜辺で食事をしないかと、マーが私たち全員に尋ねました。そんな距離が自分に泳げるとは思いませんでした。他の人たちは一団となって船を離れました。私は船のデッキで日差しを浴びて横になり、日光浴をしながら、自分を駆り立てて遠距離を泳ごうとしなかったことを後悔していました。戻ってくるとみな、浜辺のテーブルに敷かれた紫色のテーブルクロスがどんなに美しかったか、食事がいかにおいしかったか、話していました。私は恐れと不安感のためにチャンスを逃したのでした。浜辺までたどりつき、またボートに泳いで戻れるという自信が私にはなかったからです。

注1　今、私はモーリシャスでこの文章を書いています。ここではマーの乗るボートの後ろをついてゆくのではなく、マーやベッキー、ほかの教え子たちとともに、水の間を飛ぶように進むモーターボートに乗っていました。他のボートが浮き輪を引っ張りながら通り過ぎました。ボートに必死につかまっている人たちがいました。私はマーを見て、笑い、親指を立てました！

注2　モーリシャスでの旅の終わりに、ひとつお楽しみがありました。救命胴衣《どうぎ》を着て、私は船のデッキから用心しながら浮き輪へと飛びこみました。何日か前に乗っている人たちを見た、あの浮き輪です。マーはもう島を離れていました。私の娘のベッキー、もう一人のマーの教え子であるジョーイとともに、必死になって私は浮き輪につかまりました。マーとともに過ごしたギリシャでの時間の記憶が私の中を駆け巡りました。私は大声で叫び、笑い、そして浮き輪から体を放り投げられたり、高速の状態で水の中に飲み込まれたりする姿を想像しない、ということにもほぼ成功を収めたのでした。

私が経験から学んだこと

◆**自分の恐怖を養いたいか、それとも消したいか？**　私たちは恐れの中に居続けます。たいてい、恐れを拡大したり増大させたりするのです。自分を恐れさせるものに取り組まない限り、それは続きます。私たちは暗黒、闇、恐れというものが私たちの内側にあることをまず認めて、それらと面と向き合う必要があるのです。それから、恐れをどうするかは私たち次第だという確信とともに、恐れを引き受け、抱《いだ》くかのようにして全面的に受け入れるのです。自分が本当は何を恐れているのか、はっきりさせる必要があります。つまり、恐れているのは、人なのか、状況なのか、物なのか、それとも、その裏側にあるものなのか？　もちろん、水が怖いのは溺れる恐れがあるからであり、飛行機で飛ぶのが怖いのは墜落するのが怖いからであり、死ということがその共通項となります。そういった恐れの裏にあるものは、おそらくコントロールを失うのではないかという恐れ、あるいは何もなすことができないという恐れ、試練と思えるものに耐えられるほど強くないのではないかという恐れかもしれません。その恐れがどんなものなのか、何年もかけて分析する必要などありません。しかし、その恐れをただ見ているだけでも、十分ではないのです。恐れを意識するようになり、いっそう理解するようになったあとで、恐れを解放したり取り除いたりする行動をとることが必要になってきます。

私は水に飛び込みました。ロープにしがみついて、浮き輪の中に留まりました。みんなと一緒に水をかきだしました。こういった行動に不可欠だったのは、今という「現在」に踏みとどまっていること、私たちを弱くしてしまう自己批判とプレッシャーも含め、恐れをもたらし養って大きくさせるストーリーを頭の中で創りだす方向へと向かっていかないことです。私たちはマインド、すなわち知性の中にいない時は、恐れを養うことはありません。事態をいっそう悪くすることもなく、自己達成的予言（誤った思い込みや癖などによって無意識に現実化してしまうこと）を創ることもありません。同時に、実際に起こっていることをより注意深く意識しているので、最善の解決法がやってくるのに必要なことを創りだすために行動し、調整してゆくことができるのです。そうして私たちは元気を奮い起こし、効果的に知識と才能にアクセスしてゆくことになります。

◆**私たちはチャンスに対して自分自身を閉じてしまう。**私たちは恐れている時は冒険をしようとしません。新たに人と知り合ったり、新しい状況を経験したり、あるいは外の世界、そして私たちの内側に宿るあらゆる可能性に出会うために、思い切るということをしないのです。おそらく、私たちは心配したり、抵抗したり、あがいたりすることには何時間も何日も費やしているでしょう。あるいは、ちょっとした躊躇《ちゅうちょ》で、ボートに乗り遅れるような原因を生じさせてしまっているかもしれません。どんな一瞬にも、私たちの人生を変化させ、私たちと私たちの周りの人たちを変容させてくれるチャンスがあるのです。マーが言うように、この地球での二つの主要なエネルギーというのは、恐れと愛です。恐れは私たちを収縮させ、愛は私たちを拡大します。私たちは収縮すると、人生における選択肢や豊かな多様性を狭めることになります。私たちが情熱を失うということ、それは、私たちが成長し、進化することがないということなのです。

◆**深い傷は常に再浮上する。**過去に受けた心の痛みや傷は、私たちがそれを意識したり、開放したり、浄化したりしないと、さまざまな形でその顔を現してきます。身体では、病気や身体障害、鈍い痛みや鋭い痛みなどの形で表れます。また、気分や感情の中にも現れてくるので、身体や人間関係、人生にも影響を与えることになります。いつでもその兆《きざ》しはあります。その兆しに気づかないでいると、私たちがそのメッセージを理解して行動を起こすまでは、その声は新しいやり方で、大きくなり、こちらに聞こえるようにしてくるのです。

◆**感情を自分と同一視しない。**私たちは感情に執着して、自分のアイデンティティを感情とともに創りだします。習慣というパターンは心地よいために、感情に慣れ親しんで、感情にこだわります。感情を手放さないと、それは繰り返されます。私たちが感情を励まし、養い育てているからです。マーがメモで私に書いてくれた「あなたは感情ではありません」という言葉。そこには「あなたの感情」ではなく、単に「感情」と書かれていました。私たちは「感情」ではないのです。それは私たちが肉体ではない、ということと同じです。これがわかると、私たちは自己を再創造できる自由を手にすることになります。

◆心配するか、ゆだねるか、どちらかを選ぶ。私は子供の時はいつも心配ばかりしていました。正直に言います。私は大人になってからも心配ばかりしていました。私はちゃんと良い人でいられるだろうか？　人はどんな風に考えるだろうか？　もし私がこうしたら、あるいはこうしなかったら何が起こるだろうか？　パートナーシップ（人との結びつき）においては、心配することはコントロールすることです。私は知っていなければいけない。策を考えなくてはいけない、答えを出さなくてはいけない、正しくなくてはいけない。それらのことは、一番であり、常に成功を収め、ゴールを達成していきたい、という「タイプA」の性格とぴったりです。信頼して、信じて、ゆだねるというのは、なんと気楽なことでしょう。歌の歌詞で「心配してなんになる？」というのがありましたね。「ドント・ウォーリー・ビー・ハッピー（心配しないで。ハッピーでいよう）」。同じ教訓は、私たちが学びとるまで何度でも訪れます。そうなるのは、それが重要な教訓である、ということにほかなりません。

◆重大さが私たちを気重《きおも》にさせる。私たちはどんなことも重大にしてしまいます。自分に何が起こるのか、何を感じているかに、あまりにも意味を持たせすぎるのです。数々の作家たちが書き、師たちが教えてきたように、私たちは自分の思考で現実を創っています。私たちはパワフルなクリエイターなのです。どうしてそんなに深刻になるのでしょうか？　話を大げさにして、わざわざ自分の傷口に塩を擦り込むようにするのはやめましょう。話半分と考えて、やり過ごしましょう。そして、その経

験から何かを学び、先に進み、学んだことを活かすのです。そして、これはまた後でお伝えします
が、いつも笑いを忘れずに。

第5章

東と西の架け橋となる

マーはその教えと奉仕によって、東西の架け橋となっています。私は、ニューヨークで過ごしていた時間と、マーが私の人生にやってきてから、サウサリートで過ごした時間についてお話することで、米国東海岸と西海岸との間に橋を架けてみます。

マーに出会った時、私は個人的に大きな混乱を体験し、アイデンティティを失った直後でした。コンサルティングの仕事を自分で始め、存在論コーチングのトレーニングを完了したところでした。ユニセフで働く友人と仕事を始めましたが、それは個人的にはかつてないほどやりがいのあるコンサルティング経験で、三年にわたるものでした。ユニセフの三人の人事担当者と組み、世界規模でのユニセフの管理変革を計画し、編成していきました。コンサルティング内容には、十三人のリーダーシップ・チーム設立も含まれ、彼らの目的達成のためにコーチングを行ないました。そのチームの中で、ユニセフのビジョンとミッション、展望と使命を呼びかけ、ユニセフの価値を再創造し、戦略計画を立て、組織を再編成し、世界全体でのリーダーシップ養成とチーム育成を実施しました。

ユニセフでのコンサルティングをしている間の、私にとって一番のハイライトだったのは、リーダーシップ養成およびチーム育成のために、南アフリカに出張した時でした。ボリビアで休暇の時間を取り、チチカカ湖を訪れ、ターコイズブルー（青緑色）の水、水牛、ライラックの木々がパノラマのように一望できる景色に感動を覚えました。ペルーへも旅をして、マチュピチュの遺跡をゆっくりと歩き、低く垂れこめる雲と壮大な山々を見下ろす崖の端で、日の出を迎えながら一人で瞑想をしました。私は自分自身を、小さく、そして同時に巨大にも感じていました。

射手座生まれの私は、ユニセフの仕事での国際的な出張や、マーとともにエジプト・フランス・イスラエル・インドなどに旅することは、すべて自然で自由に感じられました。旅は私を、新たな経験と新たな自分自身としての存在のありようで満たしてくれました。自分が何者であるかということ、世界が差し出してくれているもの、それらに対して以前よりも感謝が強まりました。より多くの技能と、自分自身が持つさまざまな側面や特質についてさらに学び、内側にある強さと自己表現という宝の箱にアクセスしました。コーチングの機会も増えました。ニューフィールド・アソシエーツ社で学んだことや、心理学者としてのバックグラウンド、スピリチュアルな道を歩み始めた最初の段階で発見したことなどを、コンサルティングや仕事の場でどんどん適用していきました。人間関係においても、引き続き探求を続けていましたが、探していたものはまだ見つかっていませんでした。

ニューヨークに二五年間住んでいた私に、変化を起こす時が来ていました。私のエネルギーおよび状態は、マンハッタンの早いペースや過剰な活動にはもう同調できなくなっていたのです。では、どこへ行けばよいのか？　そうだ、カリフォルニアだ。美しく、自然と文化のあるエリアをいろいろと調査した結果、マリン・カウンティ（郡）を選び、フリーウェイでゴールデンゲート・ブリッジの次の出口にある街、サウサリートにしました。私が見つけたのは、開放的で光溢れ、マグノリアの木とサンフランシスコ湾が一望できるアパートメント（日本のマンションに近い共同住宅）でした。二つのユニットごとに一つ、湾岸に面して住人用のデッキがありました。なんという変化でしょう。ニューヨークのグリニッジ・ヴィレッジにある二八階のアパートメントに住んでいた時は、マンハッタンの街の広大な眺め、吊り橋や、当時はまだ存在したワールド・トレード・センターが見える部屋にいたのですから。

サンフランシスコのベイエリア。そこにはヨット、なだらかな丘、曲がりくねった通り、行き交うフェリー、香《かぐわ》しい花々、手入れされた庭園、美しい家々、富、そして豊かさがありました。エンジェル・アイランドとタマルパイス山ではハイキングをしました。スティンソン・ビーチを歩いたり、ミュアウッズ国定公園の、古代からの木々と心を通わせ合ったりしました。その時の引っ越しは、私にとって勇気が要《い》ることだったとマーが言っていたのを覚えています。私には勇気を奮い起こしたりした記憶はなくて、自分の限界を超えるために無理強《むりじ》いしたり、障害となるものに立ち向かったりしたのでもなく、勇敢であったというわけでもありませんでした。ただすべてがとても自然なことに感じられました。その移行は、サンフランシスコ湾のきらめく海のようにスムーズだったのです。

私の家は、サイマー・センターになるという祝福を授かりました。センターには、五百ポンド（約二二六キログラム）の雪花石膏《せっかせっこう》でできたガネーシャ、サンラモンにあるアマチ（アンマ）[15]のアシュラムにあった金色のシヴァ神像を置きました。優雅さと美しさを発し、豊かさのコインを施している青銅のラクシュミ[16]も一緒です（サイマーはマハー・ラクシュミの化身《けしん》です）。それらの像以外にも、非常に大きなアメジストのクリスタルも加わりました。それはマーのもとに長年あったもので、マーの芳香と黄金の薄片で満たされています。

他にもたくさんのクリスタル（クオーツ、ローズ、ブラック・トルマリン）や、マーやサティヤ・サイババ、他の偉大な大師《マスター》たちや、光の存在たちの大きな写真がありました。コンサルティングの仕事で成功していた時期に、私はレンブラントの原画を買いました。それは、イエス大師が墓からラザロを蘇らせたシーンを描いた銅版画でした。この絵は、今、私が住んでいるアリゾナ州スコッツデールの私の部屋の壁にかかっています。前述したものの多くが、今も私の手元にあります。

サウサリートに住んでいた六年間、私たちの多くは隔週で瞑想と詠唱《チャンティング》をしました。私たちは枕、シルク、ロウソク、お香、マーのきわめて強いシャクティ、そしてコミュニティとしてのお互いへの愛に囲まれていました。私たちはその後長い間続くことになる、とても親しい関係を築き上げました。多くの人が後に別な道を選ぶことになりましたが、そういった人たちの決断が私に与えてくれた教訓は、執着しないこと、ゆるぎない献身の状態でいることでした。

私たちはもう少し正式に組織を作ってゆくことを考え始めました。このため、二〇〇〇年に非営利団体ヒューマニティー・イン・ユニティー（ＨＩＵ）を設立する結果となりましたが、それはマーが私にギリシャで水への恐怖に対峙《たいじ》する機会を与えてくれたのと同じ年のことでした。私は長きにわたって、ＨＩＵの事務局長、理事長、顧問、理事と歴任することとなりました。現在もリーダーたちとの対話に関わっており、サイマー・ブラマチャーリヤ僧団ではスピリチュアル・リーダーを務めています。どんな役目でも果たしたいと考えています。

カリフォルニアに住み始めたばかりの頃、マーと私はシャスタ山とレディングの近郊に旅行しました。レディングには愛情溢れるコミュニティが育っていましたが、そこで私は初めて神聖幾何学のなんたるかを経験しました。私たちは星の四面体と八面体を作って、内側に立ち、さまざまな次元に動きました。私が初めて深い瞑想的な読書の経験をしたのは、書棚から直観的にアセンデッド・マスター（肉体を持ったまま移行したマスター）であるサンジェルマンの本、“*I Am Discourses*（アイ・アム・ディスコース・未邦訳）”を取り、紫色のインクで書かれた言葉を読んだ直後でした。マーはその本を私から取ると、「これは私の教えです」と言いました。私の人生の中で、エネルギーがますます広がり、知覚できるようになってきました。パロアルト市でマーから初めてのパーソナル・セッション[17]を受けた時、マーが私の頭

---

15 アマチ（アンマ）――マーター・アムリターナンダマイー・デーヴィー（一九五三〜）。カリフォルニア州在住のインド人の霊性指導者。

16 ラクシュミ――豊かさ、成功、美、健康を司る、インドでも最も広く信仰・崇拝されている女神。

のわきに両手を置くと、私は金星に初めて旅行をしていました。「この人、正気?」とあなたが独り言を言っているのが聞こえますよ。そのとおり、正気ではありません。

西洋では、導師の多くは他の導師やマスター、ティーチャーとは時間を過ごすことはしませんが、マーは他の信仰や伝統の人たち、スピリチュアルなコミュニティと共同で集まり、お互いに学び合うことをいつも支持してきました。そういった集まりの中でも私のお気に入りは、ティブロンで行われたもので、マーがラム・ダス、サット・サントク、マスター・ティーチャーの三人とともに教えるという会でした。叡智とお互いへの尊敬の念とともに、触れることのできる愛がそこにありました。そこでの教えとメッセージは世界共通であり、真理であることから、私たち全員の核となるところと共鳴しあいました。時を経ても変わらないことですが、ティーチャーたちはマーと「恋」に落ちました。その愛は、全員が浴びることができるほどにホール全体に放射されていました。

サウサリートでマーとともに経験した二つの出来事が、私たち全員にとって教訓となりました。ひとつはサリーを焼いたこと、もうひとつは空港に急いだことでした。

サリーの話から始めましょう。マーはこの話をセミナーのプログラム中に何回か笑いながら話をしています。それに対して、私がしかめっ面をしたり赤面したりすることも次第に少なくなりました。そういった話を聴いて楽しんだり、笑ったり、恥ずかしがらないというのは進化のサインですよね?

それは私のせいではなかったんですよ! アイロンが壊れていたのです。いきなり熱くなりました。私は何もしていなかったのに。その結果、マーのお気に入りの緑色のサリーの真ん中には、大きく目に見える穴が空き、台無しになったのです。私は息をのみ、顔は真っ赤になりました。このあとで何が起こるのかを想像して、全身を固くしました。

もちろん、「このあと何が起こるか」はすべて私の想像に過ぎなかったのですが。マーは大声をあげたりしませんでした。私は、ただ最悪の気分になり、罪の意識を感じ、自分は愚かだと感じました。それはすべて私が自分に対して感じていることで、結局は自己批判と自分への非難でした。マーは時には大声をあげることもある、ということは付け加えておきます。ただ、私がその刺すように鋭いシャクティの対象になるのはたいへんまれなことでした。教えのひとつである、強烈なエネルギーは無知やエゴ、人格などで積み重なった層を貫くため、私たちの役に立ち、私たちがいっそう意識し変容してゆくチャンスを与えてくれるものだ、ということは知っておいてください。マスターが怒りの素振《そぶ》りや、実際に大声をあげて叱ることとは、私たちの変容のための最高の奉仕の形であり、そのことに、多くの人が共感しています。その表現の底にも、内側にも、常に愛と献身があるのです。

サリーを焼いた話に戻りましょう。マーはそのサリーを小さなはぎれに切って、コミュニティのメンバーに分けました。それはすべての人にとってたいへんな贈り物となり、私にとっては大きな自分自身の転換点となりました。

次は、空港関連の大失敗の話です。

もう出発の時間！　サンフランシスコ空港からマーが乗る飛行機には、とても間に合いそうにありませんでした。私は冷や汗をかきながら、どのくらい遅れそうか計算していました。気が狂いそうなくらい心配していました。もし間に合わなかったらどうなる？　私はその結果となることを数え上げていました。ようやくマーは出発する準備ができました。私はマンションを飛び出して、駐車場までの階段を急いで降

―― 17 パーソナル・セッション――サイマーの高次の光と愛を全身で浴びる、個人セッション。

りました。ライセンス・プレートに「OmJaiMa（オム・ジェイ・マー）」と記載された、緑がかった私のトヨタ車が待ち受けていました。

私は汗をかきながら、緊張気味の状態で車のエンジンをかけました。マーは車に乗る前に私が車をバックさせることができるように、車の後ろで待っていました。バックミラーにマーを見ながら、私は車をバックさせました。ゴツンという音が聞こえて、少し揺れがありました。私は駐車の区画にあるポールにぶつけて、車の左後ろ側にへこみを作ってしまったのです。マーがこう言ったことは忘れることがないでしょう。「アメリカ人はあまり頑丈な車が作れないわね！」、私の顔は真っ赤になり、いっそう汗がでました。マーは車に乗り、私たちは空港へとスピードをあげて向かいました。時間通りには到底たどりつくことはない、と私は確信していました。ところが、空港には余裕をもって到着できたのです。おまけに、ピザを食べたり、おしゃべりをする時間までありました。搭乗間際、マーは微笑み、私のほうに振り向くと、わかっていますよ、というまなざしを送っていました。

こういった変容の経験もしましたが、カリフォルニアで過ごした歳月において、いまだに自分を満たし完全にしてくれるようなロマンティックな人間関係を切望しているところが自分にあることがわかりました。しかし、ロマンスを見つけることはありませんでした。私は失望しました。間違った理由から、まだ執着がありました。職業としての仕事では、友人で同僚でもあったワーナーの会社に入りました。オークランドにあるカイザー・パーマネンテ[18]社の何人かの役員も含め、たくさんのクライアントのコンサルティングをしました。友人や以前の同僚とともに働くというパターンを続けながら、ニューヨークを拠点とする会社を持つピーターとも組み、私はカリフォルニアやデンバーで、コンサルティングとコーチングという同じような仕事をしていました。

こういったコンサルティングの仕事を私は楽しんではいましたが、カリフォルニアで過ごした時期の終わりに近い頃、私は情熱を失い、不安定な状態にいると感じました。私はどこも向かう先もなく、ランニングマシーンに乗って走っているかのようでした。シャクティ、つまりダイナミックでクリエイティブなエネルギーは、もはやそこにはありませんでした。次なる変化の時が、すなわち私の中の深い変容の時が来たことがわかりました。

私はカリフォルニアを出て、インドを旅するという決断をしました。たくさんの所有物を手放しました。娘のベッキーは家具がもらえて、とても喜びました。ベッキーの昔のボーイフレンドやその他の人々も、私のイタリア製のスーツやシルクやカシミアの洋服がもらえて、とても喜んでいました。私たちのコミュニティのある青年は、私が執着を手放すことの恩恵を受けて、マーの五十歳の誕生日祝いに私が着た金色の服と、金色のカフリンク付きの金色のシルクのシャツ、それに金色のネクタイを受け取りました。金色の靴下だけは捨てました。

いくつかのものは売りました。いずれマーのアシュラムに戻った時のためにと、そこに預けたいものはインディアナポリスへ発送しました（結局、アシュラムはそこには建立《こんりゅう》されませんでした）。私の職歴となる最後の仕事は、とても充実したものとなりましたが、それはワーナーと私が企画したコンサルティングの仕事で、管理職向けの、心理的にリフレッシュさせるものでした。私たちは参加者にコミュニケーション・スキルを学び、実践してもらえるように、本音で自分自身を表現できるように、パートナーとしてともに働く上でさらに有能になれるように、支援をしました。参加者はその結果に大喜びで、それぞれ

―― *18* カイザー・パーマネンテ社――アメリカの代表的な医療保険団体の一つ。

の旅路へ乗り出すと同時に、私の旅を祝福してくれました。それは、たやすくて自然な人生の転換でした。カリフォルニアとコンサルティングの仕事から、インドとスピリチュアルな修養への転換です。

私が経験から学んだこと

◆また心配ごと？　心配ごとは何度も現れると述べました。このことは、強調しても害にはなりません。私たちは自分の心の中で、そういったストーリーを作ります。自分自身を悩ませ、大汗をかき、決して起こるはずのない結果を拡大させます。心配せずに、マインドを制することができていると、私たちはオープンになり、今起こっていることに向き合えます。機敏で意識的であり、自分のまわりにあるものや、しなくてはならないことがわかるため、問題が起こる可能性を劇的に減らすことになるのです。したがって、私たちはいっそう効果をあげることができ、成功するのです。そしてまた、心配する機会も減ります。

◆人生の転換期に波長を合わせる。私たちが変容し進化する時、重要となるのは、生活している状況や環境が、エネルギー的にも実際にも、今の私たちにぴったり合っているかどうか、見定めることです。私たちの人生や人生での選択が、自分の現在の真実や生きている状態と波長が合わなくなっていることを胸の奥底で知ると、私たちは現状を直視し判断して、変化を起こさなければならなくなります。思い切って踏み出し、先延ばしはしないでください。現状を続けてゆくことは、あなたに苦しみや、本当の自分ではない、意気消沈している、満たされていない、といった感情をもたらすだけです。

◆学んだことを生かしてみる。私は自分の経験、教訓、スピリチュアルな目覚めを人生に組み込まずにはいられませんでした。自分のコンサルティングの仕事、コーチング、人間関係に当てはめました。私たちは新たな洞察やいっそうの気づきを、自動的に生かすこともあるかもしれませんが、時には意識的に、学んだことや現在の自分がどんな存在であるかについて熟考しなければいけません。自分の人生でどういった活かし方ができるかを見てみる必要があるのです。自然に出てくる決断だけでなく、その瞬間を生きて、すべての可能性に対してオープンになって、あまり杓子定規《しゃくしじょうぎ》になりすぎたり、かっちりとしすぎたりせずに、人生計画を立ててゆくことにいそしむことが必要です。

◆多様性とコミュニティを重んじる　私たちはお互いから学ぶことがたくさんあります。バックグラウンド、信条、伝統、スピリチュアルなコミュニティがどんなものであろうとも、です。マーとともに、他のマスターたちやティーチャーたちに出会った時、私たちは共有するもの、共通のものがあることを深く実感しました。私たちはお互いの気づきと教えに付加をし合いました。それは多様性の中の統一性であり、統一性の中にある人間性です。私たちのコミュニティは、瞑想やチャンティング、サットサン（真実を話す集まり）で会する時、お互いの進化をサポートし合います。私たちは人生に起こる問題に取り組むことで、さらに強くなってゆきます。自分自身の合意が物事の顕現をもたらすのです。地球が大きな転換期にあるこの時代において、コミュニティを創る価値は、どれほど評価しても、しすぎるということはありません。

◆間違いを認め、自分自身に優しくする。他人や自分の置かれた状況のせいにして、自分の行動の責任を取ることを避けようとする時、私たちは、知らず知らずのうちに自分の強さを弱めているのです。それでは私たちは偽者、弱者になってしまいます。自分の力である真実と波長が合っていないからです。自分の過《あやま》ちを学びのチャンスとして見て、自分は初心者であることを認める、これはマーがしていることなのですが、そうすると私たちは、そこから学び、成長します。同時に、私たちは間違える自分に対して優しくなるのです。自己批判を避ける、あるいは、すぐに自己批判することをやめることです。自己批判は、自尊心や世界で自己表現する能力を衰えさせます。間違いをおかしている時もそうでない時も、自分自身を大切にすることは、自分を養い、力を与えることになります。「過《あやま》つは人の性《さが》。許すは神の心」と言います。私たちは自分自身を許さなくてはなりません。私たちは愛そのものであるがゆえに、許す必要がなくなる時がやってくるでしょう。

第6章

東から西、そして東へ

では、かつて、悟りを開いたマスターたちと過ごした時期のインドに一緒に移動していきましょう。ババからグルジ、そしてアパジという「導師・コネクション」についてもお話しします。

まずは、マーの導師であるバガヴァン・シュリ・サティヤ・サイババから始めましょう。私が初めてプッタパルティにあるババのアシュラムの門の内側に足を踏み入れた時、活気に溢れ、広がってゆく新しいエネルギーを感じることができました。それは、そこを訪れるたびに感じるエネルギーです。ババとババのアシュラムのことを考えたり話したりするたびに感じることですが、このエネルギーは軽い波の中でやってきます。そして突き抜けてきて、私の毛穴を開く柔らかな風です。それは、快活で浮遊しているような感覚で、ババがオレンジ色のローブ姿で地面をかすめながら優雅に歩いているのを思い出させます。神聖な愛と慈悲の優しい波動が、私のハートに触れて、ハートを広げてくれるのです。このエネルギーはもちろん、マーを思い起こさせ、イエス大師を思い出します。それはマハー・アバター・ババジ[19]とマイトレーヤ神[20]を含む、私たちの系列の中のマスターたちを抱合しているものです。

私がプッタパルティのアシュラムを訪れたのは、マーと、マーの教え子たちの一団と一緒の時でした。その時以来、マーがババに対して、深く変わりない献身を捧げている姿をこの目に焼きつける、多くの機会に恵まれました。マーは自身の中で変容したことすべてに対して、自分自身が誰であるかに対して、導師であるババに感謝していることを私は感じました。マーはババにすべてを捧げ、呼吸するごとに、動くたびに、ババの神聖なる足にプラナーム（最大の敬意を払う拝礼の方法）を行ないました。マーは、教えと使命、グルの命に対して、献身し深く傾倒する生きた模範となっています。

それで思い出すのは、「私たちは神、そして私たち本来の姿である神の、生きた化身《けしん》である導師にのみ密に結びつくのです」という、マーの言葉です。私たちは、みな神です。導師は、私たちの人生において神よりも重要です。なぜなら、導師は私たちを導き、道に戻してくれるからです。マーいわく、神は気にしないのです。なぜなら、神はすべてであって、善か悪か、道に外《はず》れているか道にいるかという判断はしないからです。導師への結びつきは最上のものです。導師はいつでも近くにいて、永遠に私たちとともにあります。導師がどのくらい近くにいるのかは、私たちの思考が決めることとなりますが。私たちの内的な世界に導師が確立された場である内側、そこに私たちが入る時、また導師の天恵・恩寵《おんちょう》に完全に心を開いている時には、何も私たちのじゃまをすることはできません。導師の恩寵は、私たちが浴びる太陽の光であり、私たちの中の火花を燃え立たせる炎なのです。

マーは言います。直接、愛のところへ行きなさい。導師と神への愛へ。導師と神を愛するために、愛しなさい、と。こうすることで、私たちは「真の自己（セルフ）」に対しても正直になります。ババが書いている言葉にありますが、「私にＹｅｓと言う時には」私たちは神に、私たちの中にある導師にイエスと言っているのです。私たちは自分自身の真実と神性を実現し、もっと偉大なる何かのために小さな自我を失っているのです。私たちが天恵《グレース》の状態にたどりついた時、その状態の中で、私たちはシャクティに、エネルギーに、そして私たちの奥深くで待ち続けてくれてきた導師とセルフ、それらの波動そのものとなるのです。

導師と弟子たちの関係については、プッタパルティ、その後はホワイトフィールドでババを訪問するこ

---

19 マハー・アバター・ババジ――ヒマラヤで隠棲している不老不死の聖者、ヨガ行者。マハーは「偉大な」を意味し、アヴァターは「神の化身《けしん》」を意味し、ババジは「聖父」を意味する。

20 マイトレーヤ神――人類を導く知恵の大師。マイトレーヤの名は「喜びと幸をもたらす者」を意味する。仏教における弥勒菩薩と同一視されることがある。

とを通じて、いっそう明解になり、確立されていきました。同時にマーとともにいる機会に恵まれた時には、特にそれが顕著でした。

ババのダルシャンについて、もうひとつお話をお伝えしましょう（ダルシャンとは直訳すると、「聖なるまなざし」という意味で、導師が集まった人々にエネルギーを放つ機会のことです）。

私たちは、マンディール（寺）で朝のダルシャンのためにやってきていました。男性、女性ともに十五人ずつです。ダルシャンの時に、ババが私たちの前に立ち止まった時に自分たちが何を言うかは、一字一句計画していました。ババは、あらかじめ用意された通路を歩く際に、並んでいる人の前で立ち止まることをしていたからです。ババがマンディールの奥で個別の面談に招いてくれる時、人々は幸運だと考えました。そして、そうしてもらうことが私たちの目的だったのです。そこで私たちは、シャランダ・マーと一緒に来たことを伝えるつもりでした。シャランダ・マーというのは、ババがサイマーという名前を与える前のマーの名前です。私たちは九つの異なる国から来ており、単独面談を希望していました。

ダルシャンには、くじ引きのシステムが使われました。朝の三時頃に行列ができはじめます。それぞれの行列の一番前の人が帽子の中から番号をひとつ引き、番号をもとにダルシャンの行なわれるホールに行列は入ります。番号は1から始まります。この日はそのアシュラムで過ごす最後の日の前日でしたが、私たちが1の番号を引く強い予感が私にはありました。言うまでもなく、私たちは番号1となり、マンディールの中に、私たち求道者《ぐどうしゃ》たちは一列となって歩いていきました。私たちはその日ババが歩くと思われるところに座ることにしました。

たくさんの期待と、電気のように伝わる興奮。私たちの準備はできていました。マンディールの片側に男性陣が座り、もう一方の側に女性陣が座りました。ババが入ってきました。通路にそって流れるように歩き、そして男性側の私たちの目の前に立ち止まりました。ババは私の隣にいるロナルドを見て聞きました。「あなたはどこから?」、ロナルドは答えました。「私たちはシャランダ・マーと一緒にいます」。もちろん、これはババの質問の答えにはなっていません。ババは私をまっすぐに見ました。私は同意して、嬉しそうに頷《うなず》きました。ババは両手のひらを上に向け、指を伸ばして、美しく揺れる動きで両手を上げ、歩み去ってゆきました。他の人たちが私たちを見て、ささやきました。「面談を頼みましたか?」、恥ずかしさのあまり、私たち二人は顔を真っ赤にしながら、忘れてしまったと言いました。控えめに言っても、他の人たちは私たちの振る舞いに満足はしていませんでした。

このことを後からマーに話したところ、マーは言いました。「どうして面談など必要とするのですか? ババはいつでもあなたと一緒にいますよ」。私は気分が晴れました。それでも、私は失望していましたし、恥ずかしくもありました。それは同志によるプレッシャーといえるでしょう。ババを目の前にして、完全に精神的にシャットダウンしたのですから。リストにさらなる教訓が追加されました。自分を許すこと。執着しないこと。そしてババの天恵《グレース》とマーの天恵《グレース》への感謝です。私たちが面談をしようとしまいと、いつでも彼らは私たちとともにあるのです。

プッタパルティにあるババのアシュラムは、本物の規律を私たちに教えてくれました。ダルシャンに現れるババを待ってマンディールに入るために、待ちながら何時間も座りました。アシュラムに滞在した時には、朝二時に起きて朝三時には並んでいました。何年か後には、アシュラムの外に滞在する人たちのために門が開けられる、朝四時に到着するようになりました。かなり前ですが、ババは、アシュラムのすぐ外にある建物に、マーのために一室を用意するという祝福を授けてくださいました。マーの寝室の窓はダルシャンの行なわれるホールに面していたので、ババは住まいから入る時にマーと互いを見ることができたのです。私も同じ建物に一室持つという祝福を得ています。窓のない一室ではありますが。

私は何時間もジャパ（マーラと呼ばれるビーズのネックレスを使いながら、マントラあるいは神の名前を意味する聖なる音節を繰り返すこと）を行ないました。プッタパルティとホワイトフィールドのアシュラムを幾度となく訪問し、何日も続けてジャパを行なったのです。ババのお気に入りであるガーヤトリー・マントラを黙って幾度も唱えました。その他にも、習ったマントラや、心に浮かんできたマントラを選んで唱えました。それは、身体、感覚、膝の痛み、そして脚のしびれを克服する時間でした。

もうひとつ、パワフルな教訓について述べましょう。それは、朝五時に一時間並んで待った後、ババの瞑想室に入る時に多くの人が経験することです。そこにはいつも同じセヴァ・ダル（ボランティア）が私たちを待ち構えていました。多くの場合、私たちはその人がそこにいなければよいのに、と思っていました。「サイラム[21]、サイラム、もっと近寄って動きなさい、もっと近寄って！　どうしたっていうんだ？　もっと近寄って動いて！」、これは男性側のほうでは当たり前のことでしたが、女性側ではもっときついことになっていました。年老いた女性たちが怒鳴《どな》り、身体を引っ張ったり、時には髪の毛を引っ張ったりしていたからです。

そのセヴァ・ダルの男性の声を聴いたり見たりするたびに、私のはらわたが煮えくり返ったことは数え切れないほどあります。その人に瞑想室の角のほうの男性側の列の一番端に座るように言われた時には、特に苛立《いらだ》ちました。そこはムルティ[22]も、ババの瞑想する椅子も、ちゃんと見える場所ではなかったからです。それから何年もかかりましたが、私はその人に微笑み、穏やかに落ち着いて、それまで長年感じていた怒り狂う感情と比べてみて、感謝まで感じていられる機会を楽しむ心境に行きつきました。ありがとう、セヴァ・ダル。ありがとう、ババ。ありがとう、マー。

次に、ババからグルジのお話へとお連れしましょう。グルジはヒマラヤ山脈の中間、ビンサー・マハデブという、ナイニタル地域のラニケットからほど近いところにあるアシュラムで出会った、気取らない謙虚な導師でした。そのアシュラムは、壮大なヒマラヤスギに囲まれた、自然のままの宝石ともいうべき場所です。グルジを前にして、私は初めて、本当の飾り気のなさと謙虚さを持つ人に出会うという、初めての直接的な体験をすることができました。グルジはマーに対して、深く、即時に愛を感じた導師でもありました。マーとグルジ。二人の導師は、愛し合い、尊敬し合い、完全にお互いに自分自身を捧げていました。グルジはマーが食べない限り、食べません。グルジはマーが自室へと連れてゆかない限り、身体を休ませませんでした。マーとグルジがゆっくりと優雅に手に手をとって歩くイメージ、ともに座っているイメージ、プラサダム［23］を食しているイメージが私の目の前に浮かんできます。

グルジの優しさ、マーへの愛、マーのシシャ（弟子たち）への手厚いもてなしと教え子たちが必要とするものへの気遣いを私は愛しました。マーが聖なる母であると認知した導師として、私が初めて会ったのが、グルジでした。グルジは祈る時とプージャ（敬意を払う儀式）において、マーを女神として崇めました。また、グルジのアシュラムで初めてシヴァを体験しました。それは、九世紀にシヴァの寺院が建てられたところのまわりにあるシヴァのリンガム（ヒンドゥー教のシヴァ神の象徴として崇拝される、男根をかたどった長円型の石）に両手を置いた時でした。私は深い瞑想状態に入り、実際にリンガムと母なる地

---

21 サイラム——聖なる創造主、すなわち神、喜び、至福を常に心に留めるという意味。おはようございます、こんにちはという挨拶に用いられる。
22 ムルティ——サンスクリット語。身体、神像を意味する。ここでは設置されている神像のことを指す。
23 プラサダム——寺院で調理される食事。

球と融合していきました。それは永遠のように思われるくらいに続きました。他の人に助けられて私は立ち、寺から歩いて出ました。私はシヴァを、純粋な空間を、深くて細く長い呼吸の中で感じました。私のハートにも、脳にも、私という存在全体にも感じたのです。

私のマーへの献身を認めてくれたグルジは、私に近しい存在でした。マーと私はビンサー・マハデブ寺院を数回訪れて、グルジがその肉体を離れる直前にも会いました。それから、別の導師がマーの人生に現れました。マーを崇め、マーの教え子たち全員を受け入れてくれる導師です。まるで、マーの面倒をみるために、グルジとその導師とで交代する計画を立てていたかのようでした。その導師の名前は、シュリ・ティルチ・マハスワミガルです。マーは彼をアパジ、敬愛なる父、と呼びました。

私たちがバンガロールにあるアパジの、シュリ・カイラシュ・アシュラムとラジャラジェッシュワリ寺院、シュリ・チャクラ寺院を初めて訪れた時、再び、私たちは幸いにも、二人の導師がたいへん深く愛し認め合いながら、すぐにお互いを受け入れる場に立ち合うという僥倖《ぎょうこう》を得ました。私は光栄にもアパジと親しい関係を持つことができましたが、私がインドに来ることになっていたこと、献身しながら何度もインドで人生を生きていたことを、アパジに言われました。アパジは男性の身体の中に神聖なる母の生命を宿していました。母なる天恵《グレース》と慈愛がアパジの存在から放たれていたのです。グルジの時と同じく、アパジはマーと一緒にいる時だけ食べました。私たちは、アパジの住まいの外で木々の下に座り、車椅子生活になった時は、マーがアパジに付き添いました。アパジはマーとともに歩き、アパジが目を閉じて平和と至福の深い状態に入っている時に、アパジに向かってチャンティングしました。アパジのダルシャンの部屋で一緒に座りましたが、その部屋ではカイラシュ山、イエス大師、アパジの系列であるその他の聖人やマスターたちの写真が、私たちを見下ろしていました。

私がブラマチャーリ、すなわち僧侶となった時に、マーとアパジから伝授を受けるという祝福を授かりました。またアパジが肉体を離れる直前に、マーがアパジの部屋に最後の別れのために入った時にも、私はその外にいました。アパジは、いつも私たちのことを気にかけてくれていて、私たちコミュニティと米国に贈り物をしてくれました。それは、およそ一トンの重さがある、黒の花崗岩《かこうがん》でできた女神マリアンマ〔24〕の像です。アパジは米国が炭疽菌に脅かされ、万能の母であるマリアンマがその天恵《グレース》とシャクティを以て米国を癒するという夢を見た、とのことでした。このマリアンマ像はその後、マーからニューヨーク州に活動の拠点を持つボディヴァストゥ財団へと寄付されました。そして二〇一六年九月三日、ニューヨークのビッグ・インディアン地区にあるボディヴァストゥ財団が所有するセンターで、財団、土地を寄付したスワミ・ルドラナンダのコミュニティ、そしてサイマー・コミュニティから多くのメンバーの列席のもと、マリアンマ像の落成式が行われました。

インドでの初期の日々について記しましょう。次にベトラーにご一緒しましょう。そこはヒマラヤ山脈の山麓にある、純然たる田舎です。マーのインドにおける初めてのアシュラムが置かれた場所となりましたが、それまで西洋人が足を踏み入れたことはありませんでした。その村の長の息子である、デヴィ・ダットがマーをその地に連れていったのです。私たちとデヴィとの出会いは、彼が料理人として働いていたヒマラヤ山にあるハイダカン・ババジのアシュラムでした。

長い年月、私たちはベトラーを訪問することはありませんでしたが、ベトラーにいる間に私が目撃したのは、村人たちの誠実な献身でした。それは特に子供たちに見られました。子供たちはマーのまわりに押

24　マリアンマ——天然痘や疫病を支配する、南インドの土着的な女神。

し寄せて、そばにいるために、何マイルも一緒に歩きました。今でも、子供たちが火のそばで「カーリー[25]・マー」をチャンティングする声が聞こえるかのようです。子供たちは大きな目を輝かせて、手をたたき、たくさんの愛と喜びを込めた、疑いのないまなざしでマーをじっと見つめていました。マーのエネルギーと神聖なる存在《プレゼンス》はベトラーで変容しました。それはそれまでよりもいっそう力強くて、強烈なシャクティであり、時にカーリーのように威厳があって鋭く、時にはラクシュミのように優しくて愛情溢れるものでした。

村人たちは献身の形として、マーのアシュラムを建設して作るというセヴァ（無私の奉仕）を行なうと申し出ました。そして、マーとマーの教え子たちのための宿泊施設や、新たな寺院、ゴダム（貯蔵する建物）を建設してくれました。また、村人たちのために家を修復したり、新しい住居を作ったりしました。村に発電機を持ってくることで、それまではなかった電力の供給を行ないました。とどまることを知らないセヴァと、村とまわりの村々、アシュラムを訪れるマーの教え子たちへの奉仕が、目に見える結果を出すところを、私は目《ま》の当たりにしました。水が供給されるようになったため、人々は何マイルも歩く必要がなくなりました。シラミや怪我《けが》や虫歯や、治療がされずに放っておかれた病気などを治すための医療キャンプが作られました。学校が建てられました。モンスーンと、それによって道が流されてしまうことから、村には一年のうち三カ月しか交通の便がなかったので、国営の学校と常設の道路を作る計画が立てられました。

地元の村人たちと村人たちの生活に影響を与えるセヴァを自らの目で見て参加したのは、私にとってこ

——
25　カーリー——憤怒《ふんぬ》の相で、煩悩を退治するインドの女神。

グルジ
Guruji

シュリ・ティルチ・マハスワミガル・アパジ
Sri Tiruchi Mahaswamigal – Apaji

の時が初めてでした。マーの統率力と愛情溢れる指導、厳格な規律のもと、私たちはマーの教え子たちがベトラーにおいてたくさんの変革をもたらすために、地元の人たちと働くという、結束と協力関係を体験しました。それには、マーの活動の中心である、女性の自立と啓蒙も含まれていました。一つの例ですが、ホリの祭りの時、マーは女性たちに輪になって、お互いにダンスをするように招きました。厳しい伝統があって、このダンスの儀式には男性しか参加できないことになっていたのです。その他の例としては、女性が月経中に家族たちとともにいることができなかったため、その間滞在することができる離れの居住場所をマーは作りました。

ベトラーでの滞在中に毎日行なっていたことは、朝の沐浴《もくよく》でした。ではここで、早朝の日課の外出をする私についてきてください。私は村の丘の急な斜面を降りていきます。浅い小川の、たいへん冷たくきれいな水を浴びるためです。私はゆっくりと注意深く、かかとのないサンダルばきで、うまく道を歩いていきます。持っているのは、ビニール袋に入れた石鹸とタオルです。あたりは暗く、とても静かで、もうすぐ日が昇ろうとしている時です。油断することなく、もちろん目覚めた状態で道を降りてゆきながら、私はこんな朝早い時間帯から冷水で沐浴しようとしていることの是非を論議しようとする自分自身を制します。小川に到着すると、服を脱ぎ、しかめっつらをして、浅い水たまりに急いで身体を沈めます。最初の衝撃が走ると、私は水の中で落ち着き、この沐浴の儀式が持つ高い波動と浄化を全身で味わいます。私の心身が浄化されます。シャクティ（神聖なエネルギー）とリシ（賢者）たちの叡智が、聖なる水を通して、私を貫いていきます。

夜、ベトラーで見た大きな満月と漆黒の空を、私は決して忘れることはないでしょう。そして、木々のささやき、強く張りつめられたような静寂と深淵なる静謐《せいひつ》、村全体に広がる純粋さ、そしてたくさんの愛

ヒマラヤ山脈下方、インドのウッタラーカンド州、ベトラー村の景色
View of Betlar village in the lower Himalayas, Uttarakhand State, India

ベトラーの子供たちとマー
Maa with children in Betlar

ベトラーにて、マーとスワミジ
Maa and Swamiji in Betlar

と献身とともに私たちを迎えてくれた村人たちの心を。

では次に、デヴィ・ダットに出会った場所である、ヒマラヤ山脈にあるハイダカン・ババジのアシュラムに向かいましょう。ハイダカンまで私たちがたどった道のり、その時の経験を共有したいと思います。その経験は導師の天恵《グレース》を、シャクティのパワーはマインドを超えるということを表すものだからです。

私たちは二十人ほどで、アシュラムに向かうバスに乗っていました。土砂降《どしゃぶ》りの雨になりました。モンスーンの季節のまっただ中でした。バスが突然ペースを落として止まりました。車輪が曲がり、軋《きし》む音をたてて、黒い泥の深みにどんどんはまり、最後には立ち往生となりました。私たちは全員雨の中、バスから降り、運転手とそのほかの人たちがバスを前後に押したり、車輪の下に木を置いたりしながら、バスをなんとかぬかるみから抜け出させようとしました。しかし、そうはうまくいきません。

私たちは全員、道に沿って歩き始めました。もちろんマーが私たちの先頭です。私たちは雨の中をひたすら歩き続けましたが、やがて雨が弱まってきたら、曇り空の下を更に歩き続けました。道を進むうちに、何人かの教え子に疲れが見え始めました。そして、私たちはもう先に進めなくなりました。疲れからそうなったわけではありません。道のある地点まで来た時に、私たちの目の前に地滑《じすべ》りがあり、道がふさがれていたのです。「道の妨げ」とは、まさにこのことです。マーの指示を受けて、私たちは右側の急な斜面を登っていき、自ら道を創りました。なんと象徴的なことか、おわかりになりますか?

私たちは一列になって、ひたすら登り続けました。ペースが速い人もいれば、遅い人もいました。つまずく人もいれば、トレッキングのプロのような人もいました。プロといえば、マーはこの時は大きくて頑丈な枝を見つけて、それを杖として使い、やすやすと強い意志とともに前方や上方へと歩いてゆきました。私たちはマーの後についてゆきました。今の私にはわかっています。私たちは全員マスターですから、誰かのあとについてゆくことはしません。その時はそれを知らなかっただけです。

私たちは歩いて、道路にたどりつき、またさらに歩きました。あたりは暗くなりました。私たちはチャイ[26]の店を見つけました。こういった店はインドのあちこちにあり、道行く先々で迎えてくれます。私たちはチャイを飲み、グッド・デイ・ビスケット[27]を少し食べました。店の隣の地面に横になると、細かい霧雨が降ってきましたが、どうにかこうにか、知らず知らずのうちに眠りに落ちました。ほんの数分と思われたのですが、おそらく三時間くらい経っていたでしょう。私たちは立ちあがり、また歩き始めました。

何マイル歩いたかわからないほど歩いていたら、私はぐったりしてきました。これ以上進めるだろうかと疑問に思いました。そんなことを考えていたら、呼吸をするのがますます困難になりました。思い出してください、私たちはヒマラヤ山脈にいるのです。列の先頭に立つマーの真後ろを私は歩いていました。マーは楽々と力強く前に歩いていき、ペースを速めていきます。私はひと呼吸し、そして私はゆだねました。この時のことは、ゆだねることのパワーについて考える際に、いつも頭に浮かびます。疲労しているとか、前に進むことが不可能であるとか、それらの考えを捨てたとたん、私の中に大いなるパワーがやってきたのです。それは強烈でありながら、同時に軽快なもので、まるでそよ風のようでした。聞き覚えがありませんか？　ババのアシュラムでのエネルギーを覚えていますか？　それは驚くことではありません。マーとババは同じ系列なのですから。

26　チャイ――ヒンディー語、ウルドゥー語で茶を意味する言葉。狭義には、インド式に甘く煮出したミルクティーを指す。世界的には、茶葉に香辛料を加えたマサーラー・チャイを指す。

27　グッド・デイ・ビスケット――インドのブリタニア社が販売しているビスケット。

ここで私は、シャクティのパワーを知りました。私はスピードをあげて、マーに近づき、マーと同じペースで足並みを揃えて歩き始めました。私はだんだんパワーを感じるようになり、どんどん力強くなっていきました。呼吸がどんどん自由になっていきました。歩くこと、速さ、道そのものを楽しみました。私の言いたいことがおわかりになりますか？　ゆだねること、パワー、シャクティ、喜び、道における進歩……これだけ言えば十分ですね。

私が経験から学んだこと

◆**「ハート」**[28]という曲の歌詞にもありますが、私がプッタパルティに足を踏みいれ、ババの存在を感じる時、そこにあるのは愛です。初めてマーに会った時、そして今や長い年月マーのいるところで過ごしてきましたが、ここにあるのも愛です。すべてはハート、私たちの心の中にある愛なのです。マーが教えているように、心《ハート》の左側（人間）と右側（神聖なるもの）を分けているところに、薄い膜があります。実践し、気づき、道の中で進歩してゆくと、この膜が消え始めるのです。私たちは、私たちの本質である、神聖なる宇宙の愛を経験し、それそのものとなってゆくのです。この愛は、これまでもこれからも引き続き、サダナ（スピリチュアルな実践）と献身を通して私の中で活性化され、強化されていきます。私たちが生まれながらに持つ権利は、この愛として生きることです。神聖なる愛として行動する。それが、人類が調和して生きるために必要なビジョンなのです。

◆**常にそれ以上のものが、私たちのために、ここにある。**マハー・ラクシュミは、永遠の豊かさを私たちにもたらしてくれます。マーはラクシュミの化身でもあるので、私はありがたいことに繰り返しチャンスや好機、端緒《たんしょ》、糸口になったものを経験しましたが、そうした可能性の拡大と成長が止まることは決してありませんでした。このことは特に変容と自己実現の分野において顕著です。心を開いた状態で意識し、宇宙から私たちに提供されているものを全面的に受け入れて利用するかどうか、それは私たち次第なのです。

◆**ボタンが押される（気に障《さわ》ること）――すべては、あなた次第。**他の人にされたり言われたりすることで、頭にくることがあります。多くの場合、同じ人が同じ言動のパターンで、あるいは単にその人のあるがままの姿で、私たちを苛立《いらだ》たせます。これは事実であると断言でき、私が教えとして口にしていることですが、問題はいつでも私たち自身にあるのです。他の人の存在によって私たちがそうした「祝福を受けている」時、私たちの内側で何が起こっているのか、がポイントです。私たちはなぜそうした「引き金をひかれる」形で反応するのでしょうか？　その質問への答えとして挙げられるのは、変化して転換する必要があるのは、私たちのパターン（言動の傾向）、思考、感情、自分自身と他人に対する見方だということです。私たちが変容を遂げられるように、とそのボタンが押されるのです。他の人がどんなに私たちに奉仕してくれているか、私たち自身についての何かを示してくれているか、感謝しましょう。それはたいへんなことだというのはわかっています。あのセヴァ・ダルにも感謝します。サイラム、サイラム。

◆**あなたが注意を向けるところに気づく。**そう、オムカール（瞑想室）の行列で座った時も、プッタ

28　「ハート」――原題“*You gotta have heart*（ハートがなくちゃ）”は、アメリカ人の歌手エディ・フィッシャーの曲。フィッシャーは米国・ペンシルベニア州フィラデルフィア出身の、一九五〇年代を代表する世界的な歌手の一人。

パルティでのダルシャンの行列の時も、私の身体は痛みました。そう、沐浴はとてつもなく早朝のこと、ベトラーの坂道はとても急で、水はとても冷たいものでした。それらの時に、私が感じている不快さや不都合、問題などに注意を向けたり思考を集中させても、なんの役にも立ちませんでした。そういった集中、思考が状況を悪化させ、身体にさらに痛みを感じさせ、冷たさに敏感にさせたのでした。一方で、私たちを変容させるのは、ジャパを行なうこと、マントラを繰り返し唱えること、その瞬間に自分自身の意識を集中させること、呼吸とヒマラヤ山脈の景色を感謝とともに堪能すること、小川の中を流れるシャクティと賢者たちの波動に心を開くことです。こうすることで、私たちは自分が本当はどんな存在なのかを自覚することになり、進化が容易になります。「注意の法則」の鍵は、焦点と認識をしっかりとさせることです。

◆シャクティの天恵《グレース》に任せる。頑張ろうとしない時、呼吸して、努力を忘れる時、集中して自分の中の統制がとれている時、天恵《グレース》が私たちの中を流れます。シャクティというパワフルなエネルギーは、いつでも私たちに力を与えてくれる準備ができているのです。あとは私たちが準備して意識し、心を開いて、シャクティという天恵《グレース》が働いてくれるがままにまかせるのです。自分自身が選びさえすれば、どんな時も私たちに役立つようにあらゆるものが準備されてすぐそこにあるということを、あなたは信じて全面的に受け入れていますか？

◆シンプルさを受け入れる。はじめはグルジ、そしてアパジ、この二人の導師から私は素朴さと謙虚さを学び、感銘を受けました。純粋さについても同じです。私たちはシンプルに生き、考え、人生の複雑さを減らす時に、よりいっそうパワフルに、真の偉大なる自己（セルフ）と一直線でつながり、波動が揃うことになります。世界も自分自身も、シンプルさを通して、もっと明瞭に見えるようになるのです。私たちの生まれながらの本質は、愛です。ただそれだけの、単純なことなのです。物事を複雑にすることは不要です。

◆宇宙と遊ぼう。「すべては神の秩序のもとにある」とか「すべてはなんとかなる」という言葉を、私たちは誰でも聞いたことがあります。私は、これは人生における事実だと理解し、わかるようになりました。グルジからアパジ、そして後にはマハラジを間近に見てきた私には、この地球では神の計画が展開されていることが確認できました。自由意志を与えられているため、私たちの選択や決意によって、その計画は早く進んだり、遅くなったりします。私はマーを選びました。というより、マーが私を選んだのです。私はマーに「くっついてゆく」ことを決めました。そしてそこからすべてが加速していったのです。すべてはリーラという、神聖なる遊びなのですから、遊びましょう! これを実感すると、心配することをやめるようになり、ゆだねるために物事が円滑に進むようになります。

◆よく練られた計画はわきに置いておく。私たちは計画し、期待し、そして結果に執着します。それはダルシャンの抽選に当たるとか、ババの隣になるとか、個人面談をするとか、幸せになる、といったことです。『バガヴァッド・ギーター[29]』とロード・クリシュナ[30]が教えているように、結果にこだわり、行動の結果にとらわれると、物事はうまくいきません。意図することはできます。そうして、神に、セルフに、宇宙に自分自身を捧げるのです。そして何が起こるか様子を見るのです。自

---

29 バガヴァッド・ギーター——七〇〇篇の韻文詩からなるヒンドゥー教の聖典のひとつ。ヒンドゥーの叙事詩マハーバーラタにその一部として収められている。

30 ロード・クリシュナ——ロードは英語の"Lord"で王または神を意味する。クリシュナは、インド神話に登場する英雄で、ヒンドゥー教におけるヴィシュヌ神の第八の化身(アヴァターラ)。

分の必要性を満たすことや、欲望を満足させることが起きてほしい、という期待にはこだわらないようにします。神を切望すること以外の、私たちの望みは、たびたび、失望や怒り、憤《いきどお》りにつながります。結果を忘れて、今行なっていることに、自由に自分自身を捧げてください。

◆セヴァの栄光によって祝福される。ベトラーで、献身的に自分自身を捧げた時も、ヴァラナシ（カシ）で現在も、そのことを続けている時も、私たちのハートは奉仕の愛で溢れています。それは、私たちが奉仕する人たちの愛、私たちとともに奉仕する人たちの愛、です。私たちは、自分の魂がこの世で自己表現することを可能にしているのです。私たちは、奉仕する人々の魂に祝福されます。それを目的として奉仕しているわけではなくても、です。私たちの愛の表現は、自然なものです。なぜなら、私たちのあるがままの姿は愛だからです。ひとつのハート、ひとつの愛、ひとつの光として、私たちはワンネス［31］を具現化して生きているのです。

―

31　ワンネス――すべての存在はひとつであることを意味する、Onenessという英語。ひとつであること。ひとつになること。

第7章 インドへ

テイクオフ（離陸）とは飛び立つことです。新しい何かのために、そこにあったものを取り除くために、テイクオフ（取り去る）するのです。私は一年にわたるインドでの巡礼ができるように、持ち物を取り除き、自分のアイデンティティだったコンサルタントとしての役割も、私の生き方も取り去りました。私には何が残されているのか、どういう人間になるのか、わかっていたわけではありませんでした。わかっていたのは、私たちのコミュニティの人たちとともに、インド中を旅することへの招待がマーからあったということだけでした。私はサダナに時間を費やし、さまざまなアシュラムや寺院、スピリチュアルなコミュニティを訪れることになります。

二〇〇三年の終わり近く、この旅の始まりで、最も重大な人生を変えるような経験が起こりました。私はバンガロールにあるカイラシュ・アシュラムで、マーとアパジと一緒にいました。そこでマーがいきなり私に聞いたのです。伝授を受けた僧侶、ブラマチャーリになりたいか、と。それまでに、そうしたことは考えたことがありませんでした。私はその頃にはすでに性的な欲望がまったくなくなっていたため、禁欲主義になることは、問題はありませんでした。その伝授が私のスピリチュアルな実践と、マーおよび世界でのマーの活動への協調に、いっそう大きく集中することを意味すると知っていました。その賛否を比較する時間は必要ありませんでした。賛否が何であるかも意識していなかったからです。決意することは、とても自然なことでした。そして私は躊躇《ちゅうちょ》することなく言いました、「イエス、マー。」と。

パンディット（僧侶）が呼ばれて、ちょっとしたヤギャ（炎の儀式）をラジャラジェッシュワリ寺の外で行なうことになりました。マーが同席して、私はシヴァの系列に加わる伝授を受けました。つまり、その瞬間から、私は何千年も昔の導師たち、マスターたち、求道者《ぐどうしゃ》たちとエネルギー的なつながりを持つことになったのです。アパジはマーとともに、私の新たな名前について話し合いました。そして慣例にならって、私の誕生名（ポール）と同じ「P」で始まる名前を頂くことになりました。アパジはとても幸せそうに私の新たな名前「パラメッシュワラ」を発表してくれました。「パラム」は一番高いという意味で、「イッシュワラ」というのは、宇宙の支配者という意味です。言い換えると、至高の神、という意味です。この名前を受け取り、それとともにシャクティも受け取ることができたのは光栄でした。

　それから、伝授とともに行なわれる儀式と、そこで用いられる品々についての手ほどきを受けました。日々の実践の中で、マントラとともに身体にバスマ（白い灰）を塗ることを伝授されました。そうして額に三本の線が入れられましたが、それは肉眼的な世界、微細な世界、スピリチュアルな世界を表し、三つ全部が灰となって融合するのです。そして、悟りへの入り口であるとともに、聖なる母を表すアジナ・チャクラ[32]に塗るために使う赤いクムクム[33]の粉を受け取りました。その時以来、着用することになった服も与えられました。それは白いコットンの布で、一枚は上半身用、一枚は下半身用です。その布をどうやって身体に巻くかを教えてもらいましたが、残念ながらしばらくの間、着方のコツがなかなかつかめませんでした。実際、最初は自分の服を着続けるのが難しかったのです。自分の腰のあたりでしっかりと布を押さえつけて、下に落ちないように留めていました。それこそが、当時の私にとってのいちばんの心配事でした！

　伝授の儀式の前に、三十年近くも生やしていた髭を剃《そ》らなくてはならなかったこと、これをお伝えせず

32　アジナ・チャクラ——第三の目とも呼ばれる。眉間《みけん》に位置するチャクラ。チャクラはサンスクリット語で「車輪、円」という意味で、身体のエネルギー（気）が出たり入ったりするポイント、身体のエネルギーセンター。

33　クムクム——ビンディー（額の、眉間のやや上につける丸い印）をつけるために、インドのヒンドゥー教の女性が持つ赤いパウダーまたは赤いビンディーそのものを指す。家庭ではウコンとミョウバンから作る。

にはいられません。頭も剃り始めました。以前もお話しましたように、私にとって頭を剃るのは時間のかかる行為ではなく、瞑想のようなものでした。こういったことはすべて、見た目は重要ではないということ、赤子のように裸の存在であり、純粋無垢である、ということを伝えています。私には自分のエネルギーとその状態や、自分の歩き方、世界と自分自身の見方が変わったと感じることができました。私は自意識過剰ではなくなったのです。服がずり落ちないように、ということ以外は。他の人が私をどんな風に見ようと、気になりませんでした。外側の見た目が、内側の存在と合致したのです。

追加で二人のシシャ、すなわちマーの教え子たちが私の二ヵ月後に伝授を受けました。そして、私たちの僧侶の、そして後には尼僧も含まれることになるコミュニティが始まりました。伝授を受けるという決断により、新しい生き方とともに、マーに捧げる、系列に捧げる、スピリチュアルな実践に献げるコミュニティも創造されました。私たちは文字通り、そして比喩《ひゆ》的な意味合いでも、「旅」を続けました。それはインドの旅から始まり、二〇〇四年にマーの提案によりヴェイルでのリトリート（修養セミナー）が行なわれた二〇〇四年の秋に、米国に戻るまで続きました。ヴェイルの後は、コロラド州クレストーンにできた新しいアシュラムに住まうことになります。

クレストーンに進む前に、インドで過ごした時間の中で経験したことや教訓となったことをいくつかお話したいと思います。

アパジのアシュラムに滞在している間、アパジがどんなにマーを愛し敬っているかを目にしました。そして、導師という集団はいかに男性ばかりなのかに気づきました。さらに、マーの存在が彼らにとってどんなに不慣れであるか、そして多くの場合どんなに気まずいかについても気づきました。グルジにも、そののちのマハラジにも、マーは聖なる母の化身として認められていました。導師たちは長い年月、こっそ

カイラシュ・アシュラムにて。
2003年にブラマチャーリの伝授の直後　マーとスワミジ
Maa and Swamiji at Kailash Ashram, Bangalore just after Brahmachari initiation, 2003

りと聖なる母を崇拝していたのです。同時に、導師の社会は男ばかりで成り立っていました。女性、特に女性の導師は集まりには参加しませんでした。アパジのアシュラムでのことでしたが、マーが他の男性の導師たちとともに会議の壇上に座ることについて、意見の相違がありました。アパジは、マーも一緒に加わるべきだと主張しました。マハラジも同様に、インドで一番聖なる街カシで、マーに対してたくさんの扉を開いてくれたのでした。そのことはまたあとでお伝えします。

もう一人の導師、グルナサンもまた、マーを認め、愛しました。私たち何人かはケララ州カリカットにあるグルナサンのアシュラムに滞在しました。グルナサンは密教のマスターであり、私たちにたくさんのマントラ、スローカ[34]、儀式、特にスリ・チャクラに関するものを教えてくれました。スリ・チャクラは形あるもののさまざまな部分と、聖なる母ならびに、シヴ・シャクティという男性性と女性性の融合、それらとの関係を表現しています。私たちはグルナサンのアシュラムでも伝授を行ないました。そしていかに、彼がマーを熱愛しているか、常にマーとともにありたいと願っているかを、またしても目《ま》のあたりにしました。

その他にもたくさんの旅をしました。プッタパルティでのある一つの経験は、私が学んだ教訓の中でも際立ったパワーを有するものです。それによって私は内側に向かい、外側の世界に気を散らされないことを固く誓うことになりました。

プッタパルティの街には、ジャーマン・ベーカリーと呼ばれる、人が集《つど》う場所があります。その店は西洋風の食事や焼き菓子を出しています。たくさんの西洋人、特にヨーロッパ人がこのレストランに引きつけられて、足しげく通っています。私も以前はそこで時間を過ごしていました。ある日、私はそこに集まる大勢の人たちにひどく心をかき乱されたと感じました。私は人々を見て、その人たちと一緒にいたい、交流したいという欲望まで感じたのです。理由がどうあれ、私は不安を感じました。マーの住まいに戻ると、マーは私の状態に気づきました。私は自分がどこに行っていたか伝えたと思います。それは二〇〇三年のクリスマスの直前で、私が伝授を受けてからそれほど時間は経っていませんでした。マーは私に、納《な》屋《や》に行き五日間過ごしてくるようにと言いました。つまり、クリスマスが終わってから戻るようにということです。納屋には、三十人以上の男性がマットレスの敷かれた床に横になっています（女性にも別の建物がありました）。折り畳み式の寝床をもらえる人もいます。大きな浴室は全員で共用します。それは私が住んでいるプッタパルティの部屋とは、かなり違いました。

　私はどう答えたでしょうか？「イエス、マー。」でした。私は納屋ですべての時間を過ごしました。オムカールでの瞑想の時間やダルシャンの時も、ババのアシュラムの中から出ませんでした。クリスマスの音楽が流れ、求道者《ぐどうしゃ》の合唱団がババに見せるショーのリハーサルをしている時期でした。私は懐かしいクリスマスの音楽と歌を聴きながら暮らし、早朝に目覚め、ジャパを行なって時間を過ごし、ババのシャクティに自分自身を没頭させました。私は浄罪・浄化・涙・日記を書くことのみに時間を費やし、最後には、心に大いなる落ち着きと平和が訪れたのでした。

　私がマーのもとに戻った時には、内面を見つめることの価値、常に自分の中にあるものを見つけることに由来する、ただ在《あ》るという状態、そしてそれをこの世界で体現する意味について気づいていました。私は放棄することの価値も学びました。すなわち、感覚、この世の雑念、人類にとって苦しみを引き起こすエゴや人格という落とし穴を放棄する、ということです。つまり、私はもう外の世界に影響されなくなっ

―
34　スローカ――詩編・詩句を意味するサンスクリット語。

ていました。私は内面でのワークと自制を通じて、平和と安定の状態に移ったのです。それからの私は、その状態で生き、奉仕しながら、この世にいることができています。

最後に、一冊の本をご参考までにご紹介します。プッタパルティのマーの住宅で私たちが過ごしていた頃、私が大好きで何度も読んだことのある本を、コミュニティの何人かとで読んでいました。特にその時は「わかっている」という強い感覚をもって読みました。本のタイトルは、"*The Life and Teaching of Jesus and Mary*〔35〕(イエスとマリアの人生と教え・未邦訳)"です。節ごとに読み、それが私たちにとってどんな意味があるのか、読んでどんなことを感じるかを、マーと話し合いました。その時以来、私はその本に線を引いたりマーカーで印をつけたり、その本の内容に基づいたメモを書いたりし、何冊も購入しました。現在はその本を見つけるのは難しいとはわかっていますが、もしも見つけたいと感じられた方は、アマゾンのサイトなどでチェックしてみてください。

―― 35 *The Life and Teaching of Jesus and Mary* ―― A.D.K luk の著書。未邦訳。

私が経験から学んだこと

◆**流れに任せる。**私たちは抵抗し闘うこともできれば、自分にとって最善のこと、最高のことに波長を合わせて、そういった観点から決断することもできます。何が自然で何が不自然でしょうか？ 宇宙には動きがあります。それは自然の法則であり、私たちをソース(あらゆる創造の根源)へと導いてくれます。私たちがこの法則を意識的に、あるいは無意識に活用し、ハートの奥深くにある真実に寄り添えば、流れに逆らうことなく、流れとともに自由に動くことができます。すべてが以前よりも簡単に、早く、スムーズになるのです。これをエネルギーとして考えてみてください。すべてのものがエネルギーだからです。合気道のように、私たちが一体となる時、エネルギーは自然な方向に流れ、うまくいきます。抵抗すると、私たちは無防備になり、失敗し、苦しむのです。

◆**頭で処理することをやめる。**私たちは真実を心の奥底では知っています。考えすぎたり分析しすぎたりすることなく、ほんの少しだけ時間を取って直観を使えば、自分にとって正しい答えが浮かんできます。あなたに語り掛けてくる小さな声に、耳を傾けてみてください。心を乱す大きな騒音は無視しましょう。ハートは、私たちにとっての真実が宿っている素晴らしい源です。ですから、マインドから出てハートに入り、耳を澄ましてみてください。

◆**あなたは決して一人ではないということを思い出す。**私たちはたくさんの助けを得ています。それは私たちを愛してくれている人々からだけでなく、私たちよりも前にこの世に来ていた、たくさんの人たちからも支援を受けています（時間というものを直線的に考えるのであれば）。光の存在たちの系譜、私たちの系統のマスター、私たちの魂、太陽の天使たちが、私たちが彼らとの関係性を築き、ともに歩んでゆくことを待っているのです。私が伝授を受け、決意し、本気で取り組むようになった経過において、私は自身の中にそうしたエネルギーを迎え入れ、それによって私の意識は拡大しました。それらのエネルギーは、以前は存在していなかった、私の人生のためになる新たな情報と可能性を与えてくれたのです。

◆**誓いを立てずに禁欲する。**禁欲するということは、セックスをしないだけではありません。エゴ

（自我）とパーソナリティ（人格）が話しかけてくることに、心を乱されたり支配されたりしないということです。あなた自身に合わないとわかっていることや、最高の自分になりたいという望みに役立たないこと、ハートにあることと合致しないこと、それらを捨て去ることはできるのです。間違っていること、真正ではないこと、不自然なこと、あなたの中に苦しみを創りだすものは、放棄してしまいましょう。

◆**聖なる女性性の回帰。**マーがたくさんの導師たちから敬愛され、その敬愛の度がますます高まってきているように、今や女性と男性双方の中で、女性性のパワーが再び現れてきています。このパワーが地球を変容させ、救うことになるものだと認識している人は、たくさんいます。聖なる母は愛に溢れ、思いやりがあり、慈悲深い存在です。私たちは誰もが、それらの資質を一部、有しています。それに加えて、私たちは自分自身の中で女性性と男性性のバランスをとり、その両方を生き方の中で現し出してゆくのがよいでしょう。

◆**あなたの内なるパワーを尊重する。**そうです、私たちは執着することなしに、外の世界が与えてくれるものを十分に、情熱をもって楽しむことができるのです。私たち自身の中に見つかるものと、外の世界に見つけるものとのバランスをとることもできます。私たちはそれらの次元にアクセスし、日常生活の中にそれらの次元を活用することができるのです。私たちのパワーは内に宿っています。それは、真の自己である私たちのセルフが持っている聖なる資質すべての中にあり、私たちそのものである、より高い波動の中にあります。それは、愛の力です。私たちが尊重するものが、人生の中で花開くのです。

第8章

クレストーンでコミュニティを創る

それは二〇〇四年十月のことです。私たちはインドから戻り、ヴェイルでの一週間にわたるマーのリトリート（喧騒《けんそう》を離れたところに滞在して行う修養セミナー）に参加し、それから雪降る中、コロラド州クレストーンにあるマーの新しいアシュラムに移動しました。

マーはそれ以前にも、クレストーンに招待されて訪問したことはありますが、いったんそこに到着すると、「ここは我が家だわ」と言いました。クレストーンは多くのスピリチュアルなコミュニティが集まる街です。仏教、キリスト教、カルメル会、バプテスト派、シーク教徒などや、その他の宗教です。八千フィート（約二四〇〇メートル）の高度で、八千平方マイル（約三万六千八百平方キロメートル）の広さのサンルイス渓谷に位置し、サングレ・デ・クリスト（キリストの血）山脈に囲まれています。

マーがそこを我が家のように感じたのは、大自然に囲まれていること、その土地の波動の高さやヴォルテックス（エネルギーが渦巻状に放出されているパワースポット）であること、ネイティブ・アメリカンのエネルギーがある土地であることも、その理由でした。私たちのアシュラムとなったところは、もともとリトリート・センターとして建てられたものです。そのセンターの以前のオーナーは、マーが到着した時、自分たちがそこを建てた理由がわかったと言いました。私たちは、そのアシュラムを「意識の寺院」と呼び、近くにあるマーの住む家を「母なるハートのすみか」と名付けました。

では、なぜ米国にアシュラムを持つことになったのでしょうか？　アシュラムは、スピリチュアルなコミュニティが居住する場所であり、訪れる人々やそこに生活する人々に聖なる空間と集中できる時間を提供し、それぞれのサダナ、日々のスピリチュアルな実践に自身を捧げることを可能にするところです。サダナには、セヴァ、瞑想、勉学が含まれます。マーはアシュラムについて、悟りを得たマスターのシャクティがいたるところにあるために、意識が容易に引き上げられる場所だと述べています。私たちはこのエ

「意識の寺院」という名のアシュラム（コロラド州クレストーン）
Temple of Consciousness ashram, Crestone, Colorado

ネルギーの中に浸り、それを次第に体現していきます。私たちは、集合意識としてともに生き、共有しているのです。

アシュラムでの生活は、現在や過去生から持っている、私たちの不純なものやカルマを洗い流してくれます。私たちの感情に触れるようなボタンが押されて、引き金をひかれるようにして、そのきっかけが生まれるのです。私たちの「ガラクタ」が浮上してきます。内側に入っていき、五感を統御して、マインドを極めてゆくことで、とりわけ高いエネルギーの中にいることも加味されて、私たちは迅速なセラピーを受けることになるのです。エゴとパーソナリティを清めて、役立たないものは手放し、同時に魂に滋養を与えます。感情的・社会的に癒されるとともに、自信が湧いてくるということも付け加えましょう。アシュラムで暮らすことを通じて、その状態を保持して生きることができるようになり、特に現在のような不安定な時代でも安定して生きることが可能になるのです。

クレストーンに移住した私たち十名は、新たな開拓地を開くパイオニアのようでした。私たちには何のためにそこにいるのかも、どんな生活となるのかもまったくわかりませんでした。けれども、覚悟は決まっていました。なぜなら、私たちは、米国にマーとコミュニティが集える家を創るという目的で、マーに奉仕していたからです。創立メンバーとなった居住者の出身は、米国・イスラエル・フランス・ドイツで、そのうちの何人かは一年にわたるインドの旅も、ともに過ごしました。私は常駐のスピリチュアル・マスターに任命されました。アシュラムに住まう人たちを指導するということでしたが、それは常に私たちの導師の天恵《グレース》によるものです。

私たちは大きな土地を管理するために、日々のスケジュールを組むことと、アシュラムを運営するのに必要なセヴァを行なうことに大半の時間を費やしました。冬期には薪を切ったり、朝六時に瞑想する場所

尼僧と僧侶たち（「意識の寺院」にて）
Nuns and monks at the Temple of Consciousness

である瞑想用ヤート（テント）で、かまどの火を焚《た》きつけたりすることも必要でした。マーの住まいはアシュラムから数分のところにあり、私たちはその建物と地所の管理も行ないました。アシュラムは一般に公開されており、アシュラム内にあるラビリンス（迷路）の散歩を希望する人々を歓迎していました。その迷路はフランスのシャルトル大聖堂にあるラビリンスとそっくりのレプリカでした。一般の人が瞑想に来ることもできましたが、地元からはあまり多くの人はやってきませんでした。創始者となる人たちの他には、私たちのスピリチュアルなコミュニティの人々が主に訪れ、それぞれがさまざまな期間滞在していました。

年を経るごとに、私たちはお互いや自分自身について学びを深め、それとともにアシュラム居住者の状態や活動ぶりは変わっていきました。私たちは日常生活と、訪れる特別な状況を通じて変容していったのですが、その中でもハイライトとなったことを記します。ともに生活する方法や、何が重要であるかについて、より良く情報を持つようになると、私たちはアシュラムの指針やしきたりを定め、それを生活の中で調整することにしました。セヴァの役割についても確認し、明確にし、見直しました。セヴァのリーダーたち、マネージャー、アシュラムの共同リーダーたちといった、運営する役割と指揮する役割をあてがいました。

ここで私の役割と個人的な変容についてのハイライトをお伝えします。まず、私の全体的な役割である常駐スピリチュアル・マスターについて見ていきましょう。いったいどういう役目なのでしょうか？　誰もそれについては答えてはくれませんでしたし、私も質問することはなかったのです。役割について完全にはっきりとわかっていませんでした。マーは長年にわたり問題提起してくれましたが、そのための授業はありませんでした。マーは私たち全員が愛し敬う導師です。私も含め、私たちの誰の中にもマーが存在していますが、私はアシュラムの導師でも、誰かの導師でもありません。私はアシュラムに住む人たちやそのほかの人たちを、日常生活や進行中の変容においてコーチ（指南）する者なのはわかっていました。私には自然なことでした。コーチングすることの訓練を受けてきたのですから。また、私は管理やリーダーシップについても教育を受け、コンサルティングも行なってきました。それまでに自分が学んだものを常に活用してきたわけではありませんでしたが。

　マーの天恵《グレース》によって、そして経験や内面のワークによって、私はある特定の意識の状態に移っていました。その状態をどう呼ぶかはさておき、シャクティと波動をともなうものではありました。クレストーン滞在が始まって間もない頃、瞑想の間に、私にプラナームを行なう人たちがいました。プラナームとは、頭《こうべ》を垂れて、額を私の足に触れさせるという拝礼の行為です。彼らはこれをマーのパドゥーカ（導師のサンダルで、聖なる祝福に満ちたものとされます）と、瞑想テントの中に置いてあるババのパドゥーカとロープにプラナームをした後に行なっていました。そのシャクティは非常にパワフルで、私も祝福を感じていました。私は自分自身の傲慢《ごうまん》さを認めます。そこにはスピリチュアルな傲慢さも混ざっていましたから、余計、たちが悪いものでした。しばらくこれは続きましたが、このことをマーに話しました。マーはそういったことはやめるように皆に伝えなさいと私に言いました。

　この例は、私にとって重要なものです。私の役割および（意識の状態も含めた）存在のありようと、導師としてのマーのそれとの間にある違いを際立《きわだ》たせるものだったからです。マーはある意識の状態にあります。それは言葉には表せない、知ることができない、ただそこに在《あ》るという状態です。たしかに、私たちはみな導師であり、神であり、ソース（根源）であり、偉大なる自己であり、本質においてはひとつです。生き方、考え方、感じ方、行動においてやがて、私たちはマーになる存在です。マーとしてお互いを見て、お互いに接するようになります。しかしながら、アシュラムで暮らす人々や私たちのコミュニティにいる人々の日常の実践において、私が果たす役割を見る際に、導師とシシャ（教え子）との違いをあいまいにすることは適切ではありません。それは誤解を招く恐れがあり、エゴとパーソナリティに端《たん》を発するものです。

ここで、感情のボタンと、引き金となるものについて見てみましょう。どんなふうに私のパターンが明らかになり、そして他の人に向けて表現されたかがわかります。こういったパターンに陥るのは私だけではありませんから、あなたの心を揺さぶる目的で以下はほんの少しだけ、誇張して記します。あなたにも共鳴するところがあるかどうか見てみてください。

- 私は何度も同じことを言わなくてはならない、言ったことをしない、など、「子供たちがお行儀よくしなかった」時、反応して怒りました。
- 私は厳しく、ぶっきらぼうで、無神経で、愛情のない態度をとりました。
- 最悪のこと、それはコントロール（支配）でした。私は正しい。私のやり方を見なければいけない。これはアシュラムに来る前から相当長い年月、私を支える柱になっていました。特に娘のベッキーに対してです。それがアシュラムにおいて表れ、私の目には「自分のやり方をしたいと感じている」と映る人たちによって拡大されました。
- 私は感情を抑えました。内面で起こっていることを表現せず、支援を求めず、自分一人ですべてを行ないました。
- 私は結果重視で、物事をやり遂げ、締め切りに間に合うようにして、セヴァをしていました。

- 私は自分が求めていない反応を不愉快に感じていました。
- 一人きりになりたいと思い、ひきこもり、他の人と関わりたくありませんでした。
- もうひとつ、最悪なこと（先ほどの「コントロール」について書いたところにもあります）。私たちが正しくて、あなた方は間違っている。これはクレストーンのコミュニティの対外関係におけることです。初期の頃、アシュラムの近隣に住む隣家もふくめて数人の人が、私たちの地所の使い方が好ましくない、郡の法規を遵守していない、近隣の人たちのニーズに対して無神経だ、という風に見ていました。こういった苦情が、私の中のボタンを押した時、結果的に次のような反応を私はしました。「あの人たちは自分で自分が何を言っているのかわかっていない！　理不尽で、道理がわからず、感情的になり過ぎだ！　結局のところ、彼らは間違っている！」と。

こういったパターンが現れ、自分でそれらを目にするとともに、他の人たちも目にしました。私は精神を集中し、自分の内面へと入り、私とともに暮らす人たちにこういった問題の多くを提起し、変容しました。こういったパターンや他のパターンについて私は引き続き見つめて、取り組んでいます。

では、アシュラムに住んでいる私たち全員に起きた変容のいくつかに焦点を合わせてみましょう。特に重要なのは、私たちが集中すること、堅忍《けんにん》する（辛抱強くこらえる）こと、深く関与すること、僧侶あるいは尼僧としてゆるぎない安定性を保ち続けること、誓いを守ることに関わることです。

私自身の伝授のところで書きましたが、ブラマチャーリ（僧侶）あるいはブラマチャリーニ（尼僧）になる際に、ある生き方を誓います。自分自身に対しても、そしてお互いに対しても、特定の行動基準に見合うことを求めます。例えば、禁欲生活や食事などについてです。個人として集団としてガイドラインに従って生活します。アシュラムでの在任中、誓いを守るのが必ずしもたやすいことではないことを学びました。自分自身に目を向けなくてはなりません。大事なのは、自己表現すること、誓い、修道生活に深く関与することについて、そしてサダナ、スピリチュアルな実践について、今どういう状態であるのか、お互いに伝え合うことです。

　私たちはこれが効果的に行なえず、過《あやま》ちから学んでゆくことになりました。一人の尼僧と一人の僧が恋愛関係を結びました。二人は関係を持ったあとにこの事実を明かし、結婚をするためにアシュラムを去りました。他にも一人の尼僧と一人の僧がアシュラムを去りましたが、それはお互いに関係を持ちたいという気持ちからで、後にやはり結婚しました。

　この二つの例は、禁欲の誓いと、決意をするまで自分の感情を話さなかったことに関わっています。さらに、私たちはそんなことになるとは思っていませんでした。他にも二つのケースがあります。誓いを守れるかどうか疑問がふくれあがった尼僧たちがアシュラムを去ろうとしました。その時以来、その尼僧たちは二人とも学び、その経験を通して変容しました。私たちもみな同じように変容してきました。彼女たちはさらに誓いを強く立てて、サダナとコミュニティでの生活にあらためてすべてを捧げています。また、自分たちが学んだ教訓を伝えることで、他の人たちの役にも立てています。

　変化は起こるものです。移行も起こります。二組のカップルが去りました。二人の尼僧は出ていきませんでした。他にも出ていった人たちもいました。一人は僧侶である誓いを解き、一人で去っていきました。私たちはこういった実例から学びました。調整し、サダナに新たな実践を取り入れ、日々のコミュニケーションを改善しました。そしてさらにリーダーシップを発揮するように啓蒙《けいもう》したのです。私が自分の役割、修道の身としての自分、スワミ（高僧）としての自分、常駐のスピリチュアル・マスターとしての自分を見つめるように、尼僧と僧侶全員が自分自身を見つめました。修道のコミュニティとしての自分たちは何者であるのか、自分たちとコミュニティの他の人と何が違うのかを検討しました。このことは、私たちの独自性と目的、つまりダルマを定義することにも役立ちました。そして、私たちがグループとしてより十分に自己表現すること、一人一人がグループと、コミュニティ全体との間の関係を表現することにも役立ちました。

私たちの変容を生むアシュラムでの生活の、もうひとつの側面は、自分の「ガラクタ」をどうするかということです。アシュラムでの暮らしと導師のシャクティはたいへん強い感情をもたらし、それは圧倒的に感じられ、すべてに浸透し、決して終わりがないものです。こういったことを経験するのに、アシュラムに住む必要はありません。私がボルドーのマーのキッチンで溢れる涙を拭うために使った、たくさんのペーパータオルのことを覚えていますか?

年を追うごとに、費やす時間は減少してきたものの、アシュラムに住む人々はかなりの時間を、感情から湧き上がってきた問題、引き起こされて表面に上ってきたガラクタについてグループでのミーティングや個人的な会話の中で話し、取り組んできました。つい最近、マーはアシュラムの人々に(あらためて)スピリチュアルな成熟度について、話をしました。すなわち、サダナを長年行なってきて、高次の意識状態になっていると思われた後でも、感情がいまだに私たちの統制者であるのはどうしたことかと。これは皆しっかりと受けとめました。皆の意識の焦点が上昇し、自己統制が勝《まさ》るようになりました……今のところは。

自分を顧みて、自分のガラクタと自分を同一視しないことは、さらに素晴らしい創造性とリーダーシップにつながりました。それはより強力な自己表現という結果となったわけですが、そこにはマーと、地域そして世界のコミュニティにどう奉仕してゆくかということも含まれています。

アシュラムでどのように暮らし、コミュニティでともに生きてゆくかを学ぶことや、自分の役割を理解して仕事をこなしたりすることや、母なる存在に食べさせて養ってもらい、すべてを与えてくれる導師のもとで生きることで、人生は変わりました。アシュラムは売却され、私たちは今や、米国、南アメリカ、ヨーロッパ、イスラエル、日本、インドなど、地球のあちこちに散らばっています。私たちは目的を実現し、ステップアップし、自足できています。個人としても集団としても、どのように自己表現するかについて再定義をしています。私たちはマーから新たに任命された「サイマー・ブラマチャーリヤ僧団」としての使命を分かち合う、兄弟、姉妹なのです。

私が経験から学んだこと

◆**「ガラクタ」を征服する。**マーはアシュラムの人々に普遍的な教えを伝えました。自分と感情を同一視する時、私たちはエゴに栄養を与えているのです。私たちは人間的な意識の産物で偽物であるガラクタをはぐくむよりも、問題となっていることを越えて、愛と平和という新たな意識に向かってゆく必要があります。感情に焦点を据えてしまうと、制限された意識が生み出す状況を引き寄せてしまい、その結果としてエゴとパーソナリティに組み敷かれてしまいます。現状を保とうとする古いパターンの網にからめとられてしまうのです。エゴとパーソナリティは、私たちに成長と開花も、人生における新たな可能性の数々を創造し、体現することを許してはくれません。私たちは本来マスターなのですから、自分自身と自分の感情を取り違えてしまっても、気づくことができます。そこに取り込まれてしまうことがないのです。気づいたらすぐに意識の焦点をより高い方向へと引き上げてもよいですし、感情を手放すか、あるいは変容させることです。

◆純粋さの中へと移行する。私たちは人として成熟すると、感情を使いこなす責任を果たすようになります。この成熟度と統制の他の側面として、エネルギー・思考・言葉・行動を純粋に保つということがあります。どういう意味かというと、そういったものは、エゴ、パーソナリティ、感覚、人としての欲望、気晴らし、私たちが現実だと考えている幻想などによって、波動を制限されたり、低められたりしないということです。マーは、すべての思考、感情、感覚を純粋なものによみがえらせて、ハートを落ち着かせ、マインドをクリアにする純粋な愛の状態に集中し、純粋な愛そのものであるように、と話しています。

◆人に力を与えるリーダーであれ。私たちは本質的には誰もがリーダーです。私たちは基準の枠を変えることができ、自分自身や他人や状況を、そうした生まれながらの能力を発揮できるような方法で見ることができます。他の人にも同じように、限界よりもむしろ可能性を見るように、刺激を与えることができます。こうした指導性というのは、あなた自身とあなたが指導している周りの人のために強力な状況を設定することにより、誰もがやる気をもって行動し、共有するビジョンと共通のミッションに向かってともに働いてゆく気持ちにさせます。リーダーたちは、ただ仕事を完了させて、直《ちょっ》近《きん》の結果を達成しているわけではありません。リーダーであるということは、うまくいっていることと、うまくいっていないことに対しても、自分たちが持っている強味についても、改善が必要なところについても、飾るところがなく、正直で、率直であるということです。私たちはコミュニケーションをとり、自分の考えを表して、ハートとマインドを一体化させます。愛をもって語り、行動するのです。

◆**バランスを見つける。**これまで学んできたことであり、アシュラムにおいては意識的に思い出す必要があることですが、私たちは自分自身の中にも、日常のスケジュールの中にも、バランスを見つけてゆく存在です。内面に向かうワークのための時間をとります。静けさに入り、呼吸をし、瞑想し、心身を鍛錬します。そして、自分の世界と自分自身をより深く認識するのです。ただ「そう在《あ》る」ことが重要で、何をするか、ではないのです。通常、私たちは自分のスケジュールを仕事で埋めることによって、自分をワナにはめることがあります。自分自身にくつろぐ時間や、自分と向き合う時間を与えない時、私たちはワナにはまっています。

◆**信頼を築く。**怒り、反応、厳しさ、無神経さは、信頼を培《つちか》うことには役立ちません。その正反対です。不信感を抱かせることになります。私たちは、リーダーとしても、コミュニティにおける兄弟姉妹としても、あるいは家族の一員としても、毅然としながらかつ愛情深くあることができます。愛が伝えられて感じられると、安全というものが問題として出てくることはありません。親密さ、友情、優しさ、連帯感は、本物の家族あるいはコミュニティとして不可欠な要素です。さもないと、分離という幻想が働き始めて、ワンネスの感情と状態、コミュニティの結束という力にとって代わり始めます。

◆**思いやりを忘れない。**マーは言っています。コミュニティにとって最大の危険は思いやりが欠けることだと。これは、コミュニティに住むことにも、コミュニティとして集まることにも当てはまります。思いやりとは、理解して愛することです。欲望や執着のない、純粋で神聖な愛のことです。思いやりは、私たちがひとつであること、創造主であること、苦しみを取り除くことができるということを知っているところから生まれます。

◆**過去にではなく、現在に耳を傾ける。** ありのままに、寛大に聴きます。この学びは、コミュニティにいる時でも、ただ一人の人と関わる時でも役立ちます。私たちは、自分のマインドの中で、他の人について——その人となりや行動について——のテープをかけて、古い物語を再生しています。その物語は、その人たちへの見方や、その人たちから聞いた話を曇らせるような解釈や判断に満ちています。ありのままに耳を傾ける時、私たちはそういった物語を脇に置きます。人が話す時、私たちは完全に集中して、その人とひとつになっています。ハートで耳を傾け、言われていることを理解し、話している時のその人がどんな状態にあるかを理解します。こうすると、そうしなかった時には得られないような情報が得られます。こういった情報を、人間関係を築く時にも、お互いに効果的な行動を取る時にも、活用することができます。

◆**関係を保つ。** つまり、表現し、伝える。他の人と本当に関わるということは、私たちが表現する時、関係に役立つ情報を共有する時に、偽りがなく正直であるということです。正直であること、誠実であること、謙虚であることです。物事をかかえこんで、完全に真実であることを語らないでいると、関係を危うくすることになります。実際、人間関係自体がまったく創られないのです。孤立と分離を創り出すことになり、つまり自分自身との関係性も作っていないことにすらなるのです。

◆**実践し、自立する。** 変容するためには、私たちは内面に焦点をあて、自制し、スピリチュアルな実践を行なうことです。スピリチュアルというのは、スピリットに由来すること、スピリットとして生きること、という意味です。サダナは、私たちが自然の中を歩いたり、踊ったり、歌ったり、運動したり、どんな時にも、しっかりと意識を持ち、自分のしていることに集中し、自分が何をしているのかを認識していることです。内面の静けさを保つ時間をとり、意識的に考えて行動し、思考・感情・言葉・行動が持つインパクトとエネルギーを知ることです。サダナは奉仕すること、他人に対しても、自分がすることに対しても無私に自分を捧げることです。サダナは、内面生活に関することです。しかしながら、自分と他人について学んだことを、日常生活の中で実践して生きるために活用することでもあります。サダナは、この世で効果的に、自立して、成功してゆくことなのです。実践を行なう時、私たちはいっそうパワフルになります。なぜなら、内面でのワークを通じて私たちは栄養を与えられるからです。

◆誓約《せいやく》はときおり確認し、再確認する。生き方についての誓約をしたり、何かを成し遂げることを誓ったりしたら、ときおり自分の内側を見に行くことです。自分が取った立ち位置に戻り、もう一度感じてみて、それが自分自身にまだ共鳴するか、しっくり来るかを確認します。自分自身を今一度整えて、自分自身の中に再構築します。自分や他人の誓約が不変のものだと思わないほうが良いのです。誓約を再確認し、再度活性化させ、「なぜその誓約をしたのか」「どんなにその誓約が自分にとって重要であるか」を自分の内面の奥深くで覚えていることは、私たち自身のありようにも、行動を取る上でも、大きな役割を果たします。

第9章

移り変わるということ

前の章で、僧尼たちに起きた変化について書きました。それは、自分たち自身についての見方がどう転換したかということと、またアシュラムを去った人がいた時、去ろうと考えた人が出た時に、私たちが何を実践したかについてでした。その時に、新たに住まう人たちを受け入れるスペースが生まれたことも付け加えておきたいと思います。新しくやってきた人たちとともに、私たちはコミュニティを拡大し、人々がサダナと道に対して自分を捧げる機会も広げていきました。

本章で意図しているのは、そういった動き、変化を感じていただくということです。そして、私の人生に相次いで起きた出来事や経験、変容について、それが人として生きる上で、すべての人に起こることだと理解していただくことです。ここには、そういったことをどのように見て、決断し、行動をとるために何ができるか学ぶための教訓が書かれています。人々、私たちのコミュニティと組織、教えと教育、人道的な奉仕とともに起きた、いくつもの移り変わり、転換についてご紹介していきます。

人々

一九九四年のはじめに、マーが初めて米国でワークショップを開いた時は、少人数のグループが参加する形から始めました。私たち数人で、セヴァをすべて行ないました。私はテキストをフランス語から英語に、英語からフランス語に、その両方の翻訳をしました。会場設営もしました。CDラジカセを使って、音響のセヴァもしました。マーのサリーを焼くことになりましたが、アイロンがけまでしました。当時の人で残っているのは少数です。何人かは残ってはいますが、時間が経つにつれて、活発に活動したり関わったりはしなくなりました。ボルドーの時代から続いているフランス人も何人かいます。

私は数人の人たちとたいへん親しくしてきました。私たちはともに進化し、マーとともに予期せぬ奇跡的な時代を体験してきました。自分の問題や自分自身についての学びを分かち合いました。初めてのエキゾチックな場所へと旅をしました。さまざまな文化を経験することがいつも嬉しく、教え子もフランス、イスラエル、ケベック、アイルランド、オーストラリアからやってきていました。私たちの多文化のコミュニティは、私たちがマーとともに訪れた国々で人々と出会い、知り合うという機会を通して、発展してきたのです。

セヴァの中心となり、マーにより近いところにいるという恩恵を受けていた人々のうち数人が、他の人生の選択をして、去っていきました。マーが直接的に毅然として話をしたことで、心が乱され感情的に反応した人たちもいました。導師が私たちの役に立つために行なうことなのですが、マーがレーザーのような正確さで突っ込みを入れると、それを良く思わない人たちもいました。マーや組織の動き方をどう見るかについて、意見を同じくしない人たちもいました。最初の頃は、自分と親しい人たちが去ると心が傷つき、動揺したものです。こういったことは今では変わっていますが、ときおり去っていった人たちのことをなつかしく思ったり、去ってゆくという選択をしたことに失望を感じたりすることはあります。別れは波のように次々とやってきます。今書きながら、去っていった人たちの顔が見えてきて、彼らのことを心に感じます。こうでなければ良かったのに、と感じつつ、これはこれ、なのです。私たちは自分の見方や選択を他人に押し付けることはできません。

去る人々が出てくると、疑問に思ったり推量したり、それについて多くの会話や電子メールでのやりとりが行われました。この頃に、私は人というものについて、自分自身も含めて多くのことを学びました。精神的にも感情的にもどんなふうに物事に応じるか。噂話や作り話で他の人の心をどうかき乱してしまうか。同情や弁明や正当化といったことで、どんなに多くの時間が無駄に使われるか。喪失感を感じる人たちもいました。疑念を抱く人たちもいました。批判をしたり、怒りを感じたりする人たちもいました。

ここで一つの例をあげたいと思います。というのも、それが私のマーへの献身と、私が自分自身の内面の真実を知っていることに大きな衝撃を与えたからです。私はマーとも親しいある夫婦とたいへん親しくしていました。その二人とは、プログラムに参加する時も、二人の家でも、私の家でも、多くの時間をともに過ごしました。インドや世界中に一緒に旅もしました。私とそのカップルでともに教えることも行ない、カップルの一人とは一緒に教育プログラムをスタートしていました。そのプログラムが始まると同時に、ヒーリングの実践者として、一緒に個人セッションも行なっていました。ともに笑い、ともに泣きました。集中プログラムの間は、参加者の前で一緒に話をしました。お互いの手を握りあって波動を向上させ、神聖幾何学に基づいた建造物に入り、他の次元に旅をしました。一言でいうなら、私たちはお互いに愛し合っていたのです。

その夫婦が去ったことについて、批判はしません。マーからそのことを聞いた時に、どんなに私が精神的に打ちのめされたか、そのことだけお話します。それはショックでした。信じられませんでした。夢にも思っていなかったからです。心境の変化はうすうす感じることができるくらいの親しい仲だったのに、です。何かの間違い、誤解だと思いました。私はマーと話し、クレストーンからその夫婦の家まで行き、話をしてくることについてマーに同意してもらいました。その時点では、その旅は誤解を解く機会になるのだと私は思っていました。全部が作り話で、何も変わりはないということを私は知ることになると。その夫婦が私を抱きしめて、大丈夫だよと言っている姿を胸に思い描いていました。

クレストーンからデンバーに向かい、そこからさらにどこだったか忘れましたが経由をし、とても長くてたいへんな旅をしました。夫婦の家に到着したら、私は夫婦を愛し、愛されることになるだろうと、その準備を整えていました。彼らの家の電動の門のところまで、タクシーに乗っていきました。スピーカーフォンのボタンを押し、私が来ていると言ったら、中に入れてくれると期待していました。家の主人がスピーカーフォンに出ました。「私だよ」と言うと、彼は一瞬沈黙して、こう言いました。「君がここに来たのは不愉快だ」、私は心がうずくのを感じました。彼が言ったこと全部は思い出せません。表門を開けてはくれませんでした。私は帰るようにと言われました。彼の声には愛はなく、まるでスイッチが切られているかのようでした。私は長い道のりをかけてやってきたのだから、歓迎してくれるか、少なくとも座って話をしてくれるものと思っていました。私は心が傷つくのを感じました。あれほど長く親密な関係を持った後に、はねつけられたと感じ、信じられない思いでショックを受けたのです。

また長い道のりを旅して、私はクレストーンにあるマーの家、母なるハートのすみかに戻りました。私はマーを見、マーが私を見ました。そして私はマーの腕の中で泣きました。とはいえ、泣いている時間はそれほどありませんでした。マーはカンフェレンス・コール（複数の参加者による電話会議）をしているところで、あの夫婦が去ったことについて私がどう感じるかを話すように、と私に言いました。すぐにセヴァに戻れ、ということです。コミュニティ全体が直面しているこの状況は「試練」ではなく、全員にとっての「学びの機会」です。その中で様々なことを感じている人たちに尽くすことの方が、今この瞬間には大切だったのです。

あの夫婦が決めたことによって、私はマーへの献身、コミュニティへの献身を、自分自身の中に、よりいっそう強く感じるようになりました。この経験は、自分の中で真実であると知っていることと足並みを揃えて前に進む助けになりました。それは私にとって重大なことに気づかせてくれるとても強烈な警鐘となったのです。私には疑うものはなく、道から外れていったわけでもありませんでした。ただ、自分が深く献身しているものに目覚めただけです。自分の断固とした決意を再度強固なものにし、今一度しっかりと固定し直しました。このことで、あの夫婦には感謝しています。あの特別な転換期に私の役に立ってくれたことに対してです。以来、私は他の人の決めたことによって影響を受けることはなくなりました。

人々が去ってゆくということについて、繰り返します。新しい人々はやってきます。その多くの人を、私は以前から知っていたように感じます。若い世代が増えてきているとともに、日本やベルギーなど、さまざまな国からやってくる人たちがいます。その新たな人たちが新しい人を連れてきてくれます。残る人もいれば、去る人もいるのです。

人に関して、もう一つの例をあげましょう。それは私の親戚に関わることで、私が僧侶になってから、彼らに起きた転換についてです。ベッキー以外に、私の親戚の構成は、おばたち・おじたち・いとこたちです。おばの一人とおじの一人とは子供の頃からたいへん親しかったので、ずっと連絡をとりあっていました。他の親戚の人たちについての消息もそのおばから聞いていましたし、インドに住み、伝授を受けてから、そのおば以外には直接連絡はしていませんでした。それは、何か未解決の問題があったとか感情からというわけではなく、ただ、私は違う人生を生きているという事実によるものでした。二年ほど前、私の最初のいとこの娘が結婚することになり、ベッキーと私は結婚式に招待されました。私たち二人は行くことにしました。おばから話を聞いていたので、他のおば二人と、いとこの一人は、長いこと連絡を取っていなかった私のことを快く思っていないことは知っていました。さらに、親戚の誰一人として、私の姿を何年も見たことがなかったのです。もちろん私の新しいヘアスタイル（剃髪した状態のことです）、そして私の服（彼らの目からすれば単なる白いシーツ）も。それでも構わない、と思いました。

これは、長い年月経験していなかった新たな状況の中で、自分自身を見るチャンスでした。それは私の人生における、またひとつの転換点でした。親戚たちは、私の今の姿を見て、私との関わり方を変えるかもしれないし、変えないかもしれない。私にとっては、小さい頃からの成長を見てきた人たちとの関係の中で、自分自身について新たな感覚を得ることになるだろう、それを踏まえてお互いに新しい人間関係を創ることができるかもしれない、と思ったのです。

親戚の人たちは、私を見ると驚きました。私が僧侶になったことはほとんど知っている人ばかりだったのに、です。長年連絡を取らずにいたことについて、どんなふうに感じているか、私にはわかりました。しかし、私はその場に身を置き、困惑しながらも、彼らととても親しく接しました。わだかまりのようなものがあったにしても、ともかくお互いに一緒にいることを楽しみました。そして、その日最大の出来事がやってきました。音楽が流れ、私はベッキーと一緒にダンスをしました。私は白いひらひらとした衣の姿、そしてベッキーはセクシーな青いショートドレスを着ていました。誰もが私たちにくぎづけです。本当に目を見張るような光景だったのです。私たちは完全に自由でした。多くの人が笑顔を浮かべていました。シャクティが広がってゆきました。そして続いて私はおばたちと、子供の頃に一緒に踊ったチャチャではなく、ゆったりとしたダンスを踊りました。すべてはうまくいっていて、親戚と私の関係は進化しました。

コミュニティと組織

二〇〇〇年にマーが人道支援組織・ＨＩＵ（ヒューマニティー・イン・ユニティー）を創設する前に、

十二人ほどの教え子たちのグループが、正式に組織するやり方や、マーとその活動のために一番役立つのはどういった体制だろうかということを話し合っていました。いろいろな話し合いの後で、私たちは非営利団体ＨＩＵを作りました。何人かは新たにできた理事会のメンバーとなりました。長年、多数の理事会で、いろいろな役割に関わってきたさまざまな人々が、入れ替わりながら、その団体の理事会を構成しました。コミュニティが成長して、優先順位が変わってくると、新しい人たちが理事会に入り、指揮するグループは、その人数も役割の数も大きくなりました。

ここで起きていた移り変わりは、人々が出てゆくというだけではありませんでした。経理・法務・教育部門などで新たに要求されるものが出てきました。コロラド州のボルダーとクレストーンに地所を購入。インドでの活動が進展。地所の購入やインドでの拡大は、理事会における協議委員会・戦略的な年間のプランニング・理事の役割などに影響を与えるものとなりました。私の役割は理事、理事長、理事会の相談役という風に変わっていきました。財政面でも組織面でも責任が大きくなってきてからは、有給の職員を雇いました。その中には（私がその後に勤めた）専務取締役なども入ります。セヴァのコミュニティは、サイマー・センターとともに発展しました。マーのイベントは規模も範囲も大きくなりました。セヴァに要求されることが増え、現場でのリーダーシップも必須となりました。そこで、アメリカ全土でのセヴァを率いる役割、「セヴァ・リード」が作られました。

マーのまわりで組織が成長するにつれて、さらなる転換が国際的にも起こりました。米国以外にできた最初の合法的な団体は、カナダ・ケベック州で始まったＨＩＵカナダです。現在はサイマー・カナダとなっています。ＨＩＵインターナショナルはヨーロッパのために活動すべく、フランスで始まりました。それからＨＩＵオーストラリア、ＨＩＵアイルランドができました。現在は、サイマー・ヨーロッパとな

2009年、結婚式にて。ベッキーとスワミジ
Becky and Swamiji at wedding, 2009

り、サイマーがヨーロッパ向けプログラムを開催しているベルギーには大きなコミュニティが花開いていますが、アイルランドを含む他のヨーロッパの国々にあるコミュニティも同様です。私たちのブラマチャリーニの一人であるラジェッシュワリ・ダスィ（礼子デューイ）が中心になって、日本でのコミュニティが大きくなり、サイマー・ジャパンが結成されました。インドでは、サイマー・ヴィシュヌ・シャクティ・トラスト（基金）が組織されました。

こういった変遷を経る中で、私は自分のスキルを活かし、チームを率いて参画し、無数の会話や電話会議に参加しました。たくさんの電子メールのメッセージを送ったり、応えたりしました。私のセヴァは地元のクレストーン、当時ボルダーにあった本社、カナダ、ヨーロッパ、インドなど、その土地によって異なりました。私が関わり、時間を費やして作られた理事会は、機能し、そして解散していきました。いつものことですが、私は流れに逆らわず、その時に必要であることに自分自身を捧げてきました。意志疎通ができていなかったり、チームメンバー間や国の間での協調関係が欠如していたり、資金が不足したりして、苛立つこともありましたが、指揮する立場を買って出て、協力しあい、創造をともにしてくれた人たちには満足を感じていました。

ティーチャー（講師）たちとティーチャー向けプログラムに関して責任を持つ立場となり、ブラマチャーリたちと彼らの新たな取り組みに関わるようになったところから、私のリーダーシップは新たに再開することになりました。本書を書くことも、違った形でリーダーシップを発揮していると感じます。この本を通じて、そして世界中のコミュニティとますます交流を増やす中で、新たな方法で私自身を伝えています。私たちのコミュニティにまだふれていない方々や深く関わりたいと願っている方々に展開してゆくためのチャンスとして、本書をとらえています。

教えと教育

数年前、私たち数名で、教えるためのプログラムを開始しました。特に確立されたプログラムもコンテンツも持たないまま、思い切って前進していったのです。私たちはマーの教えと自分たちの経験から知ったことを話しました。マーのシャクティとともに、です。核となるマーの原理と教えを選び抜き、広めました。多数のティーチャーが育ちました。マーは最終的にはさらに秩序だったトレーニング方法とプログラム開発を進め、配信なども含めた組織的に展開する、マスター・ティーチャー・プログラムを創りました。アシュラムにいる人々は、ウイズダム・ティーチングス（叡智の教え）とライフ・ディヴァイン・プログラム（「神なる生命を生きる」）を考案し、指導しました。現在、私たちは世界中にティーチャーのネットワークを持ち、それはバラエティ豊かなティーチング・プログラムとともに成長をしています。

私自身は創立以来のティーチャーでありデザイナーの一人から、世界中で教えるマスター・ティーチャーの立場に、そしてティーチャーズ・プログラムをリードする側へと変わりました。今なお英語とフランス語で教えることを続けています。そして、米国内および他の国々にあるコミュニティに旅をして教えを伝え、人々の成長に貢献することにより多くの時間を捧げています。

人道支援奉仕活動

インドにおける私たちの関わりと影響は、何年もの間に拡大していきました。始まりは、ベトラーでの人道的セヴァでした。奉仕は、水・電気の供給、辺鄙《へんぴ》な村のための医療キャンプの運営、新たな居住施設・学校・食料・生活必需品の提供などです。ナンディ・ヒルズのバンガロール郊外では、人々に食事を出し、食料の供給を行ないました。運営した医療キャンプのうち、いくつかはチクングニア熱、デング熱のような伝染病に特化していました。女性が自足できるようにする職業訓練プログラムの創設もし、裁縫とバラの園芸の訓練を提供しました。その他の地域にある医療ケアと孤児の世話にも貢献しました（例としては、グジャラートにあるハンセン病リハビリ施設、ケララやあちこちにある孤児院など）。私たちが作ったビタミン・エンジェルス20／20というプログラムは、北インドで始まり、何千人もの子供たちに食事と、防寒衣料や毛布の供給を行ないました。

ベトラー、ナンディ・ヒルズ、カシやその他の場所での人道的なセヴァに直接参加したほか、私は二〇〇六年にマーが作ったサイマー・ヴィシュヌ・シャクティ基金の運用受託者になりました。インドではHIUのエグゼクティブ・ディレクターとして、カシにあるマーのアシュラムにおける建設などを含む他のプロジェクトにも携わりました。インドにおける私たちのコミュニティは、人々に食料支援をすること（「ジャスト・ワン・ハンガー・イニシアティブ」プログラム）、白内障手術プログラムを通じて、広く認識されるようになり、最近では、サイマー・ウィメンズ・エンパワーメント・センター（女性の自立支援と啓蒙・啓発のための施設）および女性のためのシェルターを創っています。

私が経験から学んだこと

◆**状況を見る。**難しいことかもしれませんが、直近の状況で発生していることを超えて、起こっていることをより広い視野で見ることが重要です。そうすることで、新たな視点、参考になる異なった枠組みで状況を理解し、アプローチすることができるのです。実は時間というものは存在していないとしても、理解しえない変化に向き合う時には、過去・現在・未来を包括した大局的な見方を形づくることが必要です。その状況をどう判断するか。一連の出来事とそれによる影響をもとに、自分の中にどのように新たな視点を創りあげられるのかを、知っておく必要があります。

◆**扉を開く。**これまでの多くの経験をもとに私が到達した実感では、大きな変化・移行・変容は、新たな一歩の創造であり、扉です。恐れていない時、ハートをオープンにして意識できている時、私たちの進化に役立つ完璧な状況・人・チャンスがやってきます。道そのものの中で前進し、加速するのです。いつでも、より多くのものがやってきて、さらに増大していきます。恐れと萎縮は減少しかもたらしません。

◆**心の準備をして意欲的でいる。**「はい、私は準備できています！」という言葉があなたの人生にもたらすパワーを覚えていてください。大きな転換に直面した時、あなたは、どういう言葉を発し、何を感じ、考えるでしょうか？「シャクティ」と呼ばれる創造のエネルギーのパワーは、私たちが全身全霊で、全力を出して行なう時にやってくるものです。私たちには自由意思があります。ですから、変容するという意思を自分自身に課すことができるのです。どんなことに対しても、どんな時も、どこにいても、心の準備をしておきましょう。

◆**執着を捨てる。**人が自分から去ってゆく時、誰かを、あるいは何かを失うと感じる時こそ、私たちがどんなに執着しているかがわかる絶好の機会となります。自分がもうそこにはないものや誰かにしがみついているのか、それを自分自身を定義するものと思い違いをしてしまっているのか、依存しているのかを見ることができます。手放すことはできるでしょうか？マーの言い方だと、「落としてしまう」ことができるでしょうか？　恐れがもととなっている感情を持たずにいられるでしょうか？

執着していない時は、自分の内側で何かが足りないと感じることはありません。他の人がどんなことを決断しようと、まわりで何が起ころうと、私たちは完全であると感じるのです。

◆自ら壁を壊す。建物が取り壊される様子、あるいはワールド・トレード・センターが壊れて地面に崩れ落ちる状況を思い描いてみてください。美しい光景ではありません。これが、私たちのエゴに対して、恐れや分離という幻想の中から私たちが打ち立てた「限界と無知という壁」に対して起こることです。私たちの人生には「転換」は起こります。警鐘が鳴らされる時が来ます。なぜなら、その時こそが私たちの変容すべき時であり、自分に制限をかけている壁を打ち壊す時だからです。習慣やパターンや、何かと自分自身との同一視によって、そして、どれだけ長い間そういったことを続けているかによって、かかる力の大きさは異なりますが、ともかくその壁をぶち壊すために、出来事が起こるのです（例えば、病気になる、愛する人を失ったりするなどのことです）。ブルドーザーに突然やってこられるのを避けるために、運転席に座って、自分自身を新たに設計したくありませんか？

◆テストは学校で終わるわけではない。魂の旅路では、私たちは常にテストが与えられ、自分で点数をつけることができます。大学時代、「自分で自分に良い点数をつけてあげる」ことができる学生たちも周りにはいましたが、私にはそれができませんでした！　ほんとうに困難な状況が現れたら、自分に「優」をあげてください。例えば、誰かが自分の元から去るとします。そうすると疑念が頭をもたげ始めますが、あなたは、思考や感情あるいは行動について同じパターンを繰り返すことはしません。自分自身についての意識を深めれば、それまでの自分にまさるようになり、人生に新たなことを創りだせるようになります。そうすると、同じ課題のテストはそれほど現れないか、まったく出ないようになります。しかしながら、だまされないようにしてください。私たちが十分な単位を取って卒業できるまでは、スピリチュアルの履修便覧にはいつでも他の課題が残っていますから。

◆**導師との生活に感謝する。**心に抱くどんな期待も忘れましょう。導師、悟ったマスター（ティーチャーとは違います）とともに人生を生きている時は、自分自身、人生、世界、自分の進む道への先入観も捨て落とします。期待できることがあるとすれば、それは期待していなかったことが予期せず起こる、ということです。加速した変化が、移行が、そしてよりいっそう深い変容が起こります。押されたくないボタン、自分の至らなさを見せつける鏡、触れられたくない部分を刺激するレーザーを山ほど与えられる日々です。自分が計画していたり、決意していた方向に行こうと考えると、突然逆になったりします。足をすくわれるようなことが起きます。大切なのは、揺るぎない状態を保って、倒れないようにすることです。

そして、導師とともにいると、あなた、あるいはあなたと他の人たちが完全に反対のことをするように頼まれることで、うわべも実際も矛盾することが起こります。その教訓はなんでしょうか？　それは、すべてはマインドにある、ということです。思考パターンも先入観も壊してしまいましょう。そうすることで、エゴとパーソナリティも壊されます。脳や脳の回路に盾突きましょう。感情を自由にするために手放し、変容させるのです。恐れがもととなっている思考ではなく、そこから愛を基盤にした思考へと移っていきましょう。そして、これは大きな課題ですが、ゆだねましょう！

◆**自分の真実を語る。**大きな変化が起こります。完全に新たな何かへの移行が生じます。あなたと他の人たちが同意しない、あるいは予期しないことが起こります。あなたはどうしたらよいでしょうか？　自分の意見を言ってください。すべての人に、あるいは相手に、どんな風に自分は感じるか、何を見ているのか、どんな意見であるかを知ってもらうのです。人がうわさ話をしたり、陰で批判したり、責めたりすることを始めたら、声をあげて、その人がしていることが、あなたの目にはどう映るかを伝えてみてください。必要であれば、「実際に起きたことはこういうことだったのではないか」というあなたの考えを付け加えてもかまいませんが、必ずそれは自分の意見であることを伝えてください。それは、あなたが考えることであり、感じることであるということを明確にしておきます。他の人もそれを真実として受け入れなくてはならないような、絶対だという形で話すことはしないでください。

2010年8月　聖なる関係。アトミジとアトミヤジ
Atmiji and Atmiyaji: Divine Relationship, August 2010

第10章

アトミジとアトミヤジ（魂と魂）

人間の愛と比べるとしたら、神聖な愛とは、どんなものでしょうか？　人間関係と比べた時、神聖な関係とはどんなものとなるでしょうか？　こういった問いかけに対する答えを見つける一番の方法は、その愛と関係性のモデルであり、それを体現している二人の導師が一緒にいる様子を目の当たりにすることです。マーとグルジ、そしアパジについては先述しました。それは、神聖な関係において表現される、神聖な愛の形です。それよりもっと最近のことですが、過去六年の間、マーとマハラジがともにいる場所で、私は二人のお互いへの愛とその関係性を経験し、そこから学ぶという恩恵にあずかりました。

ジャガットグル・シュリ・サトワ・ババ・マハラジ猊下《げいか》は、名高い聖者であり、二七〇〇年の歴史を持つヴィシュヌ・スワミの系列の中にある、三百年以上にわたって伝えられてきたサトワ・ババの系列の生ける継承者です。マハラジは、九八年の生涯のほとんどをスピリチュアルな実践に集中してきました。彼は、ヒンドゥー教のヴィシュヌ神信仰の伝統における宇宙の保護者・最高神ヴィシュヌの化身の姿であるクリシュナに献身しています。私は二〇〇七年にマハラジとマーによって、スワミとしてヴィシュヌ系列の伝授を受けました。この系列に従い、私の名前の最後には、「アナンダ（至福）」が付け加えられ、同時に私はパラマチャーリヤ（最高位のティーチャー）の称号を受け取りました。

「アトミジ」と「アトミヤジ」という言葉から始めましょう。「アトマ」とは魂のことです。マーとマハラジは同じ魂の二つの側面である、とマハラジは言います。違いはなく、ひとつであると。人が自分ともう一人の人が真にひとつであると見る時、それが真実であるとわかっている時、「相手」というものは存在せず、分離もありません。アトマだけが存在し、アトマは愛そのものなのです。これを、マハラジのマーに対する見方だと思う人もいるかもしれませんが、それをはるかに超えたことで、マハラジは内面の奥深くで「そうであることがわかっている」のです。それがマーに対するゆるぎない献身を呼び起こすのです。これが、マハラジとマーのアトマの、ひとつの魂としての交流と溶融《ようゆう》（結び合っている）の状態です。

ここでちょっと立ち止まってみましょう。心に留めておいていただきたいのは、私はある意識状態にある一人の人間であり、人間を超える何かを人間の言葉で記述しているということです。これから書くいくつかの段落は、少しばかり「スピリチュアル」なものになるかもしれません。私は、パートナー・愛する人・兄弟姉妹との関係における技量を高めることで、私たち全員に役立つものの意義を明らかにし、お伝えすべく最善をつくしています。私がみなさまにお願いするのは、マーとマハラジの間にあるこの愛がもたらす感情、エネルギー、教えがどういうものか、二人の間に「間」というものすら存在しない関係というのがどういうものかを、精一杯感じていただきたい、ということです。

こういったタイプの愛と関係性には、どういった成分があるのでしょうか？　敬意と神聖さがそのレシピの一部となります。マーがマハラジにとって同じアトマであるように、マハラジはマーにとって同じアトマです。人間としての姿を取る中で得られる好機とは、その姿でお互いのアトマを敬うことです。私たちには誰しもこうしたチャンスがありますが、意識していません。そのため、そのチャンスを活かした行動ができないのです。マハラジはマーの存在そのものを敬い、マーもまたマハラジの存在そのものを敬います。二人はアトマの聖性に敬意を払っているのです。アトマは聖なるもので、深く尊敬し、崇敬の念をいだき、献身するに値するものだからです。こうして敬い合うことが、お互いの状態であり、二人のエネルギーであり、あらゆる側面において見られる二人の境地なのです。

敬意と神聖さは、マーとマハラジがお互いに接し合うところに如実に現れます。もう少し具体的に言うと、どんな行動を見せるかです。礼儀作法、あるいは儀式と呼べそうな例をいくつかあげてみましょう。

しかしながら、それらの例は、実際に起こりつつあることの奥深さを十分に表しているわけではないことをお伝えしておきます。マーはマハラジにプラナームをします。マハラジの両手または両足にキスをし、マハラジが公式な場で誰かに話している時は、目を伏せます。マーは決してマハラジの言葉をさえぎったり、先に話しかけたりしません。マハラジが先に食べない限り、食べることもしないのです。マーはマハラジがまず座ることを確認し、マハラジよりも上座に座ることはしません。マーは他の人にマハラジについて、敬意と尊崇の念をもって話します。マーは、マハラジが朝十時から午後三時までサイレンス（沈黙）を守るのと同じことを、毎日の生活において実践し始めました。そして、サイレンスの時間はさらに長くなることが多くなっています。マーのこととして私が挙げている例の多くは、マハラジもまたマーといる時に行っていることと同じです。

同時にマハラジは、目に見える形で、私たち人間が重要視する方法、目に見える形でマーに多大な敬意を払っています。すなわち、名高い組織からの称号と公の承認に関してです。そういった名誉についてお話する前に、まずはマーとマハラジの神聖な愛と神聖な関係、聖なる母が持っている他の側面について浮き彫りにしなければなりません。マハラジは、マーを聖なる母が持つ状態、エネルギー、シャクティ、意識、特質として、認めています。マハラジは、他の多くの男性導師もそうなのですが、長年にわたってプージャ（儀式）の中で、聖なる母を崇拝してきました。ただ、それは閉じられた扉の向こうでひっそりと、でした。マハラジは、その扉を広く開いてくれました。男性の聖人社会とコミュニティにおいて高名で上の立場にあるため、マハラジは他の聖人たちにマーを正式に認めるよう促してくれました。私たちの多くも見てきましたが、そういった導師の何人かも、マーを母なる人、神聖なる女性性として、彼らのシヴァ（聖なる男性性エネルギー）と呼応するシャクティ（聖なる女性性エネルギー）として認めています。

こういったことは、特にマーが導師たちにチャンティングを捧げる時に明らかです。彼らは目に涙を浮かべています。

マハラジのマーへの敬意は世界においても明示されました。二〇〇五年三月、マーはヴァラナシ（カシ）にあるマハラジのアシュラムで、一〇〇八マハマンデルシュワール（「偉大なる僧院群の長」）の称号を授かりました。二〇〇七年一月には、アラハバードにおけるアーダ・クンバ・メーラ[36]においてヴァイシュナブ（ヴィシュヌ）聖人協会から、アナン・シュリ・ヴィブシット・ジャガットグル・バクティマイ・メーラ・バイという聖者の称号を与えられました。こういった称号によって、マハラジや他の導師たちがいかにマーに敬意を払っているか、その度合いを理解するためにも知っていただきたいのは、ジャガットグルの敬称を与えられた女性は、ヴィシュヌ・スワミの系列、あるいはクンバ・メーラの何千年間にも、一人もいなかったということです。マーは二〇一〇年四月に、ハリドワール・クンバ・メーラにおいて、サトワ・ババ系列への伝授を受けました。その時にインド中のヴィシュヌ・スワミの系列内の六三二のカルサ（系列の宗派）が、その系列における拡大家族の一員としてマーを認めることになりました。

聖なる母は、私たちにはどのように見えるでしょうか？　聖なる母は、純粋な愛です。聖なる母は思いやりであり、優しさであり、慈《いつく》しみです。マーは、いつも、あらゆる方法でマハラジのお世話をし、マハラジも同じことをマーにしています。マーはマハラジに必要でありそうなことすべてについて、細かいところまで注意を払います。マハラジは何も必要とはしてないにもかかわらずです。パドゥーカ（サンダ

36　クンバ・メーラ――三年ごとにヒンドゥー教徒が集まり、聖なる川で沐浴を行なう大規模なヒンドゥー教の巡礼行事。アーダは半分を意味し、六年に一度開催される。

ル）はマハラジが履けるようにそこに置かれ、アサナ（座る際に敷くマット）、杖、日差しをさえぎるパラソルも、いつも用意されています。マーはマハラジに、適正な食事、栄養（銀のカップに入った水はエマージェンＣ〔37〕入り）や、身体のマッサージ、アーユルヴェーダのレメディー、目の手術、健康と活力のために必要と考えられる治療すべてを提供します。マハラジはマーのことを自分の聖なるお医者さんだと冗談を言っています。

マーとマハラジの関係で重要な役割を果たしている、もうひとつの神聖な特質について付け加えておきます。それは「喜び」です。マーとマハラジは、ともに笑い、クスクスと笑うこともあります。二人は子供のようにふざけます。水をかけたり、くすぐったり、叫んだり、そしてまた笑ったり。怒ったり、かんしゃくを起こしたり、けんかしたりするふりをして、二人はふざけます。ずいぶん前からけんかをする計画すら立てているのです。人生への情熱をもって、"enjoy"（楽しむ）ならぬ"in-joy"（喜びに身をひたす）しているのです。

聖なる母（シャクティ）としてのマーと、聖なる父（シヴァ）としてのマハラジ。二人の溶融《ヨーガ》（結びつき）の中にひとつの魂《アトマ》が存在します。それは、シヴ・シャクティという、男性性と女性性の一体化の状態であり、純粋な空間とそこを満たすダイナミックなエネルギーであり、たったひとつのソース（根源）でもあります。ありてあるもの、です。それは、神聖な愛そのものです。サット・チット・アナンダ、存在・意識・至福です。こういったものを、アトミジとアトミヤジがともにある場で、私たちの多くが経験します。マーとマハラジがお互いを見る時、一人が部屋の中に入る時、その瞳の中に見える表情は、二人が長く離れていたあとの抱擁をしているように感じます。母なるガンジスにアールティ（神あるいは導師を敬うために、ランプやトレイに乗せた炎をゆらす儀式）を二人が捧げている時に、その場にいられるのは大いなる祝福です。二人がサイレンスのまま手をつないで道を歩いてゆくのを見ます。その愛は輝き、広がり、私たちのハートに触れます。その愛は私たちの心の奥底にもあることを知っているので、私たちはとても感動するのです。その愛が私たちの中で活性化され、私たちはマーとマハラジと一体化します。それはひとつのアトマ、ひとつの愛です。

何ページかにわたって、こうした光り輝く、神聖な愛と神聖な関係について書いてまいりました。では、人間の愛と人間の関係性は、どうでしょうか？　もちろん、人間関係にも多種多様のものがあります。それぞれ、違うものであり、さまざまなテーマがあるのです。そのテーマとは何でしょうか？　それは、私たちは分離している、私たちはひとつではない、ということです。これは、聖なる愛と聖なる関係が持つワンネス、つまり、ひとつのアトマだけがある姿とは正反対なのです。

私たちが分離していると思う時、何が起こるでしょうか？　自分自身の外側に「何か」がある、のです。それを探したり、探さなかったり、受け入れたり、拒絶したり、無いことを寂しく思ったり、寂しく思わなかったりします。私たちは自分の思考・感情・視点・推測・判断・解釈などうんざりするほどたくさんのものをもとにした、この「何か」によって、さまざまなタイプの関係性を作り上げます。私たちが築くことのできるあらゆる種類の関係に焦点をあてるのではなく、一つに集中しましょう。パートナーや結婚相手、愛する人、あるいは最愛の人（最後はなかなか出会うのは難しい存在ですが）との親密な関係です。

多くの場合、私たちは身体的・性的な魅力以外に、相手の持つ資質に惹かれて、付き合う関係に入りま

――
37　エマージェンC――ビタミンC入り粉末サプリメント。

す。相手に自分が持っている部分を探したり、自分に不足している部分を探したりします。マーは、こういった引き寄せ、期待について、私たちが創造されてくる前の、欠けるものがなく完全な、私たちの本来の状態の中にある、光や星の輝きと関連づけて話をします。人間の人生では、私たちは影を作り、この光を隠してしまうのです。星である自分がいないことを寂しく感じ、星を持っている相手を探し求め、人間関係を次々と変えていきます。

もう一つのレベルでいうと、私たちは自分の両親の一人、あるいは両方、あるいは正反対の相手を探すかもしれません。結局のところ、私たちには期待があり、期待通りにならないと、失望し、時に怒りさえ覚えるのです。自分が持ちたいような人間関係を想像したり、空想したりするのです。相手が自分の人生に現れる前も現れた後でも、自分でストーリーを作ります。相手そのものの姿を見ないのです。つまり、自分のメガネを通して相手を見るわけです。

人間関係が実際にどんなものかを感じていただくために、私の例に目を向けてみましょう。私がレスリーに惹かれたのには、いくつか理由がありました。彼女とは共通の関心事がたくさんありました。レスリーは自信があり、ダイナミックで、私が持ち合わせていないニューヨーク育ちの機転がありました。私たちは二人とも、社会に奉仕して働く専門家でした。レスリーは私を愛し、私もその愛を感じ、当時は私もできるだけ彼女を愛しました。特に親友として。私たちはフランスに旅行するのが大好きでした。お互いに楽しみ、レスリーが作る食事をおいしくいただきました。レスリーは二人の交友のための予定の管理をして、私が決めたくないことを決めてくれました。常に予定を入れ、人づきあいを怠りませんでした。そうでなければ、私は仕事をするために家にいるか、仕事疲れから回復するために家にいたでしょう。一言でいえば、レスリーは私を完全にし、補ってくれたのです。

私は空想しては、空想を抑えこんでいました。映画にあるような、私を満たしてくれるロマンティックな愛を待ち望んでいました。いつも何かが欠けていたのです。どこかで聞き覚えがありませんか？「そんなことはない」ならば、おめでとうございます。あなたは、人間関係から聖なる関係への連続したつながりの中で、以前の私よりも聖なるものに近いところにいるからです。

二十一年間、私は自分が望むものは持っていると考えたり、あるいは自分の頭の中で何かを探したりしていました。あるいは、完全に引きこもって、見ようともしなかったのです。そんな具合ですから、レスリーは彼女が探しているもの、必要なものを得ることができませんでした。私たちは別れました。離婚した後、私は六年間くらいの間、自分と同じ性の人との完璧なロマンティックな愛を探しましたが、それを見つけることは決してありませんでした。

離婚後に私が最初につきあった相手は、以前私が住んでいた場所に近いところに住む、優しくて、やや強迫神経症気味の精神科医でした。彼はハンプトンズに素晴らしい邸宅を持っていました。その次につきあった関係は、当時の私が捜し求めていると思っていた愛の形に一番近いものでした。それは元・僧侶との関係でした。その人といる時に、私は初めて非常に高い波動をエネルギー的に感じるという経験をしました。私の心は完全に開いて、二人は愛の中で一体化していると感じました。ともに過ごしている間に、その人が住むクリーブランドで女性と会っていることを彼から聞いて知りました。彼は僧院を出てから、自分の身体を愛し、自分が身体の中にいるということを実感するために、同性との関係を試していたのだと私は知りました。相手に感じるものがあったのと、彼も私に対する気持ちがあったので（十分ではありませんでしたが）、その後数ヵ月は付き合いました。彼はその女性のために私のもとを離れて、結婚し、子供ができました。彼が女性と一緒になるという決意を私に話した時の光景が浮かび、その時の気持ちを思い出します。私は真っ青になりました。頭から血の気が引きました。まるで死んだかのように、自分を見失いました。執着です。それはその後二度と起こりませんでした。その反対でした。私はマーの中に自分を見つけたのです。皮肉なことだと自分でも思いますが、私は僧侶になりました。

その後五年ほどしてからです。それは今から十年以上前のことで、マーと出会ってから五年ほど経っていましたが、私が探していた愛は、誰かほかの人と親密な関係を持つことではないのだとはっきりとわかりました。他には無いこの愛、愛の感覚と状態は、私の中にありました。マーへの自分の献身を通し、自分の内側に向かうことに献身することによって、そして誓いとサダナに本気で取り組むことによって、それは私にとって明らかになり、人生で実現されたのです。私は自分の目的を以前に増して意識するようになり、それをこの世で表現してゆくようになりました。

パートナーとの親密な関係の中に、探しているものを見つけることはできない、と私は言っているわけではありません。私の視点では、探しているものを見つけられる人あるいは創りだせる人は、全体の人口での比率として低い、ということです。しかしながら、人々が自分自身の内面を見る時間を費やせば費やすほど、また定期的にスピリチュアルな実践をなにかしら行なうことをすればするほど、確率は高まっていきます。導くことができるティーチャーやマスターを求める人もいるかもしれません。そうすることは必須でも絶対でもありません。それは私自身の経験と、他の人が自分自身と人間関係を変容させてきた様子を見てきて、私が学んだ経験から、お薦めすることです。

私はマーとの関係にあることを選びました。マーは、私の本質、偉大なる真の自己（セルフ）の体現者です。私はその関係性を通して、進化し、いっそう意識が高まってきており、それが私の他の人間関係（娘のベッキー！）にも、人生を生きる上でのあらゆる面でも、影響を与えています。あなたは、パートナーを選んで二人で人間関係を通じて自己実現することもできます。そうしないこともできます。マーや、別なマスター、ティーチャーを選んでともに道を生きることもできます。そうしないこともできます。現在ある親密な関係を楽しむこともできますし、将来そういった関係を楽しむことも可能です。そして、今はそのままそっとしておくことも。あなたには、自由意志があるからです。

あなた自身とあなたの人間関係を変容させるためのアドバイスですが、マーとマハラジの関係性が象徴する資質を覚えておいてください。それをモデルあるいは枠組みとして使うことは、あなたの人間関係に役立つでしょう。お互いに尊敬し合い、敬意を払いましょう。あなたのパートナーがもたらしてくれるものに感謝しましょう。自分の願うような相手になってもらうために、相手を変えようとしないでください。お互いに思いやりあいましょう。最高の自分となり、完全に、そして力強く自分自身を表現するために、お互いに尽くし合いましょう。パートナーに役立つことを意識して、自分にできる手助けをしましょう。お互いとともにあることを喜びましょう。笑いましょう、そうすることで自分自身もパートナーも高まります。あなたのすべての面をパートナーに見せてあげてください。

心から願っています。私がマーに初めて会った時に内側に感じたあの愛を、今私が感じているものをあなたが感じることを。この愛は、マーに会う前に感じたことは無いものでした。それは、とても深く、とても自然で、とても懐かしいものです。他の人と関係を持つことを選ぶ時は、あなたが感じるその愛が、あなた自身からやってくるもので、相手からのものではないのだとわかるよう、祈っています。それは、あなたの人生にその人が現れたことで、あなたの中で始動する愛なのです。このことを理解する時、あなたは自分自身を愛することになるでしょう。なぜなら、あなたはその愛そのものだと知るからです。

パートナーとの人間関係を持っている時には、相手の目や行動の中に、あなたがその愛そのものであるかどうかがわかるチャンスが得られます。あるいは、恐れがもととなっている古い習慣やパターン、自分や相手との関係にもはや役立たないそういったものを表現してしまっているかがわかるのです。その鏡を通じて、あなた自身について明らかにされることを通じて、自分自身を、そして人生で表現する愛の質を変容させることを選べます。お互いに献身すること、自分と相手の変容に役立つように本気で辛抱づよく取り組むことで、あなたとパートナーは最終的には神聖な関係を創りだすことができるのです。神聖な関係において、あなたがたは聖なる愛を共有し、その愛、アトマとして一体化します。アトミジとアトミヤジのように。

私が経験から学んだこと

◆**聖なる関係の扉を開く鍵。**繰り返しても決して害のないことですので、もう一度お伝えします。あなたとパートナーが、より聖なる関係性へと近づく扉へ導く主たる要素（行動として）は、尊敬すること、敬意を払うこと、感謝すること、期待を捨てること、思いやること、役立つこと、喜ぶこと、あなたのすべてを表現することです。

◆**導師の目を通して自分自身を見る。**これは誰にでもできることですが、マーがグルジ、アパジ、マハラジとの関係性の中で、これと同じものを目にしてきた私は、他の人と自分自身をより尊敬し、敬い、愛することを学びました。マーが、教え子たちや、心身を捧げて無条件で常に愛している人たちとともにある時、こうした純粋で聖なる愛の現れがはっきりと見てとれます。神聖なるもののすべての次元、すべての側面が、私たちの中に存在していて、それらは現れ、再発見されるのを待ち望んで

マタジとマハラジ。2008 年
Mataji and Maharaji, 2008

います。こういった側面すべてが、導師によって表現されるのを目にする時、私たちは自分自身の中にそれらを感じ、受け入れはじめ、人生の中で表現するようになります。それゆえに、自分自身を愛するということが、他者を真に神聖に愛することを可能にするのです。

◆愛は不変。私たち自身であるこの愛は、(「他」同士ではない形で)他者を包み込み、そして他者から包み込まれることができるものであり、常に私たちの生活の中に存在しています。そしてそれは永遠です。私たちがこのことに気づいて、実現することで意識を変容させられます。それに従って、他者や自分自身との関係の中で行動するようになれるのです。マーとグルジ、アパジ、マハラジとの間に存在していたこの永続的な愛、純粋なる神聖な愛の、絶え間ない流れは、私たちもまた経験することができるものです。

◆愛溢れる関係は喜びに満ちている。マーが言うように、喜ぶのに理由は不要ですが、幸福になるには理由が必要です。喜びは私たちの奥深くからやってくる「状態」であり、自由で広がるエネルギーです。それは愛の喜び、人生の喜び、愛する人生の喜びです。私たちが真に愛にある時、アトミジとアトミヤジのように愛である時、私たちは笑い、叫び、水をかけあい、喜びながらくすぐり合ったりします。私たちは、自分の純粋な愛を楽しんで表現する、純粋無垢な子供なのです。

◆空想が私たちを連れてゆく場所。空想は私たちの頭の中にあります。空想する時に、最後にそこにたどりつきます。私たちは刺激されます。実際の生活の中では感じられない感情を持ちます。しかし、私たちが気を取られて他のところに集中していると、今ここにいないことになります。空想に執着している時は、自分の人生のなかに、神聖なる愛で愛せる人を引き寄せることはありません。それに少しでも近づくことすら、ありません。私たちの空想はエゴとパーソナリティから来ているもので、幻想という他の世界にいるように、私たちを誘惑します。人との関係に入る前に空想していると、その空想の結果をこれから入る実際の関係に持ち込みます。人間関係の中で空想する時、私たちは、毎日ともに過ごす現実の相手からも、ともに築いていけるはずの関係からも、時間とエネルギーを奪うことになってしまうのです。

◆女性性と男性性をひとつにする。 私たちは自分自身の男性的な面と女性的な面との調和を持つように意図されています。マーとグルジ、アパジ、マハラジのような導師たちの関係を目にすることで、それがどういったものかを見たり感じたりして学ぶことができます。アパジはマーとともに、私を僧侶として伝授をしてくれた導師ですが、彼は男性の身体の形の中に、聖なる母を美しく体現していました。私たちのコミュニティでは、男女の別なく、「オム・ジェイ・ジェイ・マー」と言います。それは、あなたの内にいる、そして私の内にいる聖なる母、マーに敬意を表します、という意味です。私たちの中での男性性エネルギーと女性性エネルギーの結合、シヴ・シャクティの溶融《ようゆう》は、創造の完璧さ、ソース（根源）、サット・チット・アナンダ（存在・意識・至福）を実現することを可能にしてくれます。

第11章

ベッキーと私

ベッキーについてこの本の謝辞に書いた直後、私は彼女にメールで本のコピーを送りました。ベッキーから届いた返信を下記します。というのも、とても感動したからです。あなたの胸にも響くと思います。ベッキーがどんな人間か、私たちの関係がどんなであるか、それはベッキーが育っていた頃と現在とでは、はっきりとしたコントラストを描いていますが、それがどんなものかを感じていただけたら、と思います。

まあ、パパ。ありがとう。とても深く感動しました。最後の段落は読むことができなかった。だって、目に涙が溢れてしまって、言葉がはっきり見えなかったから。

パパの愛をほんとうに完全に感じます。この世でこれ以上良い気分はないわ。

私が小さい時にパパが書いてくれた詩があります。その紙はどこかにまだ持っています。それをとっておいて、愛されていると感じたい時に取り出して読んでいたことを思い出します。覚えてる？　その詩はとっても優しくて、すてきだったから（おまけに、韻まで踏んでいたのよ！）。本を読んだら、自分が小さい時に感じたのと同じ気持ちになりました。パパが私を愛してくれていると感じました。

パパのことを、とても愛しています。言葉も、生涯も、大陸も越えて。

たくさんのハグとキスを、愛とともに。

これが、今の私たち父娘の関係です。これはお互いに自分たちの内面のワークに何年もかけて、たくさんのコミュニケーションと共有を行ない、それぞれの人生でマーの祝福を受けた結果でもあります。この章では、何年か前に立ち戻り、親子関係がどのように進歩し、どんな教訓を学んだかをお伝えします。この章の終わりではベッキーにも執筆してもらい、私たちの関係性の進化を彼女の視点から書いてもらいました。こうしたすべてが、あなたの人生において、ご両親や、もしお子さんがいるとしたら、お子さんとの関係、あるいはお子さんと将来的に創ることになる関係について、どんなふうに当てはまるかを見ていってください。親であったり、子供であったりすることは、特に簡単な経験でも状態でもありません。ベッキーと私が学んだことが、あなたの進む道を楽にするために役立ちますように。

では、三十年以上前に戻ります。私は洞窟の中にいました。自分が本当に大切にしているものが何か、わかりませんでした。結婚生活は幸せでもあり、不幸でもありました。学校で何年も学んで博士号を取得しようとしていた私は、勉強して学んだことだけが知っていることでした。職場でコンサルタントとして常勤するようになった頃で、プロとしての実践の場では初心者でした。子供はほしくはありませんでした。自分自身が本当にわかっていなかったからです。自分がわかっていないと自分でわかっていなかったとしても、です。私は知らず知らずに無意識であったと言えます。同性に惹かれる思いを抑圧し、その抑圧があまりにも強かったので、あらゆる抑圧がそうであるように、不安であり、しかもそれを否定をしていました。自分の感情というものも空想も、自分本来のものに思えていませんでした。未熟であったのです。それは子供を持つ若い人には珍しくはないことです。しかし、私の場合にはあてはまらないことでした。なぜなら、ベッキーが生まれた時の私は三十歳で、結婚後すでに十年経っていたからです。

何年間か、私は父親になることに抵抗していました。そうでなければ、レスリーは教育を受けることを続けてはいましたが、もっと早くに子供を持っていたでしょう。コロンビア大学ティーチャーズ・カレッジの卒業式で、卒業の式服を着て通路を歩いていた時、彼女は妊娠後期で、その大きなお腹にはベッキーがいました。レスリーは、その大学で言語病理学を教えている母親と、その同じ卒業式典で博士号を受け取った父親に付き添われていました。三人は私とともに、地元の新聞で記事になりました。私はダウンタウンにある「ＮＹジュー（ニューヨークのユダヤ人）」――ＮＹＵ＝ニューヨーク大学と呼ぶ人もいます

——を卒業するところでしたが。

レスリーはベッキーを妊娠する前に流産をしていました。私の見方では、それはベッキーが私たちの人生に現れてくれるために意図されたことだったのです。子供は一人以上持つことに私は同意しませんでした。ベッキーが生まれた時、私には父親になることについて、まるでわかっていなかったのです。私はコンサルティングのプロとしての仕事に集中していました。インターンとして働いた会社に就職し、ペプシコ・インターナショナルというクライアントと（モーリシャスも含む）世界をまたにかけて仕事をすることで観察した交渉技術をもとにして、学位論文データを集めました。そしてベッキーが生まれる前に、パートタイムからフルタイムに勤務を移行していました。

ベッキーが生まれてから最初の数ヵ月はたいへんでした。私の状態が状態だったので、もちろん、たくさんの難題がありました。ベッキーには疝痛《せんつう》（発作性の激しい腹痛）があり、お腹にたまるガスから感じる痛みのために何時間も泣き叫んでいました。私が帰宅する頃に、たいがいベッキーが泣くのが始まりました。とても可愛い赤ちゃんでした。今でも可愛いですが！　レスリーと私は、赤ちゃんの身体についている乳児脂肪のかたまりを数えて楽しんだり、「リトル・ブッダ（小さな仏さま）」と呼んだり、裸の写真を撮ったりしました。だいぶ時が経った今でも、そういった写真を、今はラミネート加工したものを、ベッキーと一緒に大勢の中にいる時にはいつでも見せて、ベッキーを恥ずかしがらせるのを、私は楽しんでいます。

ベッキーは銀色の巻き毛と愛らしい笑顔で、ますます可愛くなっていきました。しかし、私たちが買ってあげた、上品な女の子らしい服を着るのを喜ばず、着たがることもありませんでした。都会っ子でした。とても幼い頃から、草を怖がりました。冗談ではなく。幼児の頃から自分のやり方を通すことを好

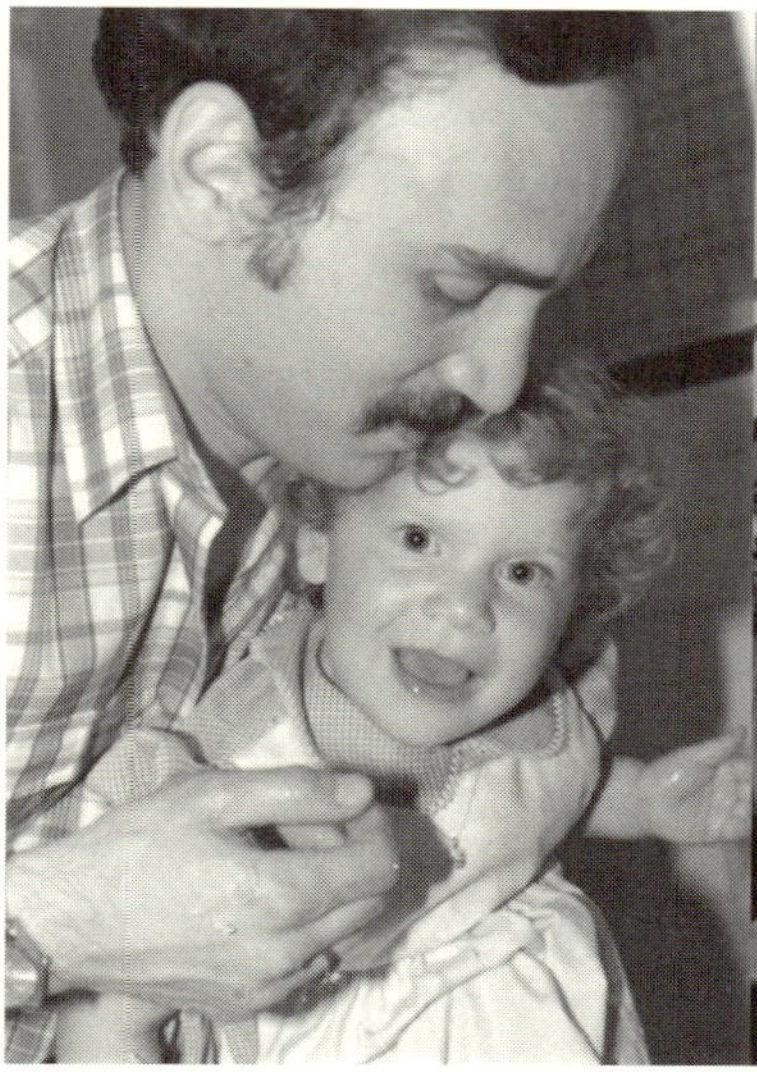

父と娘。1984 年
Father and daughter, 1984

怒れる父であり夫
Angry father and husband

み、それは子供時代から十代まで続きました。もちろん、そういったことは子供にとっては変わったことでありません。おそらくは私が、コントロールすることを必要とし、また正しくありたい、自分のやり方を通したいという姿勢だったため、ベッキーはそうした傾向を強めたと思われます。さらに、ベッキーは、おうし座です。私はベッキーを抱いて、ひざの上で弾《はず》ませたり、笑ったり、幼い時にはぐるぐる回してあげたりしました。当時は、その時の私ができて知っている最善のことをして、娘への愛を表現していました。

ベッキーが成長してくると、彼女にとっては不運なことでしたが、レスリーと私の間で板挟みになるはめになりました。私の怒りと鬱、ひきこもりと怒鳴り声、レスリーと私のほとんど黙ったままの喧嘩と和解に直面していました。私は仕事から家に帰って来ると、一人にしてもらい静かにしているのを望みました。たいがい仕事を家に持ち帰っていて、楽しみと気を散らすためにテレビを観ました。ベッキーは静かな子どもではありませんでした。そして、就寝時間や最後通告などのような決まり事は好きではありませんでした。私は自分とレスリーが怒鳴っていたことと、ベッキーが泣いていたことを思い出します。もちろん、今はこういったことが、ベッキーが愛されたい、自分を表現したいという部分にすべて影響を与えていたというのがわかります。そういったことは何年かしてから見えたのですが。ベッキーは育ってゆく中で私から愛情や励ましを感じることがなかったからです。

子供は両親に何が起こっているかは、いつでも気づいています。たいがい両親が意識してわかる前の段階で、気づいているのです。レスリーと私はときどき口論をしました。パターンとしては私が引き下がって終わるのですが、目に見える身体の動きで怒りと嫌悪感《けんおかん》を表していました。レスリーは私を刺激しないよう問題を避けていましたが、それが不可能になると、私に文句を言わざるをえなくなり、そうなると私も応戦しました。時に私は泣き、二人でも泣き、やがて気分が晴れました。そのようにして、親密さを取り戻すことができていたのです。

鬱と不安が増してきた私は、個人心理療法を受けるようになり、それは何年か続きました。コミュニケーションをとらない期間が長くなってくると、私が個人セラピーを受けながら、レスリーは夫婦セラピーを私と一緒に受けるようになりましたが、彼女もある時点で、個人セラピーを受けるようになりました。私たち夫婦は、ただただ頑張りました。頑張ると何が起こるかご存知でしょう。頑張るだけで終わってしまうのです。ベッキーは、こういった不安定なもの——私とレスリーとの関係の不安定さや、私が性的な意味でも、結婚でも、親としても、何を求めているのかの混乱など——に囲まれて生きていました。レスリーと私は、しがみついていました。結婚生活は持続しました。その結婚生活は問題処理と心配事でいっぱいのままで、未知なるものを恐れ続けて、お互いの友情と、生活の中で一緒に楽しめる側面を失うことは望んでいませんでした。私たちはベッキーを傷つけたくなかったのです。そして結局は、傷つけてしまったのですが。

ようやく決断がくだされましたが、それは状況があまりにもつらくなってきた時にレスリーが起こしたことでした。別れる時が来たわけですが、それはすでに内面で存在していたことが形となって外に表れたものでした。ベッキーの寝室に入ると、ベッキーはベッドに座っていました。私たちは、ベッキーに離婚について話しました。ベッキーは「どうでもいい」と言って、声をあげて泣きました。私たちの心は張り裂けるようで、その重たい沈黙は、他の沈黙ともサイレンスともまったく違う種類のものでした。その時、ベッキーは十一歳半だったのです。

私は、グリニッジ・ヴィレッジの八番街とマーサー通りに面したマンションを見つけました。心理学の授業のために通ったＮＹＵ人文科学大学院のすぐ近くでした。ベッキーは毎週水曜日か週末のどちらかに、私を訪ねてきました。こうしてベッキーは、実際私と一緒にいたくはなかったものの、二人がともに過ごすまとまった時間ができたわけです。おそらく、なにかしらの相反した感情があったことでしょう。ベッキーは父親に愛されたいと思いながら、それと同時に、父親である私にたいへんな怒りを感じていました。離婚した親のほとんどが感じるように、私は罪悪感を覚えていました。ベッキーには、私といっしょにいることを楽しんでもらいたいと思いました。楽しんでもらい、感謝されたいとさえ、感じていたのです。

一年経ち、レスリーと私は離婚しました。それは私の兄が亡くなった後で、母が亡くなる前のことです。離婚の手続きは耐えがたいものでした。ご多分に漏れず、離婚専門の弁護士たちとの関わりもそうでした。当時の私には、レスリーの弁護士が強欲であり、それと関連して、レスリーも強欲に見えました。弁護士によってレスリーと私との間の対立が大きくなったと私は感じました。レスリーが経済的に受け取る金額を、弁護士はつり上げてきました。私は怒り、憤慨し、疲弊しました。母は死に、自分の仕事は失いました。その話はもう書きましたね。実際のところ、ベッキーもこういった状況の中を生きてきたのです。私だけではなく。

レスリーは立派にベッキーを育ててくれました。私はベッキーの十代の頃を、レスリーほど直接的に、あるいは同じ程度に体験していません。後になってベッキーが涙ながらに教えてくれて知ったのは、ベッキーがコカインやそのほかのドラッグに依存していたということでした。当時の私は、そういったことは何も知りませんでした。レスリーは、もっと非難の的になっていたのです。父親を訪ねてくるベッキーと、母親と住んでいるベッキーとは、別だったのです。当時のベッキーの行動や選んだことについては、私はほんの一部をうっすらと知っていただけでした。それはベッキーが望んだことでもあり、そして知らなかったおかげで、私が自分自身の変容に集中することができたと言えます。

ベッキーは十分に愛されたと感じていなかったことや、ほとんど放任されていたことから、少なくとも、私の自己啓発を好きにはなりませんでした。私が関わるニューエイジ、変容を促すスピリチュアルな冒険、アウトワード・バウンド、ランドマーク、ニューフィールド、そしてサイマーに興味を持つことはなかったのです。「ノー・サンキュー」というのが、私の提案への答えでした。実際には、「サンキュー」の言葉は当時のベッキーの返答にはなかったと思います。

ベッキーが怒り、失望、複雑な気持ちや混乱を感じる中、それに重ねて、私は離婚の時に「カミングアウト」していました。私は四十代で男性たちと付き合うほうに移行していましたが、それまではレスリー以外の誰とも性的な関係を持ったことは一度もありませんでした。私は出会いを求めてバーに行ったり、一夜限りのつきあいをしたりすることもなく、数ヵ月から一年の間続いた関係をいくつか経験しただけでした。ベッキーは私のボーイフレンドのうちの二人に会ったことがあると思います。礼儀正しくしていましたが、ベッキーにはそれは容易なことではなかったに違いありません。「パパがどういう人なのかわからない」と心の中で言っているのが聞こえるようでした。事実、当時の私も同じことを言っていたはずです。「自分が誰なのかがわからない」と。

ベッキーが大学に入る前に、私はサウサリートに引っ越しをしました。ベッキーは最初の一年をボストン大学で学び、それから、私の母校であるニューヨーク大学のティッシュ・スクール・オブ・ジ・アーツで学びました。ボストンや、ニューヨークでも数回、私はベッキーを訪ねました。その後、ティッシュ・スクール時代には、七ヵ月にわたるフィルム・スクールの交換留学プログラムの一貫でアイルランドのダブリンに住んでいたベッキーに会うために、私はアイルランドまで旅行をしました。一度も訪ねたことがない国で、ベッキーとだけ一緒に過ごす時間を楽しみにしていたのです。

私はダブリンに数日間滞在し、ベッキーとともに観光名所を見て、ベッキーの友人何人かとも会いました。何杯かのギネスビールを飲みながら（私はまだ伝授を受ける前でしたから！）パブで過ごした時のベッキーとの最高のおしゃべりは決して忘れることはないでしょう。それはまるで、大学で友人たちと実存主義や人生の意味について夜通し話していたかのようでした。ベッキーは悟りについて、誰もが情熱を持たないクローンになるのだろうかと私に質問してきました。私は、セルフと本当の意味でひとつ、ワンネスとなった状態では、もっと情熱的に人生を生きることになるのだと話しました。なぜなら、私たちは完全にハートをすべての根源として、自分のまわりのすべてのものにいっそう意識を向けられるようになるからだ、と。私はベッキーにとても近づくことができたと感じました。自分にとってたいへん重要なことを共有することができ、ベッキーも興味を持ったからです。そして私たちはお互いの意見を、なんの批判もなく傾聴していたからでした。

私たちはゴールウェイまで旅行をして、田舎の城に滞在しました。岩だらけのアラン諸島を訪ねました。ブラーニーまで行き、もちろん、頭を下にしてぶらさがり、さかさまになってブラーニー・ストーン[38]にキスをしてきました。コークに進み、美しく光が灯《とも》された緑色の起伏した丘と、放牧された羊たちを見ました。簡単に言えば、私たちはゆったりと過ごし、お互いに楽しんでいたということです。

ベッキーはニューヨークに戻り、一年後に卒業しました。私は、ベッキーが卒業プロジェクトとして作成した映画"Transit"（通過、変遷といった意味）は映画祭でいくつかの賞を獲得したのですが、それを観た私は本当に「クベル（イディッシュ語で、誇りに感じる）」でした。ベッキーの卒業パーティのために、かつて住んでいたグラマーシー・パークにあるマンションに私は戻りました。今でも思い描けますが、ベッキーの友人たちの多くが私のまわりを囲んで、スピリチュアリティのことや、マーとともにある私の人生について質問をしてきました。若者のグループとともにいて触発されたのは、この時が初めてでした。このことは、その後、ＡＷＡＫＥ（覚醒という意味）という、若者向けプログラムに私が関わるということを暗示していました。彼らはベッキーの友だちでもありましたから、自由にありのままの自分であること、彼らと親しくなれること、そしてベッキーにより近づけることを、私は快く感じました。

卒業後、ベッキーはハワイに移住することを決めました。ハワイに行く途中に、サウサリートに住む私を訪ねてきました。結局、ベッキーは数ヵ月の間私と一緒に住むことになり、その後近郊のミル・ヴァレーに引っ越していきました。ハワイに行くことはなかったのです。ベッキーと私は一緒の生活を楽しみました。友人たちや、ベッキーが知るサイマーのコミュニティのメンバーたちと時間を過ごしました。マリン・カウンティ（郡）に住んでいることを利用して、ミュアウッズでハイキングをしたり、スティンソン・ビーチに行ったりしました。ビッグ・サーにも旅をしました。私たちはますます話をかわすようになりました。ある時、「段階を経て許してゆく」という、マーの教えをともに実践してみたことがります。それは何かについて、お互いの許しを請い、お互いに許し合い、自分たち自身を許すというものです。その会話は、少しばかり気まずいものだったかもしれませんが、感情をけっこう解放してくれ、さらに分かち合い、もっと深く話を聴くきっかけとなりました。

38　ブラーニー・ストーン――アイルランド南部コーク州ブラーニーの城にある石。この石にキスをすると雄弁になると伝えられている。石にキスをする際には、城壁の上から足首を押さえてもらい、逆さまにぶらさがることになっている。

私はコンサルティングとコーチングの仕事を楽しく続けながら、マーとともに自分自身のワークを行ない、教え、インドへ旅する中で深く変容していきました。ベッキーがフィルム・スクールを卒業した直後に一緒に行った、ベッキーにとって初めてのインド旅行のことを思い出します。インドでの生活がどんなものであるかをじかに見ることになるので、ベッキーがやってくることに私はワクワクしていました。私の人生において大きな位置を占めることになる何かを、お互いに共有できることにもなるからです。ベトラーのヤギャ（聖なる炎の儀式）のために、私たちはマーとアパジとともに、プネに行きました。一連のアシュラムにも滞在しました。初めてのインドで、ベッキーとともに過ごせて私は幸せでしたが、ベッキーは違いました。はじめはインドという国や生活の仕方に苦労していました。しかし、滞在の終わり頃には、ベッキーもすっかり楽しむようになっていました。

次第にベッキーは、マーの教えとプログラムにいっそう関わるようになりました。ヴェイルの集中プログラムにやってきて、映像と音響のセヴァをたくさん行ない、最終的には一週間の集中プログラムのビデオの制作指揮をするようになりました。夏のリトリートに参加するだけでなく、ファシリテーター（まとめ役）の役割を果たし、ＡＷＡＫＥのリーダーシップ評議会のメンバーにもなりました。ベッキーは最年少のマスター・ティーチャーの一人となり、マーが指定するティーチャーの一人として教えることを続けています。ニューヨーク・シティでは一度、二人で教えたこともありましたが、夕方のプログラムにレスリーが参加しました。ベッキーは「ヒューマニティー・イン・ユニティー（ＨＩＵ）」において指導的責任を自ら進んで果たし、今は新たな組織の中でセヴァとして多くの役割に心身を捧げています。

二年ほど前、インドのハリドワールにおけるクンバ・メーラのドキュメンタリーを創るようにベッキーがマーに依頼された時、私たちの道の旅路は一緒に美しく重なりました。クンバ・メーラは、世界で最大のスピリチュアルな集まりで、あまりの大きさに、宇宙からも見えるほどです。千年以上もの間、導師・聖人・スピリチュアルな道を求める人々・外国人・地元のインド人が、祈り、自分を神に捧げ、聖なるガンジス川で水浴びをする、ということを唯一の目的として、ともに集まってきました。その月の間、人々はマントラを唱え、チャンティングをし、訪ね、お互いに食事を与えあいます。

私はベッキーがクンバ・メーラに参加して、大喜びでした。誰もがベッキーが得意とするところを見ることができたのです。このプロジェクトをまとめることを成し遂げたベッキーを誇りに思います。十三人のプロの一団がクンバ・メーラを３Ｄ（これが初でした）で撮るためにやってきました。撮影チームはマー、マハラジ、そして私たちのコミュニティを数日間にわたり、さまざまな集まり——講話やチャンティング、敬意を払う儀式、火の祭典、ガンジス川での水浴び——などで撮影しました。ベッキーは、たくさんの障害の中でやり遂げました。暑く、砂の立ち込める、大勢の人たちで込み合う環境で、一ヵ月以上にわたってクンバ・メーラに参加する、七千万の聖人、サドゥー（遊行者《ゆぎょうしゃ》）、求道者たち、観客がいる中で、撮影隊とともに撮影したのです。こういった撮影の後で、撮影素材がまとめられ、ドキュメンタリーが作成されて、３Ｄテレビで見せるという計画でした。

そう、これらは事実です。ベッキーの関わりは、量的にも増えて幅も広がりました。それはインドにおいて、リーダーシップにおいて、教えることにおいて、セヴァを行なうことにおいて、です。しかしながら、それは重要な点ではありません。一番大事なのは、その関わり方の質、そして私といる時に彼女がどんな風に自分を表現したか、ということです。私とベッキーが一緒にいて、二人ともコミュニティにいること、こうしたすべてが私たちの関係の質に影響を与えたのです。

ベッキーは、自分ではっきりとしないことや、自分の仕事や男性との関係についての感情に、いっそう気づくようになったことなどを私に打ち明けてくれます。私たちは電話をしたり、手紙を書いたり、会ったりします。どんなコミュニケーションの方法を取ろうと、私たちは完全にオープンで正直でいます。昔のように感情を抑えたりしません。昔は、人間関係をきちんと構築できておらず、緊張や不安が多くあり、感情に動かされていました。今の私たちは、恐れではなく、愛によって関わりあっているのです。

ベッキーは私に助言を求めたり、ただ聴いてもらって、どのように進んでゆくべきかをもっとはっきりさせることができる、共鳴版のようになってほしいだけなのです。私は自分の心の中に起こっていることを共有し、そしてベッキーは彼女の視点を教えてくれます。ちょうど彼女がこの章と本書で行なってくれているように、です。二人とも話に耳を傾けます。結局は私たちは、お互いの変容のために尽くし合い、学んだ教えを互いに応用し合って実践しているのです。私たちは話す言葉を通じて、言葉に裏打ちされた愛とパワフルなエネルギーによって、お互いを支えています。言葉を交わさない時にも、素晴らしい時間が生まれます。それは互いに抱きしめ合う時です。その昔、マーと私が抱きしめ合った時のように、ベッキーと私はお互いに両腕をまわします。同じ温かさ、広がり、シャクティが私の中とお互いの間に流れるのを感じます。私たちは同じ波動で振動し、一体となります。自分自身の愛と、お互いの愛を感じ、それが内面の奥深くではひとつであり、同じだということがわかっているのです。

私たち二人の関係について、最後にひとつお話をしましょう。それは私たちがかわす言葉を浮き彫りにするものですが、大事なのは、その言葉に伴うのが愛と喜びだということです。これは「ホーリー(聖なる)・シーツ!」と呼んでいるお話です。

ベッキーと私は、一二月生まれである私の六十歳の誕生日祝いに、どこかエキゾチックなところに一緒に旅行しようと話していました。決めた場所はニュージーランドでした。今まで訪れた中でも最も美しい国のひとつだということで、二人とも一致していたからです。私たちは道路の左側を走ることを忘れないようにしながら、車で旅をしました。北島から南島へと旅行して、自然が持つ色、多様性、完璧さに心を奪われました。以前と同じく、私はベッキーと二人きりでいること、一緒に新しい土地を発見することを心の底から嬉しく感じていました。

道々、私の誕生日プレゼントにと、ベッキーが私に贈ってくれたiPodで音楽を聴きました。このことをお話しするのは、ベッキーがアリシア・キーズの〝No One（「ノー・ワン」）〟という曲をiPodに他の音楽とともに入れて教えてくれたからです。この曲を私はいつもかけていました。その歌詞と波動が、マーを思い出させるものだと感じたからです。歌詞は「いつまでも私はあなたに伝え続けるわ／私のあなたへの思いを誰一人としてじゃますることはできないと／昼も夜もあなたと私は一緒／私は心配なんてしない、すべてはうまくいくから」というものでした。話が脱線しているでしょうか？　そんなことはありません。この歌詞は私とベッキーの関係にも通じるものだからです。

では、このお話のきわめて重要なところに行きます。私たちは、ある街のモーテルにいました。ようやく洗濯ができるので、ワクワクしていました。ハイキングをしていたので、服が汚れていたのです。ベッキーは自分の服を洗濯機に入れ、私も自分の服を別の洗濯機に入れました。洗剤を持っていなかったので、ベッキーはちょっと買ってくると言って出かけました。乾燥機から服を取り出すと、私の服に大きな穴がいくつかあるのが見えました。私は本当に「イライラ」しました（その時に感じたことを、かなり控えめに言っています）。ホテルの洗濯機のせいで服が駄目になったと思いました。私はあと一セットしか服の持ち合わせがなかったのです。階下に行って、クレームを言いました。セルフと完全に一つにつながっていないまま、私は代わりにホテルのシーツを要求しました。客室係が部屋にシーツを届けてくれたので、私は浴室に行って着てみることにしました。シーツは大きすぎたため、自分の持っているもので間に合わせました。私たちは先へと進みました。

時が経ちました。先年の五月、私たちはマーによる一週間のプログラムに出るために、シカゴにいました。私は会場の聴衆の前で、何年も前のこと、マーのプログラムのひとつを受けた後に、シラキュースのホテルのベッドのシーツを身に着けて、ホテルからこっそり出て、ホテルからどんなに非難されたかを話していました。この話は作り話ではありませんよ！　マーはもちろん、誰もが大笑いしました。ベッキーは会場の後ろのほうでビデオ・チームを監督していましたが、そこから声を上げました。「ちょっと待って！　シーツの話ならもうひとつあるわ」。私は息をのみました。

ベッキーは、前のほうに走り出てきました。誰もがどんな話が聞けるのかと、椅子から身を乗り出します。ベッキーが説明したのは、先ほど私がお伝えしたお話でした。しかし、重要な点を付け加えていました。「パパは本当にカンカンに頭にきてたの」(私の話よりもずっと正確な説明です)。私が着るためのシーツが与えられるべきだと要求していたこと、そして、どんなにシーツが私には巨大すぎたかを説明しました。さらに、私が知らなかった点も話しました。ベッキーは、汚れを取るために洗濯機に漂白剤を入れていたのです。ベッキーがしたことが原因で、穴があいたのがわかった時、私に次の言葉を言えなかったというのです。それは「ホーリー・シーツ！」(Holy sheet ＝聖なるシーツ)です。Holy shit!（ホーリー・シット＝なんてこった）という言葉をかけていたわけです。

では、なぜ私がこの話に特に着目するのでしょうか？　まず、ベッキーは大勢の人のグループの面前で、私が自分の「反応」に直面する機会と、あの時に何が私の内面で起こっていたのかを見る機会を与えてくれました。私は動揺したでしょうか？　私はベッキーがそのようにしたことを非難したでしょうか？

「ホーリー・シーツ！」の話が語られた
シカゴのプログラムにて。2010 年 5 月
“Holy Sheet!” told during Chicago program, May 2010

私は恥ずかしい気持ちになったでしょうか？　ほとんどのところ、「それはなかった」と言えます。昔のような父親でもなく、非難もしませんでした。ちょっとした恥ずかしさは感じていたかもしれません。けれども、そういった気持ちも、すぐに消えました。

もうひとつ、ベッキーが私に与えてくれた、その贈り物の重要な面は、自分自身を笑うということ、マーと、ベッキーと、そして他の人全員とともに、笑うということでした。私は涙目になっていましたが、それは悲しいからでも落ち込んだからでもありません。私は喜びに溢れていて、全員と「ざっくばらん」でいられる一瞬一瞬を、あらゆる意味で楽しみました。そう、「ホーリー・シーツ！」です。人生は笑えます！　笑い続けましょう、真面目《まじめ》になりすぎないようにしましょう。私はあまりにも長い年月の間、生真面目《きまじめ》すぎました。特に家庭で、そしてベッキーといる時に。それはもうすべて終わりです。そうなったことを神に感謝します。

本書の冒頭で、ベッキーに感謝の言葉を書きましたが、面と向かう時も、お互いに手紙を書く時も、私は彼女に感謝し続けています。この愛と感謝は、私のハートの奥深くから来ているものです。ベッキーは私に、ベッキーの母親に、そしてあらゆる世代の人々に感動を与えてくれます。マーとともにあると、たくさんのことが加速していきます。そして多くのことが、この地球上でスピードをあげています。今この時、ベッキーが自分自身を表現し、創造し、率先し、刺激を与えてゆくことがさらに増えるのを、私は目にしてゆくことでしょう。ベッキーが意識を広げて、自分の夢を実現させてゆくことも。その様子を目にしてゆくことができること、そして、私にできるすべての方法で、ベッキーを愛し、役に立てることについて、神様に感謝します。マーが言うように「神様は私を愛している！」のです。

私が経験から学んだこと

◆**あなた自身のすべてを見せる。**マーは長年にわたり、このことについて話してきました。子供たちに自分のあらゆる面を見せることの手本をマーは示してきました。それは、子供たちと遊ぶということです。ベッドで飛んだり跳ねたりする。髪をお互いに梳《す》かしたりする（髪がある方の場合）。抱きしめ、くすぐり、冗談を言い、笑って、泣いて、ささやいたり、叫んだりする。子供たちに、ママとか、パパとか、ダギー（これはベッキーが私を呼ぶ時の名前です）とか、好きなように呼ばせてあげてください。ともに遊び、あなたのユーモアのセンスを子供たちに見せてあげるのです。

また、子供たちには物事の仕組みとしつけを植え付けてあげてください。ここで私が思い出すのは、先に書いたアシュラムの人たちのことと信頼についてです。毅然として、愛情深くあることで、信頼が築かれます。愛の温かさと思いやりを、明晰《めいせき》さと確固たる指示と結び合わせるのです。子供たちには、完全な自由ではなく、仕組みが必要です。それがあると、自分のやり方を作り、学び、成熟してゆくことができます。それは私たちが道において導師やティーチャー、コミュニティからの指導が必要なのと同じです。子供たちとともにいてください。そしてまた、自分自身の時間も取ってください。あなが自分ひとり、あるいは他の人たちの時間を持つことも重要なのだと説明してあげてください。そしてそれは、子供が悪いのではなく、あなた自身の興味のためであることも。正直になって、作り話はしないように。罪悪感を持ったり、行為を正当化したり、しないでください。

◆**コミュニケーションを取り、さらに再びコミュニケーションを取る。**この教訓は、親子関係だけではなく、すべての人間関係に当てはまることです。子供たちには、あなたの感じていること、考えていることを伝えましょう。お互いの関係に役立つ時、持ち上がってきた問題を対処する時、愛と理解をもって、一緒に前へと進んでゆくために必要となる情報を提供する時にも、です。そして、親として、コミュニケーションを取りつつ、耳を傾けて聴くことを忘れてはなりません。聴くことはコミュニケーションにおいて最も決定的に重要な意味を持つということを人は忘れがちです。本当にきちんと聴くという時、あなたは外に対しても心の中でも、沈黙を保ちます。本当の聴き方を覚えていますか？ 子供に質問して、答えなくても、予期していないような答えが返ってきても、あわてないでください。あなたに聞きたいことがないか、子供に聞いてみます。正直になり、ハートを開いて、ハートから話します。その瞬間は、どんな形でも、子供のことをただ愛してあげてください。

◆**長引かせない。**子供との関係で何か不愉快に感じた時は、その感情とそれにともなう行動が長引くことがないようにしましょう。子供との人間関係の質は、行動しないと変わりません。苦しみは続きます。反感がつのり、長い目で見た人間関係が危険にさらされます。ある出来事が起こり、あなたとあなたのお子さん両方が感情から反応して、お互いになにかしら傷つけあってしまったら、その場で対処して、前に進むようにしましょう。「抵抗するものは持続する」ということわざをご存じでしょう。抵抗することから、共同で創造するところへと移行するのです。

◆**どうか、洞窟から出てください。**自分の殻に閉じこもっていたら、事態はますます悪化するだけです。自分の意見を言わずに、関わらずに、心を閉ざして、向き合いたくないことを押さえつけることは、エゴと苦しみを増してゆくだけです。新鮮な空気と光が、洞窟の外であなたのことを待っています。洞窟は、あなたが恐れる時に行く場所です。恐れている時、あなたは委縮して視野も狭くなっていて、息が詰まり、本来の自分ではありません。創造もしておらず、自由でもないのです。今、あなたにもお子さんにも見えていなくて、追求することもしていない、すべての可能性について考えてみてください。そうすることで、あなたとお子さんとの関係も、ともに過ごす時間も、あなたの未来も、完全に変わるかもしれません。

◆**子供たちを間に入れない。**これはあなたとあなたのパートナーや配偶者、愛する人との間のことです。それについて、よくよく考えてみると、マーも言っているように「それはあなたと、あなたとの間のことなのです」。どんなことであっても、それは子供たちのことではありません。私たちは年端《としは》のいかない、まだ未熟である子供を、彼ら自身ではどうしようもできない立場に置いてしまうことがありますが、それは不適切なことで、子供にはもともと責任はありません。そして私たちは自分に腹を立てている時に子供に対して怒りを見せるのです。私がレスリーとの関係で自分の意見を表現しきらず、何もできないことに怒っていた時がそうでした。また、子供を自分のパートナーの代わりのように使い、パートナーから得られない愛や理解を子供に求めたりもします。両親の間で両側から引っ張られる子供を想像してみてください。子供はどんな気持ちになるでしょうか？　子供に何ができるというのでしょうか？　子供は私たちよりも実際はずっと先に行っているのに、私たちは子供を引き戻して両親の間に置いてしまうのです。あなた自身とあなたの状況に責任を持ってください。自分がしていることや、したことを明確にして、それは自分のものだと認めてください。私たちが自分の過去と現在について責任を持つ時、自分の将来は自分で創造できるのだと実感するのです。

◆**あなた自身を提供しましょう。**子供には贈り物をあげたり、楽しませたり、いろいろな活動で子供の時間を埋めてあげないといけない、と私たちは考えます。私自身、離婚したあとの自分が特にそうでしたが、これは同じような立場の多くの人にも言えることです。本当のところ、子供が探し求めているのは、愛・思いやり・優しさ・理解だけなのです。こういったものは、私たちが愛情深い親となって、愛そのものになることで与えることができます。私たち自身こそが、買ってあげなくてはいけないと思っていた贈り物なのです。私は変容して、本当の自分を幾重にも覆い隠していたパターンや不純物やガラクタを取り除くにつれて、ベッキーがそもそも提供してもらいたいと探していたものになっていきました。ベッキーについても同じで、私も提供してもらっています。本来の自分自身をお互いに提供し合っているのです。結果として、私たちは自由で、創造的で、愛情溢れる関係がもたらしてくれる豊かさを経験し、その体験は私たち双方に滋養を与えてくれています。

◆**無理《むり》強いしない**。また出てきました。強引さと抵抗です。自分がこうすべきだと感じることや、過去の自分自身の決断を子供に押しつけても、うまくいきません。私はベッキーに、マー、ランドマーク、演劇学校、可愛らしい服を強要することはできませんでした。身体にピアスをしたり、入れ墨をいれないようにと、ベッキーを部屋に閉じ込めておくことも不可能でした。何かを強いるというのは、自分が正しい、何が最善か知っている、という考えから来るものです。自分がいちばんだと考えるのでは、子供が知っていることや感じることに対して敬意を示していないことになります。子供には体験させましょう、親であるあなたのことも、ありのままのあなたと一緒にいることも、あなたが好きなことも。その上で、どんな風に物事が展開してゆくのか、様子を見てみましょう。

◆**ともにあることがすべて**。「何がしたい?」「わからない。あなたは何がしたいの?」、人生と同じく、大事なのは、何かをすることではありません。どういう状態であるか、です。これは、子供との関わりについても当てはまります。いろいろな活動をして、その日の予定を埋めたり、一緒に何かをすることではありません。子供と一緒にいる時に、私たちがどうあるのか、子供とどのように関わり、どう愛情深くあるか、が重要なのです。もちろん、適切な活動を選び、ともに何かを行なうことも、全体の一部ではあり、効果はあります。しかしながら最良のことは、あなたという存在のありよう、心からのものであること、遊び心、そして一緒にいることで生まれる明るさなのです。

◆子供を敬う。 子供たちに感謝しましょう。子供たちのあるがままの姿と、自己表現の仕方、人生で創造し実現してゆくことに対しても。子供たちに感謝の気持ちを表して、言葉で、身振り手振りで、ボディ・ランゲージで、あなたの全存在をあげて、子供たちを認めてあげましょう。敬うということの意味は、子供たちをマスターとして真の姿を見るということです。具現化されているその神聖さを認め、この地球で子供たちが自分の目的を果たすために、人間の形でありながらスピリットを完全に表現してゆくために、あなたがどのように役立てるのかを認識してください。敬うということには、識別するという意味もあります。つまり、それは子供たちの違いがわかるということであり、世界でどのように卓越してゆくか、子供たちのユニークさを強調するということでもあります。スピリチュアルな世界で敬う例としては、相手の足に頭をつけて拝礼すること（プラナーム）や、両手を胸の前で合わせて頭を垂れながら「ナマステ」と言うことがありますが、それらはあなた自身のすべてを相手に捧げ、一体となって融け合うことを表します。子供たちをどんな風に見るか、何を言うかという時に、私たちはそれと同じように子供たちに接するのです。こんな機会が与えられるというのは、なんという光栄なことでしょうか。

◆踊り続ける。 なんて楽しいことでしょう！　この世で心配せずに踊ることは。シャクティ、天恵《グレース》が働くままに、じゃまをしないこと。流れに任せること。躍動感そのものになり、表現と意識を自由にすること。身体のすべての細胞において音楽の波動を感じ、それを身体とスピリットが選ぶままに表現することと。分析も計画もしない。エネルギー、生命力が一つの動き、広がり、放射する。理由もなく、笑い、喜ぶ。ただ踊りそのものになる。自分の母親やおばたちとチャチャを踊っていたユダヤ人の少年だった私が、ベッキーとヒップホップミュージックでワイルドに踊ることなど、いったい誰が想像したでしょうか？　そうです、踊りつづけましょう。文字通りに、そして比喩《ひゆ》としても、自分のまわりや地球で何が起ころうと。自己表現のパワーを、愛の力を、生きていることの喜びを示すのです。子供たちと、親たちと、兄弟姉妹と、コミュニティと、そして真の自己であるセルフとともに踊りましょう。

それでは、ゲストとして書いてくれたベッキー・モリソンをご紹介します！

疑念と取り組む人たちがいる。ワークショップに行き、導師に出会う人たち。いまだかつて知らなかったほどに素晴らしい、広大で、神聖なる愛に満たされるという経験をする。そして家に帰ると、ゆっくりと「現実の生活」が忍び入ってくる。いくつかの支払いを済ませて、テレビを少し見て、夜に歯を磨きながら、ふと考えるのだ。「あの宇宙とひとつということ、そのすべては、本当に起きたことだろうか？あの時は気分が良くなるような音楽が流れていた。そういえば、あの日はカフェインも取っていたし。そう、あれは絶対に自分が想像していただけだ」。そして寝る時には、その時の記憶をしまって、翌朝目覚めた時には起きたことも忘れている。

私は、そんなことにはならなかった。マインドが私に変容することは不可能だと信じさせようとしても、それはできなかった。マインドが私の愛への信念を壊そうと全力を尽くしても、失敗に終わった。なぜなら、私には自分が正しいということに、反論の余地がない証拠があるからだ……。それは私の父。すでに父が読者のみなさんに、最初の何十年かについて語ったのを知っている。けれども、もっと広がりのある話になるように、みなさんを一九八六年にお連れする。私の両親は典型的な、ニューヨークに住むリベラルなユダヤ人だった。ポール・サイモンを聴き、ディナー・パーティでワインを飲み、書棚は心理学の本でいっぱいになっていた。

我が家には悪意というものはなかった。暴力も、怒りも、身体的な虐待もなかった。これまでに悲劇的な子供時代の話はたくさん耳にしてきたけれど、私の子供時代はそういったものではない。それはもっと静かな種類の不幸だった。我が家の壁の間のスペースを埋めていたのは、重たい緊張感だった。それは居間のジョージア・オキーフ〔39〕のポスターの隣に飾られていた。それは、浴槽を満たし、私のベッドのレース製の天蓋《てんがい》を満たしていた。家のそこここにあったのに、誰もそれについて口にすることはなかった。

私は父の機嫌を損ねないために、良い子にして、軽い足取りで歩こうと努めていた。その繊細な心の均衡をかき乱すようなことでもしようものなら、父の表に出さないフラストレーションと怒りの矛先を感じた。ある晩、父は居間のテレビで「ケイト・アンド・アリー」〔40〕という番組を観ていた。私は父と一緒にいたかった。床に足を組んで座り、私もテレビを観始めた。その時の私は、ふわふわしたピンク色のス

---

39 ジョージア・オキーフ――二〇世紀アメリカを代表する画家。代表作品はその多くが具象画で、風景、花、動物の骨がモチーフ。モダニズムの先駆的存在として知られている。

40 「ケイト・アンド・アリー」(*Kate & Allie*)――一九八四年から八九年にかけてCBSネットワークで放送されていたコメディ。子連れで離婚した二人の女性がともに暮らす中で巻き起こる出来事をシチュエーショナルに描いた。

リッパをはいていた。そのスリッパのくるぶしのところを押すと、“*It's a Small World After All*（イッツ・ア・スモールワールド）[41]”という歌が流れた。私は足を組んで座っていたので、スリッパは何度となく音をたてて、テレビ番組をさえぎった。一言もいわずに、父は私の足からスリッパをつかみとり、クローゼットからハンマーをつかんできて、スリッパを台所のカウンターに置き、音楽が止まるまで粉々に壊した。父はスリッパを私に返すと、ソファに戻っていった。私は台所に立ちすくみながら、静かに泣いていた。父は怒鳴《どな》ったわけでも、手をあげたわけでもなかった。ただ、父の中であまりにも強い怒りが表面から溢れ出しそうに煮えたぎっていた。それが表に出るのを見た私は、ただただ恐ろしかった。

ある時、私はワクワクしながら、学校で作った作品を家に持ち帰ったことがあった。父は、ラメがついているから家に持ってきてはだめだと言った。ラメは父にとって恨み重なる敵だったからだ。あの小さなキラキラしたかけらは、カーペットの端に現れたり、枕の上に出てきたりする。完璧主義者にとっては悪夢だ。完璧主義は父が持つ強迫観念だった。いつも家の中のものを整えたりしていたし、何かが場違いなところにあれば、すぐにわかる人だった。

私はその父の影響を受けていた。眠れる獅子を起こさないように極力注意深くしているという、外側に表れていたことに加えて、私の内側にも表れているものがあった。母が言うには、私はよく自分の寝室にある小さなテーブルのところに座って、クレヨンを使って絵を描いていたという。私は絵を描くと、それを見て、クシャクシャにする。もう一枚描いては、またクシャクシャにする。母は私に聞いたそうだ。すてきな作品をどうしてそんなふうにしてしまうの？　と。すると私はわっと泣き出して、こう言ったという。「だって、かんぺきじゃないから」。

子供の頃の私は、泣いて過ごす時間が多かった。それは学校にいる昼間の時間ではなく、両親がそばにいる時でもなかった。私が一人きりの時、両親の部屋からテレビの音と、くぐもった二人の声が聞こえる時だった。私はカーペットの上でうつぶせになって泣いた。絶望しながら静かにすすり泣いた。心の中で、両親のどちらかが抱き上げて腕に抱いてくれることを切《せつ》に求めながら。私のことを愛している、すべては大丈夫、と言ってくれること、つまり、私は大丈夫なのだよ、と言ってくれることを求めて。でも、そうしてはもらえなかった。そういう夜は、自分がカーペットを通り抜けて、孤独と絶望という暗い穴の中に落ちていくような感じがした。

私の両親が別居したことは、ひと呼吸できたかのようだった。あまりにも長い間、沈黙の不幸の中で息を止めていたので、どんな変化も事態の好転でないわけがなかった。父はイースト・ヴィレッジにあるマンションに住むようになり、私は毎週水曜日か隔週の週末に父を訪ねていった。つまり、その時に私たちは初めて二人きりの時間を過ごすことになったということだ。それ以前に二人きりになることは一度たりともなかった。気まずいクオリティ・タイム（充実したひととき）を味わうことになったが、それは親が離婚した子供だけが本当に理解できるものだ。一緒にいることだけが目的であると、意味のあるものにするという圧力が潜むことになる。それまでは同じ家に一緒に住んでいても、お互いに特に注意を払うこともまったくないままだったのに、今はレストランのテーブル越しにお互いに顔をつきあわせて座り、そして会話をすることが求められる。現実には、私たち二人は他人同士だった。そこで、時間を充実させる方法を見つけた。ジン・ラミーというカードゲームをしたり、映画を観に行ったりした。父は料理をしない

---

41 イッツ・ア・スモールワールド——世界のディズニーパーク施設にあるアトラクションのテーマ曲。邦題は「小さな世界」または「子供の世界」。

人だったから、夕飯は市販の冷凍ディナーを解凍したものだった。これといった出来事もなく、かといってそれほど楽しいこともなく、一緒にいる時間を耐えた。私は母がいる家に帰りたくて仕方なかった。

成長するにつれて、私の子供時代の孤独は十代の独立心に変わっていった。外で多くの時間を過ごすようになり、友だちと出かけて、できるだけどちらの家でも過ごす時間を少なくした。私の心は固くなっていた。もちろん、両親のことは愛していた。自分の親だから。でも、親からの愛を経験していなかったのだ。頭（マインド）では愛していたけれど、胸の奥（ハート）で愛を感じることができないでいた。治安の悪い場所をあてもなくぶらついたり、ドラッグをやったりするうちに、私は何かを感じることをやめてしまっていた。

私が十四歳の時、父はサイマーに出会った。それを大げさに騒ぎ立てることが私には理解できなかった。父はアトランティスとかアセンションについて話し始めた。けれども、私が父の新たな考えをより深く詮索《せんさく》しようとすると、父はあわてて、私には理解できないと言うのだった。以前に私の感情を傷つけることを父が言ったということを持ち出すたびに、それは私が自分のマインドの中で作ったものだ、と父は答えた。それは父の問題ではなく、私の問題なのだと。

私が初めてサイマーに会ったのは、ソーホーにある薄暗い照明のロフトだった。そこでひしめきあう人たちは、静かなささやき声で話していた。男の人がやってきて、時間だ、と言った。私は狭い階段を案内されて、マーがベッドに横たわる部屋に通された。マーは微笑み、穏やかだが貫くようなまなざしで、私をじっと見た。マーと私は一分ほど話し、それから私は階段を下りるように促された。女性が駆け寄ってきて、どうだった？　と私に聞いた。「オーケー。とても良い感じの人に見えたわ」と私は言った。女性は見下すような視線を私に向けると、シヴァ・シャンボをチャンティング（詠唱）している中年女性のグループのところに向かっていった。

いったいぜんたい、私の父はどういうイカサマに関わっているんだろう？　サイマーはステキだったが、あの人たちは変わっていた。どうして誰もが、図書館にいるみたいにふるまうんだろう？　なぜあのネクタイをゆるめた男の人は、宙で両腕を激しく揺らし、目を閉じて歌を歌っているのだろう？　絶対に、私にはありえないことだ。父はマーに会うこととワークショップに参加することを続けていた。私はといえば、グラフィティ（街中の落書き）を描く人たちに会ったり、ＶＩＰの行くクラブへの出入りを続けていた。完璧な組み合わせだ。

ニューヨーク大学で二年生の時、私はアイルランドのダブリンに留学していた。父が会いに来たが、そこで初めて私は父の変わりように感銘を受けた。以前はマーの（そして今や自分のでもある）スピリチュアルな秘教的思想についてたくさん話していたのに、そういったことを父は口にしなかったのだ。父の中には深い静寂があった。以前より平和に見えた。

ある晩、私たち二人は、私の友だちと一緒にパブに繰り出した。友だちのスティーブと少し話してから、私は立ちあがってトイレに行った。戻ると、スティーブは父と深い会話に夢中になっていた。父はそこに座って静かに耳を傾けていたが、目には優しい視線があった。スティーブはひたすら話し続けて、信じられないほど個人的な話を父にしていた。それは私にとってどこか居心地の悪い状況ですらあった。やがて、スティーブはすすり泣きはじめた。すすり泣きは泣き声になったけれど、父はたじろがなかった。スティーブが心の痛みを乗り切れるように、そのための空間を設けてあげていた。話の終わりごろには、スティーブはそれまでより明るい表情になり、笑っていた。父は私のほうを見て、微笑んだ。

いったい何が起こっていたのか？　どうして大の大人が父に対して腹にあることをぶちまけたんだろう

か？　私はあんなふうにふるまうスティーブを一度も見たことがなかった。何かが間違いなく変わっていた。それを感じることができた。まるで、父は今までいつも話していた教えのすべてを飲み込んで、それを消化したかのようだった。そのエネルギーがいま父から出ていた。言葉はなにひとつ残されてはいなかった。そこにあったのは、ただ、静けさと輝きだけだ。

その新しいエネルギーが父の中に根を下ろすと、一緒にいることがずっと心地よくなってきた。宇宙についての変わった話を受け流さなければ、と感じる必要もなくなった。ただ一緒にいることができたのだ。前よりもずっと楽で、ずっと自然に。その頃、私はラム・ダスの“*Be Here Now*（邦訳：『ビー・ヒア・ナウ―心の扉をひらく本』）”を読んでいた。私は、外的な刺激を加えることなく、至福と拡大の世界を経験する、という可能性に興味を持っていた。こういった新たな意識の世界を掘り下げていくうちに、私は父と再びつながった。私が質問をすると、今度は父の答えは納得できるものだった。こういうことを父はずっと話していたのか！　私が本当に耳を傾けるようにと、父は話を途中で止めることもあった。父はずっと面白い人になっていた。人間の意識の世界を探求するという考えは魅力的なのに、私の友だちでそういう話をしている人は皆無だった。父は同じ道にいるだけでなく、私よりも一マイルくらい先をすでに行っていた。

父に惹かれ、いっそう近づくにつれて、私はサイマーのワークショップに参加し始めた。父はサイマーのコミュニティに深く関与し、人生の一部ともなっていたので、私としても一度は機会を設けてみなくては、と感じていたのだ。最初に受けたいくつかのワークショップは、怒りと愛のつむじ風のようだった。私は後ろのほうの席に足を組んで座り、着ている服は真っ黒だった。白い服を着た白い顔のたくさんの人たちが、イルカの鳴き声の音を聴きながら床に横たわったり、部族的なドラムが叩かれるまわりで、まるでこの世になにひとつ心配などないかのように踊ったりする中で、あからさまな態度で異議を唱えていたのだ。正直、すべてのことが恥ずかしかった。あの人たちには自尊心というものはないんだろうか？　頭に来た。あのまぬけにニヤニヤ笑う人たちの顔を見ると、黒板にある鋲《びょう》のように感じられた。あまりにもはらわたが煮えくり返り過ぎて、椅子から立ち上がって誰かの首を絞めないように自制心を総動員することが必要だったくらいだ。怒りはそれほど不愉快で、おさまりようがなかったので、部屋の中に居続けるということすら困難だった。

ある晩、グループは至福に満ちてチャンティングしていた。私は怒りのあまり、自分が爆発するのではないかと思った。マーが私をまっすぐに見て、近くに来るようにという仕草をした。私はゆっくりと立ち上がり、会場の前のほうに歩いていった。胸は高鳴り、マーが話しかけているのが自分なのかどうか、あやふやなままだ。マーのところに行くと、私はひざまずき、頭をマーの膝に乗せた。マーは私の顔にかかっていた髪の毛をかきあげると、優しく私のほほをなではじめた。その動きはあまりにもシンプルで、とても愛情があったので、私の身体は完全にゆるまった。私は戦うのをやめた。あまりにも長い間戦い続けていたのだ。私のすべてが柔らかくなり、私は手放した。涙がほほをつたっていった。涙が流れると、怒りが流された。そして怒りが流されて空っぽとなっていた空間が、大きな愛で満たされていった。それは過去に経験したことが一度もないような愛だった。あまりにも大きくて、あまりにも純粋で、他には何も存在するものはなかった。パッと目を開けると、私は大勢の人たちを見た。その人たちは目に涙を浮かべて私を見つめ、彼らの目にも愛が溢れていた。その人たちは私のことを知らないけれども、私を無条件に愛してくれている、ということを実感した。私はその人たちを愛せなかったのに、私は愛されていた。私が自分を愛する以上に、私を愛してくれていたのだ。

その時以来、私はワークショップに参加を続け、サイマーとともに旅をしている。八年の間に、私の人生は完全に変容していった。自己破壊の道にいたところから、解放への道を歩むことになった。今、私の人生は奇跡と友情と、いきいきと生きているという深い体験に満ち溢れている。私の中心には光の柱があって、それは揺るぎのないものだ。どんな境遇に自分がいる時であっても。

ご想像されていたことと思うが、こういった私の旅路は父との関係も変容させてくれた。もっと若い時、私たち二人は世界を、恐れと分離でもやもやしているところから見ていた。自分の視界を曇らす、あまりにたくさんのパターンや反応があったために、二人ともお互いを見ることができていなかった。そういったパターンや反応が「真実」であるかのように、その思考と一体化していたことで、二人を引き裂いていたのだ。この宇宙の生命の流れから切り離され、お互いを切り離していた。

現在の状況は一変している。サイマーの天恵《グレース》とともに、父と私はお互いに自分の中の「ガラクタ」をきれいにする作業をしてきたし、それを続けている。二人とも、泣いたり、喧嘩したり、抱き合って仲直りをしたりを繰り返してきたけれども、報われた。ガラクタが消えると、幻想のもやもも消滅して、今は父の目を見る時に見えるのは、海のような愛だ。かつてどこかの人生で一緒にいたのだということは疑いの余地もなく、私にはわかる。今も一緒にいる。いつでも、ともにいるのだ。そうやって深く想起することが私のハートを開き、そこに大海が押し寄せる。それは私のあらゆるところに流れて、自己批判の岩や自分には価値がないという思い、傲慢《ごうまん》さ、恥じる気持ち、怒りなどでできた巨石をことごとくたたきつぶしている。その大海は流れ続け、浸食し、隠れた隙間のすべてを満たし、光が当てられたことがない暗い奥まった場所も満たしていく。大海は、ギザギザの角がなめらかになって、巨石が岩になって、岩が小石になり、小石が砂になるまで、流れていく。そうして最後に残るのは、大海なのだ。

第12章

すべては巡りくる

まずは本章と、次の二章についての注記です。これまでの章とは違っています。私の体験談から始まり、その経験から学んだことが続くのではなく、特定の学びについて焦点を当てた章となっています。ですから、これからの三章で学んだことのセクションは、最初のうちにすでに書いたことの短い要約となるでしょう。

覚えていらっしゃるでしょうか。本書の最初のほうで、私は時間とは幻想であること、前に進み、常に今ここにいることについて書きました。本章でこの点に戻りましょう。私の経験では、いわゆる過去から現在に戻ってくるものが多々あります。すべてのことが美しいリボンを結んだひとつのパッケージのように見えるのです。人々はともに戻ってきます。以前に学んだ教えや技能は新たな状況で再び応用されます。同じ場所や機会が新たな方法で再現されます。「偶然というものはない」「すべてのことに意味がある」という格言は、時間の面にも当てはまります。それは今世とそのほかに生きた時代も含めた過去の私たち、そして現在の私たちと関わりを持っています。過去と現在がこのように混じり合うこと、時間の見方が転換することは、特に導師とともにある時に起こるものです。

フランスにまつわるつながりから始めてみましょう。私は十一歳の時からフランス語を学びはじめました。フランス語は大好きで、私には自然に感じられて、簡単に思えました。高校・大学を通じて十年あまりフランス語を学び続け、フランス語と心理学の二つを複数専攻し、フランスにも住んでいました。それからマーに出会い、なんと通訳を手伝うことでフランス語を使う機会が訪れたのです。フランスに旅をして、フランスでのマーのコミュニティと話をしました。フランス語圏であるケベック州のコミュニティとも関わるようになり、ケベック州で教えたり、現地の理事会で働くこともしました。パリに旅をして、そこでも教えましたが、ベッキーと一緒に教えたことも一度あります。パリに設立されている国際理事会でも働きました。ごく最近のことですが、マー、ベッキー、そのほかの人たちとともに過ごしたモーリシャスでは、フランス語で話をしました。

（余談ですが、時間という事柄に関連することです。何年も前に霊能者に言われたことを思い出しました。何世紀も昔に、私はブドウ園で働くフランス人僧侶だったと。私は人生を楽しみ、音楽を奏《かな》で、子供たちと歌を歌っていたということです。それが本当でないとしても、その話は気に入っています）

時間は循環していて直線的ではない、と多くの人が言います。それにピッタリの例である、ランドマークとの縁を述べましょう。私は一九九三年にランドマーク・エデュケーションのセミナーを受けていました。数年前、マーのワークショップのひとつでダグ・ハノーバーに会いました。ダグとは誰でしょうか？

彼は二十年以上も前に私が受けたランドマークのセミナーを指導していた人でした！　今私は、ダグと彼の妻であるルシンダと、とても親しくしています。ルシンダはランドマークのコミュニティに深く関わり、マーの組織内でも何年間もさまざまなリーダーとしての役割を果たしてきました（ちなみに現在ルシンダはマーの後継者の一人です）。彼らは生まれた時から知っている家族のように感じられる人たちです。私たちは、対話や交流の際に重要視する視点やアプローチが共通しています（例えば、事実と解釈の違いを認識することや、全身全霊で相手の話を聴くこと、明確な同意をすることなどです）。彼らとは完全に心地よい関係で、会ってすぐにお互いにくつろげる間柄となりました。

まだあります。アシュラムの人々は、ムクタナンダというコミュニティのリーダーの一人にリーダーシップ研修を受けてきましたが、ムクタナンダはフェルナンド・フローレス[42]にトレーニングされた人で、フローレスの教えと卓越したところは、ランドマークのトレーニングと私がニューフィールドで受けていたコーチングのトレーニングと関わりの深いものです。ランドマークとのつながりを通して、私は二年前にロッテルダムで行なわれた、ワーナー・エアハード[43]によるリーダーシップ・プログラムに参加することができました。このプログラムは、言葉を通じてリーダーとなる方法、他のリーダーを啓発してゆく方法について取り組むものでした。こうした教えもコミュニティの中で共有する機会もあり、ケベックではフランス語でリーダーシップ・ツアーも行なっています。

ランドマークつながりは、それだけではありません。その昔、私がランドマークに誘ったことをベッキーが断ったのを覚えていますか？　ベッキーはプログラムを一年間受けたと書きました。今やリーダー入門プログラムにいます。ベッキーと私は、もうひとつの共通語を使って、互いに話をしているわけですが、そのおかげで私たちの関係は新たなレベルにあります。

ランドマークについて、最後の例をあげます。それはとてもハートに触れることで、すべては巡りくることを表しています。離婚した頃、レスリーはランドマークについて、まったく好ましく思っていませんでした。ベッキーが十三歳の時、私は子供向けプログラムに招待しましたが、レスリーはベッキーが参加することをやめさせました。最近になってベッキーは、当時ランドマークに関わることをしなかったために、ベッキーの人生でどんなに大きな位置を占めるものを逃したか、レスリーに話しました。するとレスリーは、ランドマークのフォーラムに参加することを決め、それに続いて上級コースを取ったのです。

私がたまたまマンハッタンで教えていた時に、レスリーが受けていた上級コースの卒業式に招待されました。ベッキーも同時にニューヨークに飛行機で駆けつけました。私たちは一緒に座っていましたが、ランドマークのリーダーが招待者に対して、誰から招待されか、なぜここに来ているかを卒業生の皆さんに教えてあげて欲しい、と持ちかけました。私たち三人は顔を見合わせて、微笑み、笑い、そして泣きました。互いの目をしっかりと見つめて、どんなにお互いに愛し合っているか、人生の現時点で一緒にいられることをどんなに感謝しているか、話しました。かつての自分たちの姿を思い出し、自分とお互いの変容を感じたのです。ベッキーが言うには、この時に初めて、レスリーと私との間に本物の愛を感じたそうです。かつて妨げとなっていたすべてのものから自由になっていた、と。私たちの間にとどまることなく愛が流れ、恍惚感を感じました。ランドマークでは力強く人生を生きること、愛する人生を送ることを語ります。レスリー、ベッキー、そして私は、その道をまっすぐに進んでいます。

時間についての現象のもう一つの例ですが、以前に学んだものを生かす機会が今あるということです。思い出してください。私はコンサルティングの仕事を捨てて、僧侶になりました。マーの組織と教えの中で、自分の能力を使い、コンサルティングやランドマーク、ニューフィールドで学んだことを伝えるたくさんのチャンスが現れました。戦略的な計画の立案、組織の設計、リーダーシップとチームの開発、そしてコーチングにもますます取り組みました。

また、時間と場所、文化の間にもつながりがあります。モーリシャスが再び私の人生に現れました。三十年前に行ったことがある地ですが、最近また、そこに戻りました。そしてこれからも、そこで人道的セヴァを行なうことを続ける可能性がとても高くなりそうです。モーリシャスでも私のフランス語が役に立ちます。日本も再び現れています。日本でのコミュニティが大きくなってきています。この本も日本語に

---

42 フェルナンド・フローレス——チリの政治家、哲学者。アメリカではコンピュータサイエンスの研究者として著名であり、経営工学研究および複数の会社設立・経営も行った。

43 ワーナー・エアハード——アメリカの作家、思想家、講演家。既存の世界観や枠組みにとらわれずに、根底から新しい世界観を創造する「トランスフォーメーション」の概念をアメリカ社会に紹介。その概念と思想は経営コンサルティングや非営利団体の活動などに活用されている。

翻訳されていますので、私はもっと頻繁に日本に行くことになるでしょう。先述のヘイ・グループで長い年月働いていた頃に、日本人の方々と働いたことで得た知識を生かしてゆく機会になります。フランスに旅をし、パリでは一九七〇年にレスリーと住んでいた建物の近くを歩くこともありました。ベッキーと一緒にコークに旅行したことがありましたが、何年も経ってからアイルランドのコミュニティにコークで教えるために戻りました。さらに、大昔に訪れたベルギーにはたびたび出張し、ノルウェーにも最近行きましたが、そこは四〇年以上前に行った国でもあります。

自己表現するチャンスとして、再び新たな形で現れた事実は、この本を執筆しているということです。私は物を書くのが大好きでした。中学と高校の時には、短編や詩を書いていました。当時は創造性《クリエイティビティ》の高まりを感じていたのです。マーは自分とともに経験したことについて書いてくれないかと、長年人々に頼んできました。私もそうしようかという思いが浮かんだこともありましたが、しっくり来ませんでした。そしてある日、とうとう書きたいという強い思いに駆り立てられたのです。本を執筆することを決意し、こうして実際に書きながら、若かった時に、書くこと、物語を語ることが大好きだった自分を思い出しています。当時と同じように、完全に自己表現するという拡張してゆく感情をいだき、こういった言葉を記してゆくことの自由さと、淀みない流れを感じます。私はそうあるべき私になっているのです。自分にとっての真実を表現し、私の中にあったことを読者のみなさん全員に伝えています。あなたもそれを活用していただけるかもしれません。このように私は、自己表現を通じて、自分自身に戻ってきています。これは、私たち全員に当てはまることなのです。

この章の締めくくりに、巡《めぐ》りめぐってくるということと、過去と現在の癒しの関わりについて、心打つ例をあげます。それはまた、ベッキーとレスリーと私についてです。ベッキーがレスリーに、ランドマークを経験しないことで人生の大半を逃したと話したことは覚えていますか？　ベッキーは、サイマーを経験しないことについても同じことが言える、と話していました。レスリーはシカゴで開催されたマーの三日におよぶプログラム「人生にYES！」に参加することを決めました。

思い描いてみてください。ベッキーが初めての参加者のためのオリエンテーションを行ない、母と子の関係についての核心に触れます。レスリーが手をあげて、グループの前に立ち、自分とベッキーとの間に起きたことについて意見を伝えます。サイマーのイベントで、自分との関係について話す母親を見ながら、そこに立つベッキーを想像してみてください。そして、そのあと、プログラムの間、会場で七百人の参加者たち全員が「キリエ・エレイソン（主よ、憐み給え）をチャンティングする他の若者たちとともに歌い、ベッキーがステージでマーの隣に座っています。マーはレスリーを呼び、花を一輪渡します。ベッキーは真心をこめてチャンティングし、両手を広げながら、その様子を見守っていましたが、そこで起きたばかりのことの意義深さを理解すると、泣きはじめ、やがてすすり泣き、胸をふるわせます。レスリーはベッキーのところまで歩いていき、二人は抱き合い、全員が見守る中、お互いの腕の中で泣きます。私は二人に歩みより、三人でお互いを抱きしめ、泣き、ひとつになりました。私たちは大きな解放感、深い癒し、新たな自由を感じていました。私たちは変容したのです。

チャンティングが続く中、会場にいた人の多くが泣いていました。多くの人がそれぞれの関係を癒されていました。チャンティングを続けながら、マーは親や子供たち全員が会場の前に来て、お互いに抱きしめ合うように、と言いました。その瞬間に表現されるべきことを表現するようにと。その場は母親たち、父親たち、息子たち、娘たちで溢れ、抱きしめ合い、チャンティングしました。涙が流され、ハートが開かれ、何百人もの人の間で、愛が自由に表現されていました。マーは全員を見つめ、そのまなざし、微笑み、そして母なる天恵《グレース》と聖なる愛で全員を見つめ、抱きしめるかのように包みこんでいました。

過去と現在が一緒になってゆくこういった例を見ても、その背後には理由があるにちがいありません。「この世で演じられる、神の計画か何かがあるのですか?」と聞く人もいるかもしれません。それは、神の聖なる計画と人間の自由意志による劇なのです。それは、ある時に選択したことすべてを内在する、神聖な秩序でもあります。その選択は、他の時に選択することや出来事に影響を与えるものです。私は今この言葉を書きながら、相互関係がある経験の数々が持つ、入り組んだ美しさによる広がりを感じています。人々、選択、出来事、変容といったものすべてが相互につながりあっている、エネルギーのグリッド(供給網)を思い描いています。

私たちは一瞬一瞬の自分自身、経歴、視点、参考とする枠組みなどをもとにして、経験し学びます。新たな経験を取り入れて、その新たな見方を使って、知っている人や愛する人に対して日々の生活の中で行動します。そうやって、実行し、経験し、学び、活用し、変容してゆくのです。モーリシャスの人々とフランス語で話し、ランドマークの特質を用いながらベッキーと会話し、時間枠との合意を形成するようアシュラムの人々にコーチングをする「今の私」は、フランス語を学んだり、ブリタニーに住んでいたり、ランドマークの上級コースを受けながら自分自身の可能性を創造していたり、コーチとして開業し始めていた、「昔の私」と大きく違うのです。

そう、すべては巡りくるのです。しかしながら、そうなる時、私たちはもはやかつてと同じ人間ではありません。人間関係も同じではなくなっています。世界に対する見方や私たち自身が、著しく変化しています。じっくりと考える時間をとれば、すべてをひとつにまとめて、そのつながりや相互の関連性、私たちの人生が体験と変容のパッケージなのだ、ということにも気づくようになります。こういった気づきを

2011年5月。ベッキー、レスリー、スワミジ。シカゴのプログラムにて
Becky, Leslie, and Swamiji at Chicago program, May 2011

通して、私たちはもっと素晴らしい明晰さを持つようになります。よりいっそうパワフルな選択をするようになり、いっそう効果的な行動をとることができるようになるのです。

フランス語、ランドマーク、モーリシャスとのつながりが再び現れたことを、例としてあげましたが、私たちは、巡りくるものを有効に活用しています。なぜなら、そこには理由があり、内在する秩序があると知っているからです。ここで私が言っているのは、経験から学んだかどうか、エゴとパーソナリティにまだ影響されていないかどうか、それを見るために与えられるテストとして、再び人や状況が現れるのだ、ということではありません。私が言っている巡りくるものとはむしろ、他の人や自分に役立つと心の底で知っている、あるいは感じているものです。追究すると、なにかしら、ためになると感じるもののことです。

最後に、少し概念的で、いくぶん難解な点を述べたいと思います。とりあえず、おつきあいください。新たなエネルギーが到来し、地球の波動が増すにつれて、時間も含めて多くのことが加速しています。過去と現在が合流してゆくということ、柤互に関連してゆくということ、人々や状況、機会があらためて現れてくるという現象は、さらに速まってくるでしょう。経験して、気づくのに十六年かかる、ということはなくなります。新たな気づきの中から選択をすることで、すべてはさらにスピードが上がります。これこそ、拡大した意識であり、私たちの進化と地球の進化に役立つ、より高い波動なのです。マーは言っています。一日は二十四時間の代わりに、十三時間になってきていると。それは、すべてが加速していることによるもので、フォトンベルトを通った地球の動き、地球の軸・回転・磁場の転換によるものなのだと。究極的には、過去も現在も、私たちの意識とともに、ひとつに融合します。ようやく、私たちはひとつになって、アトマ、セルフ、大いなる存在として、ふるさとに戻るのです。

私が経験から学んだこと

◆過去と現在は人生において、同じ人々、教え、機会が再び出現することで、融合します。

◆すべてのことに理由があり、内在する秩序があります。

◆人生で巡りくることに対して、私たちは昔と違った見方をし、過去にしていたやり方とは違う形で反応します。この違いは、その間に学び経験したことを基盤にしています。

◆人生で再び現れて、他者や自分に役立つと感じられるものは、有効活用すべきです。なぜなら宇宙が私たちに何かを教えてくれているからです。

◆しばしば、私たちが持つ能力や自分自身をより完全に表現するために、チャンスは再び現れます。

◆人生で繰り返し現れる、相互の関係性に気づくと、私たちが決断し行動する際に、ますます冴えて、さらにパワフルになることができます。

第13章

実践を続けなければ錆《さ》びてゆく

スピリチュアルな道とは、まさに道、旅路です。とはいえ、私たちは実際にどこかに行くわけではなく、ここからそこへ旅をするということでもありません。ただ自分自身の奥深くに行き、すでに自分の中に存在しているものを理解し、実現するのです。自分自身の中にある道に沿って、実現に向かうように私たちを動かすのは、日々のスピリチュアルな実践である、サダナです。私たちが活用することができる実践について、ここでご説明していきます。私はあなたが、途中にある落とし穴やでこぼこしたところを抜け出せるようにします。自己実現に近づくにつれて降りかかってくる、雪崩《なだれ》や地震に光をあてた、比喩や例《たと》えもいくつか使っていきます。

こうした実践はスピリチュアルなものだと言いましたが、それはスピリット（神霊）に導いてくれるものだからです。あなた自身の内にあるスピリットを自覚し、それそのものとしてこの世で生きてゆくことを可能にしてくれます。「サダナ」というサンスクリット語には、達成すること、充実させること、実現の方法、という意味があります。サダナを実践として選ぶ時、複雑にしないことです。困難なものやたいへんなワークとして経験することにないのです。サダナは、あなたの役に立つと感じられることと共鳴させてくれるもの、平和と喜びをもたらしてくれるものです。重要なポイントは、サダナは人生における規律を表すということです。サダナを通して、あなたは内側に入ってゆくこと、浄化と変容を行ない、あなたに役立たないものに打ち克つように鍛錬されるのです。

私が長年行ってきたサダナの中身と流れに入る前に、あなたが自分のサダナについて考えることができるような枠組みをお伝えしたいと思います。ただしそれは、骨組みをつくるということではなく、簡単でわかりやすいものです。それは次にあげる三つの相互に関連しあう要素から成り立っています。

（1）バクティまたは献身　（2）一般的な実践法　（3）内と外の世界の統制

バクティ。私の考えでは、この献身の状態はすべてのスピリチュアルな実践に浸透し、基礎となるものです。通常の実践を実行しながら真に鍛錬ができている時、あなたは自分のセルフに、サダナを通して自己実現をすることに、自分自身を捧げています。内と外の世界の統制における鍛錬ができている場合も、あなたは自分自身をセルフに捧げています。どちらの場合でも、人生において悟りを開いたマスターを導師として仰ぐことを選んだ場合は、あなたは自分自身をその導師に捧げているのです。

セルフと一体化するためには、さまざまな種類のヨガや方法があります。「ヨガ」という言葉はサンスクリット語で、溶融・融合あるいはひとつにまとめるという意味です。主要な流派としてバクティヨガがありますが、これは、献身を通じた融合という意味となります。さらに、行動を通じて行なうカルマヨガもあり、これにはセヴァも含まれます。ニャーナヨガは知識を通じて行ないます。ラージャヨガは瞑想（ディヤーナ）を通じて行ない、マインドと感情のバランスを図ります。ハタヨガは身体を使ってエネルギーの浄化を行ないますが、アサナ（身体の位置。ポーズ）と呼吸の技術を含みます。

私はバクターです。その意味は、私の自己実現の主たる道が献身によるものだということです。このことは、マーに出会ってその瞬間に、完全に献身している感覚を覚えた時、その言葉は知らずとも、はっきりと私にはわかりました。この道が一番の早道だとマーは言います。付け加えるとしたら、それは私に人生の試練をいくつも与えてくれました。私たちはそれを「好機」と呼びます。なぜならば、そのたびに私はいつもマーのもとに戻ってくるのですから。母なる存在のハートに戻っているのです。私はマーを通じて、マーへの献身によって、再び愛する存在に戻り、愛される存在に戻り、愛そのものに戻っています。こうした献身により、導師《グル》は私たちを闇から光へと連れていってくれるのです（「グ」は闇、「ル」は光を意味します）。

たとえあなたが、その言葉の厳密な意味において、本当にはバクターではないとしても、あなたの本質（霊的実体または実在）に自分自身を捧げることはできます。人生で捧げていることを実現できる実践を行ない続けることでも、献身を表現してゆくことも可能です。バクティ、サダナへの献身とは、セルフまたは導師に、何事を行なうにしても自分自身を捧げるという意味です。それは、ゆだねるという意味でもあります。エゴとパーソナリティ、欲望と執着を、自分の中の純粋で神聖な愛にゆだねるのです。

一般的な実践法。まずは、呼吸です。意識して、完全な注意を払い、十分な認識とともに、鼻から自然に無理なく呼吸します。循環的な呼吸法というものもあります。これは息を吸って吐く間に、止まることなく呼吸をするものです。鼻からのウジャイ呼吸というものもあります。この呼吸では、喉の奥のほうを少し閉じて、海の波のように、大きくはっきりとした呼吸を行ないます。ヨガのスリーパート（三部）呼吸というものもあります。これは骨盤、腹部、心臓に集中するものです。

瞑想に移る上で大きな助けとなる、一般的な呼吸法の練習としては、プラナーヤマ（Pranayama）と呼ばれる別なタイプの呼吸のコントロール法もあります。これは身体に生き生きとした生命力をもたらします。このような呼吸法のいろいろについて、さらに学ぶことができますが、ここで述べたものやそのほかの通常の実践については、私のウェブサイト（www.InthePathofLight.com）の"Articles"での記事（Serving by Caring for Our Health 自分の健康をケアして奉仕する）にアクセスして参照していただくこともできます。

一般的な瞑想というのは、座って心の内側に集中する時間を取り、マインドを鎮《しず》めて、今この瞬間に向き合うことです。この瞑想は自然な呼吸に集中することで簡単にでき、呼吸のたびに身体のあちこちをリラックスさせ、感覚・エゴ・パーソナリティを統制し、ただ在るという自然の状態に移行します。静けさをもたらすポイントとして、眉間《みけん》にある、第三の目もしくはアジナ・チャクラに意識を集中させるのもよいでしょう。また、ハートに意識を集中させて、そこにある愛と自由を、呼吸とともに拡大させてゆく方法もあります。

その他にも、さまざまな誘導瞑想を実践することも可能です。誘導瞑想では、特定のテクニックを用いて、一連の手順や内面でのアクションの組み合わせに従って、異なるレベルでの集中や視覚化などを行ないます。こういった瞑想では、七つのチャクラ、つまりはエネルギーのヴォルテックス（渦《うず》）に働きかけてゆくことも含まれます。すなわち、コズミック・ヴァイオレット・コンスーミング・フレーム（紫の燃焼の炎）[44]を活用したり、あるいは、マーが私たちにもたらしてくれたブレイン・イルミネーション瞑想[45]を行ないます。また、スティルネス・メディテーション（静寂瞑想）、ユニファイド・チャクラ・メディテーション（統合チャクラ瞑想）などがあります。

その他の一般的な実践としては、私がよく使うものの一つですが、ジャパ、すなわち、百八個の数珠《じゅず》のネックレス（マーラ）を使って、聖なるマントラを唱えることがあります。マントラは神聖な音節であり、黙ったままで唱える、もしくは声に出す音です。これにより、神の名前と神聖な存在のエネルギーを呼び出すのです。マントラには、生きる力、プラーナが吹き込まれています。プラーナは私たちを浄化

---

44 コズミック・ヴァイオレット・コンスーミング・フレーム（紫の燃焼の炎／紫の炎）――アセンデッド・マスターであるサンジェルマンによって人類にもたらされた、すべてを浄化する炎。

45 ブレイン・イルミネーション――脳をはじめとする肉体の組織を光で満たす瞑想法

し、意識を広げ、偉大なる真の自己であるセルフと融合する状態に、私たちを導いてくれます。

マーはジャパ・バクティについて教えています。それはジャパを行なうことへの献身であり、ジャパを行なう間、マントラに対して自分自身を捧げるという意味です。マントラを完全な愛とともに繰り返す時、私たちの変容を助ける神のエネルギーを活性化することになります。マーの説明によると、マントラはネガティブな思考形態を変容させ、サムスカーラ（不純なもの）を溶かすことで、マインドを浄化する力があります。導師が教え子にマントラを与える時には、そのマントラにシャクティを付け加えます。そして教え子は頻繁《ひんぱん》にそのマントラを唱えますが、他の人にそのマントラを伝えることはしません。

その他の実践には、チャンティング（詠唱）があります。これは神の名前を一人でもしくはグループで歌い、選んだチャントが何であれ、自分自身を完全に捧げるものです。チャンティングして自分を与えている時に、考えることはできません。それはマントラを唱えている時と同様です。その時、神あるいは形ないものの一つの形を、自分自身の中で活性化しているのです。動いて踊るということは、身体を通じて、呼吸をし、ストレッチをし、物理的に自己表現する機会を与えてくれます。音楽の波動を感じ、その波動を肉体からサトル・ボディ（精妙な身体）と、さらに先まで動かしてゆく機会にもなります。動きと運動というのはヨガ（ハタヨガ）と太極拳で組み合わされていますが、呼吸・身体のあちこちの部分・エネルギーのヴォルテックスと経絡（エネルギーの流れ道）に働きかけます。そうして意識を解放し、浄化し、拡大するのです。その他にも運動の方法がありますが、これらは私のサイトの投稿記事 diet, nutrition, rest, and relaxation（食事療法・栄養学・休息・リラクゼーション）にも掲載しています。

もう一つのキーとなる実践はセヴァ、すなわち無私の奉仕です。これは私のサダナの中でも、アシュラムの人々にとっても、私たちのコミュニティにいる多くの人にとっても、たいへん重要な部分となっています。セヴァはあなた自身のサダナの中心ともなりえます。人道的な仕事をすることも可能でしょう。しかし、セヴァはお返しに何かを受け取ることはなく、ひとつの行動に対して自分自身を完全に無私に捧げるということです。セヴァは一人でも、誰かと一緒でも、グループでもできます。愛する人たち、隣人、同僚、コミュニティのメンバーに対して、何も期待せずに、感謝の言葉もほめ言葉も期待することなく、奉仕することができるのです。セヴァは、ただ誰かに奉仕したいという願いのみからやってくるもののことを言います。コミュニティではプロジェクトにボランティアとして自発的に参加したり、ともに何かを創ってゆくことに参加することを意味します。アシュラムのようなコミュニティに住んでいるのであれば、料理・掃除・庭の手入れ・施設管理・事務仕事・プログラムの計画と実施、運営などによって行なうことができます。

内と外の世界の統制

この実践は、人生を通して継続するものです。この世に住む私たちは、知覚し、感知し、経験し、考え、感じることをベースにして行動します。スピリチュアルな道を歩み始めると、内側に向かいます。鍛錬し、実践し、献身すると、私たちはさらに自分自身についても、自分の中の神聖なるものについても、気づきを深めてゆくようになります。この新たな気づきを、この世での生き方に持ち込むのです。私たちの体験は様変わりし、違う行動を取るようになります。サダナを通じて進化するのです。たった一つだけ問題があります。それはスピリチュアルな規律と進化から脱線することもありえるということです。より凝縮したエネルギーである、私たちの中にある人間意識のために、道の中を進み始める、道を生き始めることすらないかもしれません。これがエゴと呼ばれるものです。この地球で人間として肉体を持って以来、私たちは皆このエゴとともに生きているのです。

また新たな旅をしましょう。今回はエゴを見ていきます。天地創造の一つの解釈として、すべては純粋な空間、シヴ、ありてある、という状態から始まったというのがあります。この空間は旋回してそれ自体回転しはじめ、一番最初の素粒子と始源の、宇宙的意識状態を作りました。進化は続き、エーテル、そして空気、それからすべての元素が作られました。それとともに、意識が元となった最初の素粒子から分離しました。それから感覚が発達し、分離の意識、すなわちエゴが生まれたのです。エゴは分離という考えを通して存在し、生き残ります。エゴは、私たちが人間であることで、始源的な素粒子からも、宇宙的意識からも、純粋な空間の最初の状態からも、ワンネスからも分離しているのだ、という思考形式・信念体系を作りだします。

こういった解釈をお伝えしているのは、あなたにエゴの視点を、つまり、私たちがセルフから分離していて、それゆえにお互いに分かれていると考え、感じるように仕向ける、エゴのサバイバル・モードを理解していただくためです。では、サダナのことに戻りましょう。サダナを通じて人生は、内なる世界から外の世界へ、外の世界から内なる世界への、行ったり来たりになります。実践をします。内側に入ります。献身します。しかしながら、私たちが外側の世界にいて、生活して経験している時は、私たちの思考形式とそれにともなう感情は、エゴと、私たちは分離しているという考えに影響されます。分離していると考える時、人は恐れをいだきます。分離と恐れは同義語なのです。そのため、エゴから逃れられなくなって、エゴを征服できなくなればなるほど、私たちは、セルフ、つまり本来の状態である愛ではなく、恐れに支配されてしまうのです。

カルマに関係するエゴについて、もうひとつの教えがあります。カルマは結果としての反応をともなう行動にすぎません。私たちの思考形式、感情、言葉、行動がエゴと恐れをベースにしている時、私たちはそれをネガティブなカルマと呼びます。なぜなら、私たちはポジティブとネガティブという二元的な世界で機能しているからです。こうして作られたものは、エネルギーの波を地球中とその先にまで広げていきます。ポジティブなカルマが作られる場合も同じです。それらは増大されて戻ってくるのです。エゴをベースにしたエネルギーの場合、これらの波は、何世紀にもわたって私たちが選択と自身のパターンによって力を与えてきてしまったエンティティ（地球に縛りつけられている霊体など、重く固まりきった闇のエネルギー）の入った袋と融合します。そうなるとそれはさらに強大になり、私たちにより大きな悪影響を与えるようになります。こういったエネルギーに力を与えずに、意識を転換してセルフと足並みを揃えれば、それは光の中に消えてゆくのです。この新たな意識の方向によって、私たちはポジティブなカルマを創りだします。

確かに、私たちは実践して献身することができて、それは自分たちの進化に役立ちます。しかしながら、内なる世界と外の世界の間を行き来する私たちは、自分の思考と感情を転換させて変容させ、自己統制を発達させる必要があります。まずは自分の思考と感情を認め、受け入れなければなりません。そうすると、それが恐れから来ているのか愛から来ているのかを見極めることができるのです。次に、もしそれが恐れやエゴをベースにしているものであれば、実践を通して変容させます。さらに、自分をそれと同一視せずに、目にするだけで、そういった恐れやエゴに征服されない傍観者となることもできるのです。私たちはエゴとの間に、それまでとは違った上手な関係を作ることができます。ある思考や行動がエゴから来ていると気づくことができるようになります。なぜなら、縮こまってゆくような感覚を覚えるからです。また、次のように自問自答することもできます。「私の導師なら、こんな風に考えて、こんなことをするだろうか？」

私たちが傍観者となると、自分の注意が向く方向を変えて、ハートに帰り、呼吸と献身を通じてセルフと一直線につながるということを選択できます。そうした選択によって、私たちはセルフに対してさらに深く本気で取り組むほうに動き、それは恐れではなく愛を基盤とした決断や行動という形で反映されるのです。私たちは、思考・感情・言葉・行動を、愛と思いやりがある、平和で、調和のとれた、喜び溢れるものになるように意識を集中するのです。そのように集中すればするほど、私たちは人生の中でセルフをさらに実現するようになります。この内と外の世界での実践についての記述は、マーが「自己統制（気づき―選択―決断―集中―実現）」について教える時の説明です。この自己統制については、自己実現に近づくにつれて、道の中に現れる岩の多い地帯で取り組むこととして、本章の後のほうでもまた記します。

長年行なってきた私自身のサダナ。マーに出会ったばかりの頃は、私のサダナはそれまでに学んでいた、羽毛《うもう》が雲の上へと降り立つ様子をイメージする瞑想の実践と、呼吸法、そしてマインドを静めるというものでした。マーとともにあった最初の何年かは、いくつかの誘導瞑想を習い、行なっていましたが、それらは母なる地球の核とハートとをつなげること、ハイヤーセルフ（高次の自己）／スプリームセルフ（至高の自己）／プレゼンス（偉大なる存在）／ＩＡＭ（アイアム存在）――これらはすべてほぼ同じものだと考えていただいて結構です――とつながること、アンタカラーナと呼ばれる光の筒を通して頭頂から身体に光をもたらす、ということに関連した瞑想でした。マーがブレイン・イルミネーション瞑想を取り入れると、私はそれを長期間実践しましたが、それは偉大なる存在から脳に光を入れ、そこから身体全体に、細胞とＤＮＡへ、そしてチャクラとサトル・ボディへ、そこから地球へと、光を動かすものでした。

私はその他の誘導瞑想も学び、実践しました。先述したヴァイオレット・コンスーミング・フレーム（紫の燃焼の炎）を使ったものもそうですし、分泌腺と身体全体に若返りホルモンを活性化させる瞑想も行ないました。さまざまなアセンデッド・マスターや光の存在たちとワークしながら、臓器の波動を高めて惑星や星からの光を身体の中に取り入れる方法も学びました。ここ数年は、アシュラムで、さまざまなワークショップで、そしていろいろな国々でのサットサンで、瞑想を誘導してきました。長年、ディクシャ（高次の光の伝授）を提供したり受け取ったりするという恩恵にあずかっています。マーから私たちへの贈り物であるこのエネルギーを使った実践法は、アナンダ・ジョティル・ディクシャから、ピュア・ライト・ブレシングス、そして現在のサイマー・ディクシャへと進化してきました。

マントラとジャパについても、マーに初めて会った時に学びました。時とともに、たくさんのマントラを知り、マントラの本を作りました。私は活性化したいと願うエネルギーによって、あるいは自分がそこに在《あ》る時のエネルギーによって、マントラを変えます。さまざまな神々、その時の自分自身のありよう、それらに応じて唱える、お気にいりのマントラがあります。しばらくの間、特にプッタパルティを訪ねる時には、ババのお気に入りだったガーヤトリー・マントラを何時間も唱えていました。そのマントラはモクシャ（悟り）に焦点を当てたものです。このマントラは、すべてのマントラ、すべての神々・女神たちが、ガーヤトリー・マタという「母」、つまりヴェーダの保護者かつ母である姿で具現化していると書かれています。ジャパを行なう時、私は多くの場合、ガネーシャ・マントラ／ガナパティ・マントラで始めます。ガネーシャはすべての障害物を取り除き、自由への入り口を創ってくれる神です。その昔、ババのアシュラムにいた時に、マーは私が唱える特別なマントラを与えてくれました。伝授の時にマハラジからもマントラを与えられました。その瞬間によって、別なマントラが浮かんできます。今はそれを唱える時なのだとわかります。

チャンティングとダンスについては、年を追うにつれて、どれほど私の堅苦しさがとれてきたか、多くの人が証言するでしょう。私はマーやコミュニティとともに、プログラムやサットサンでチャンティングする時、自由で楽しく喜びに溢れた状態になります。多くの場合、チャンティングの後に、私は深い瞑想状態に移行しました。ダンスについてはビデオでご覧いただけます。私の身体は揺れ、両腕は上へ、外へ、尻を動かして、飛んだり跳ねたり、顔の表情を変えたり、明日は無いかのように本当に踊りまくります。そして、私のお気に入りは、ベッキーと踊ること！

マーは踊るのが大好きです。マーは私たちが踊るのを見るのも大好きです。なぜなら、私たちが、心配事を忘れ、考えないからです。私たちは自分の内と外にあるシャクティに対して完全にオープンになります。ドラムの鳴る音やジェームズ・ブラウン〔46〕の叫び声とともに、マーは私たちにシャクティを送りこんでくれます。踊ったり、身体をゆすったりしていると、私たちはシャクティを自分の中に通るように動かし、エネルギーを広げ、根づかせ、しっかりと定着させるのだと、マーは話しています。

最近まで、私は自分のサダナに運動を組み込むことに無関心でした。アシュラムの人たちが、その手助けをしてくれ、いつも成功したというわけではなかったものの、私が部屋を出て散歩をしたり、少なくともアシュラムの中を歩いたりするように促してくれていたのです。長年、三十代から四十代の大半にかけて、私はスポーツクラブに通い、ノーチラス・マシン（ベンチプレスやレッグプレスのできるマシン）やウェイトを使ったり、ステアマスター（電動式踏み台昇降機）を使ったりスチームルームに入って汗を流したりしていました。私はかなりたくましかったと言ってもよいでしょう。おそらく、私の運動不足はクレストーンにヘルスクラブがなかったからでしょう。それともこれはエゴのたくらみがなす、説明と自己正当化でしょうか?

身体の健康については、マーはここ数年は特にですが、何年もの間、私やそのほかの多くの人たちを、さまざまな方法で助けてくれました。私たちは世界中にあるいろいろな施設で、たくさんのヘルスケアの専門家によるセッションを受けてきました。アーユルヴェーダ、ホメオパシー、オステオパシー、クラニオセイクラル・セラピー、そしてありとあらゆるマッサージ方法です。それに加えて多くのハーブや療法、最先端技術や変容のためのツール(手段)である、トマティス・メソッドやスカラー・テクノロジーなどもあります。マーが私のために準備し、時には付き添ってくれたのは、プッタパルティ、デリー、ハイデラバード、ケララなどで数週間にわたって受けるパンチャカルマ(体内の汚れを流し出すアーユルヴェーダ治療法)でした。マーは私が静脈栄養法も受けるように手配してくれました。血液への紫外線照射も体験しました。栄養士にも何人か見てもらったことがあり、常にベジタリアンですが、新しい食事法も試しました。神聖幾何学装置や構造物を使ったり、その中に立ったり、血液検査や脳の働きの検査も受けました。お忘れでないと思いますが、その昔ボルドーで医師に診《み》てもらい、そのあとで赤ん坊のように泣いた私でした。

長年行なってきた私のサダナについてお伝えしましたが、私の内側と外側の世界の統制についてはどうでしょうか? 私は常に献身してきましたが、それはマーと、セルフにつながることに役立ちました。アシュラムで、規律と日々の定期的な瞑想、そのほかの実践に没頭したことで、セルフとまっすぐにつながった状態での思考、感情、行動ができ、内と外の世界の統制をより容易にできるようになりました。お

46 ジェームズ・ブラウン——アメリカの代表的なソウルミュージック歌手・プロデューサー。ファンクの帝王と呼ばれる。

伝えしてきたように、私の押されたくないボタンが押される経験をし、アシュラムの人々は私が変容するべき部分を見せてくれるための鏡としての役割を果たしてくれました。私を強くしてくれた人々とともに起きた転換については、特にしっかりとマーカーで色をつけるかのようにして胸に刻んでいます（例えば門のところから私を入れてくれなかった、あの夫婦です）。いろいろと共有することができたコミュニティの中でも、私と親しく語り合えた人たちは、特に初期の頃に、考えることや感じることを自分と同一視しないで、傍観者となるという学びを私に何度も教えてくれました。これはたいへん重要なことですが、マーと私たちのコミュニティにずっとともに過ごしてきた人たちが、どのようなあり方で、どんなふうに行動するかを体験として見聞きしたことは、私にとって、繰り返しの学びとなりました。私に自分自身を見せてくれて、さらにより大いなる自己統制へと導いてくれたのです。

私の自己統制に大きな影響を与えたのは、私のサダナの中でも非常に重要なものである、セヴァです。長年さまざまなセヴァを行なってきたことは、すでに述べました。どんなセヴァについても言えることですが、ある活動や人、コミュニティに無私で提供することは、あなたのセルフと導師に対して捧げることなのです。セヴァをすることは、それを目的としていなくても、自己実現にさらに近づけてくれます。真剣に、真正面からセヴァに取り組んで活動している時、考える時間はありません。心配したり、圧倒されたり、何かに気をとられたりする時間もありません。完全にセヴァの中にいて、献身しているのです。このようにして、私たちは完全に自分の魂とつながり、偉大なる存在、セルフ、そしてマーとつながるのです。

私にとって最大の恵みは、マーのために、そしてマーとともに多くのセヴァができたことです。マーと電話で話したり、個人的に会ったりすることで何時間も過ごし、ともにセヴァを行ない、同時にマーのシャクティと教えに満たされました。当初から、そして何年も経ってからも、マーが何かを言うと、それはまさに私が考えたり感じたりしていることでした。マーの言葉がその場ですぐに私を変容させたのです。何年も経ち、こういったことはもっと早い速度で、さらに深いレベルで私たちの多くに起こってきています。すべてが加速していて、私たちは自分の変容のために、こういった祝福を受け取る準備万端が整っています。

落下、それは統制への脅威

私たちがマスターになり、自己実現しながら進歩してゆく道筋。そこに現れる可能性がある障害や落とし穴との関わりから、統制について見てみましょう。これは、私たちの人生の中におけるエゴ、その役割とパワーの議論に戻ってゆくものです。

スピリチュアルの道には、常に決断と深い関与をする必要性が、あちこちに散らばっています。それは集中を持続して、マスターとなり、マスターとして生きるという、そもそも道の中に生きていることの理由を実現するためです。エゴにとって、それは起こってほしくない、ということを覚えておいてください。エゴの存在は、私たちが自己実現に近づくほど脅かされるのです。マーが警告していますが、新しいエネルギーが地球にやってきています。そしてその波動は上がっているのです。地球の変容がますます早い速度で起こっています。こういったエネルギーと、地球と人間性の目覚めによって、闇も活発になり、増大し、密度を増して、濃くなっています。疾病、死、苦しみといったものが多く生まれてきています。それは私たちが大混乱、大惨事と呼ぶものです。エゴは頭をもたげて、より大きな恐怖、抵抗、闘争、そして分離という考えとの同一化、といった共犯者を創りだしています。

私たちがスピリチュアルな道を生きていると、私たちのオープンさと、こういった新たなエネルギーの活用度が高まります。サダナを行ない、自分自身を捧げ、思考と感情、身体と感覚、欲望と雑念、といったものを統制するにつれて、私たちは自分たち自身のエネルギーを上昇させます。エゴは、波動を上げている地球において道そのものを生きて進化している人たちの中で、生き抜こうと闘っています。エゴはごまかしたりワナにはめたりしようと、ますます狡猾《こうかつ》でずるがしこくなります。見せかけの形で現れたり、巧妙な駆け引きをしたり、日々の生活の中で歪曲や幻想を創りだします。エゴは愚かではないということを忘れないでいましょう。その逆です。すべてのものと同じく、偉大なる知性でできています。エゴは私たちの中で、地球上で、生きて繁栄するという強い意志を持っています。そして、これは認めましょう。私たちは何世紀にもわたり、エゴにパワーを与えてきてしまったのです。

エゴのごまかしやワナはどういったものでしょうか？　大きなものとしては、批判があります。そのほかに、自分のこととしないで責任をとらない、他人のせいにする、他人の考えを自分に投影するといったことです。そして欲望、感覚、依存、執着を含む雑念があります。これに加えて、弁解したり正当化したりすること、恐れとエゴをがもとになっている自分の行動が道理にかなっているのだと他人や自分自身を納得させること。それだけでなく、その行動が考えうる最善の選択であるかのように思わせることです。傲慢さには気を付けないといけませんが、さらに悪いのはスピリチュアルな意味での傲慢さです。「私はもっと知っている」とか「私はあなたよりも優れている」とか「私はあなたよりも、もっと進化していて意識が高い」などです。そして道において一番大きく手ごわいワナがやってきます。それは、疑いです。マーと出会って間もない頃に私が抱いた疑念について、思い出してください。インド料理のレストランで抱きしめ合ったその時点で、私の献身は私の中に錨を下ろしました。疑念は知らないうちに進行し、とらえづらく、私たちの統制と進化にとってたいへん有害なものです。疑念はエゴの親友です。私たちが疑いを持つ時、他人や自分自身を批判したり、疑問視したり、そしてこれが最大ですが、責めたりします。そうやって私たちは人間関係や自分の能力や持っているパワーを損ない、弱めてしまいます。自分の恐れや私たちの統制と自己表現をおびやかす思考に力を与えることになるのです。疑念は、問題や論点、心配事を大きくし、それが私たちを圧倒し、動揺させ、人生で本当に大事なことから注意をそらさせます。疑念が原因で、私たちは満足したり、何かを完成させたり、自尊心を得るために、他人や自分の外にある何かに依存する羽目にも陥ってしまうのです。

あなたの中でなにかしらのイメージづくりや連想ができるように、ここで三つの例をあげましょう。これらの例は、スピリチュアルな道で私たちを待ちうける、ワナや落とし穴について理解を増し、そして深めてくれるでしょう。理解することで、ワナを避けることや、そこからすぐに方向転換することがより上手になったり、あるいはワナを変容させて、真実であることや自分自身の中で本物であることに再び集中し、それを整え直すことに熟練してゆくでしょう。

ピラミッドを登ってゆくこと。この例えについては、長年、マーはプログラムの中で何度も取り上げてきました。ピラミッドの形を想像してみてください。ピラミッドの頂上が、完全な統制、自己実現、悟り……どんな呼び方をしても構わないのですが、セルフまたは偉大なる存在とひとつになっている、私たちがやってきた根源と同じ、ただ在《あ》るという状態を表します。スピリチュアルな道で進化をしてゆくにつれて、私たちはこのピラミッドを登っていきます。いちばん下から始めて、素晴らしい経験をしていきます。新たな感情を味わい、見たこともないものを目にして、気づきと意識が拡大します。気分がワクワクして、興奮して、夢中になります。

私たちはピラミッドを登り続けます。なにかしらの思考や感情などが湧き起こってきます。古い習慣やパターンや、もう気持ちよく感じない、好きになれない反応と向き合うことになります。実践、マー、あるいは他の導師の存在を通じて、私たちは、こういったものに注意を向け、変換し、変容させて、ピラミッドのさらに高いところまで登ります。頂上に一番近いところまで来ると、すべてが素晴らしいと思え、私たちは落ち着いてゆっくりと進みます。しかし、エゴはさらに巧みに姿を隠しながら私たちを待ち受けています。エゴは自分の死が近づいているのがわかるのです。そして、何によって私たちを道から外《はず》れさせるかも正確に知っています。それは私たちの最も奥底にある恐れ、パターン、人生における課題です。これらは、人であったり状況であったり、私たちがわからないような形で現れて、目標から目をそらすよう働きかけてきます。疑念はピラミッドのこの地点で重要な役割を果たします。裏切りもそうです。こういった思考、感情、古いパターンなどと自分を同一視することに集中すると、私たちは負けます。私たちは忘れて、制御する力を失い、そして落下するのです。実践を重ねて、愛と献身に集中し、思考と感情を目にして、打ち勝てば、しっかりとつかまっていることができます。自分本来の姿を忘れることなく、登り続けるのです。これには、用心、忍耐、深い関与と、献身が必要となります。

抗生物質をきちんと取らないこと。ピラミッドの頂上に近づいてきて、すべてがうまくいっていて、ゆっくりと進んでいる時は、抗生物質を飲み終える必要はないと考えるような状態です。七日間のうち、五日間だけ服用したとしましょう。私たちは、気分が良くなり正常な状態に戻ったと考えます。服用す

「ピラミッドを登る」ことを説明するマー
Maa explaining “moving up the pyramid”

ぎたり、対症療法で身体に害を及ぼしたくないと思って、抗生物質を取るのを止めます。すると、また具合が悪くなります。と言うよりも、治りつつあった疾病が再び現れます。ピラミッドの頂上近くでは、バクテリア（すなわち、エゴ）は最強になっています。勝ち誇った表情で、いつでも襲いかかる準備ができています。そして私たちが抗生物質を全部服用しないと決めると、襲ってくるのです。そして私たちは病気になるというわけです。

錆《さ》びてゆくこと。私たちのコミュニティを離れると決めた人がいた時に、モーリシャスでマーが紹介した例えです。その人はマーとは長年、ともに歩んできた、親しい関係だった人で、コミュニティではリーダーであり、シニア・ティーチャーであり、実践者でした。マーは、どのように錆《さび》が鉄を損なわせていくかについて話しました。錆は鉄を腐食させて、自ら損なわせていきます。私たちもまた、自分自身を食い尽くしてしまうのです。批判、疑い、非難、自己投影、エゴとパーソナリティのメカニズムや策略などで、自分自身を破壊します。地上では鉄が最も一般的な元素であるということは偶然ではありません。先にも述べましたが、私も同じようにコミュニティにいた何人かのメンバーに起きた反応や決断、エゴの策略などを経験したことがあります。それは特に、その人たちがマーに親しく、シャクティに浸っている時でした。

自分の思考や感情と、それらが恐れからきているのか愛からきているのか、エゴからなのかセルフからなのかを十分に意識できるようになった時、人は、なるべきマスターになったと言えます。みなさんは今や道におけるワナや落とし穴のことや、自己実現にいっそう近づいてゆく時に、死ぬことを恐れるエゴが発揮するパワーについて学びました。分離という幻想や、根源と私たちとのワンネスという真実についても、より理解していただけました。ただ目撃者であり、幻想を強めてゆく積極的な参加者にはならないことです。あなたの内なる世界の美しさを、あなたの見方と人生の生き方によって、外の世界に持ち込んでください。実践し、実践し、さらに実践を重ねてください。学んで、サダナの中であなたが共鳴する実践を用いてください。進化とともに実践も見直します。献身しましょう。サダナに本気で取り組み、導師あるいは悟りを得たマスターを見つけたら、あるいは見つけてもらったら、その人に自分を捧げます。そして、敢えてこの言葉を使いますが、ゆだねましょう。あなたがゆだねるのは、ただ在《あ》るという状態、意識、純粋で永遠なるシャクティ、つまりあなたのセルフに対してです。

ここで、マーの教えの一つを記しておきます。それはスピリチュアルな道に関わるサットサンにおける教え子、ピラミッドを登ること、私たちの進化の段階についてです。道における段階とは、光を思い出していないこと（マスターに出会う前の人生）、光を思い出すこと（マスターとの出会い）、思い出した光を忘れること（パターンに直面したり、内外の世界での実践の中で起こりうる、よくある忘却）、光になるために自分に本気で取り組むこと（決意と集中によって）。そして最後の段階が実現、自分が光であることを知り、光として生きることとです。

私が経験から学んだこと

◆献身しましょう。愛とセルフと内なる導師に対して自分自身を捧げる、バクターとなりましょう。

◆サダナに本気で取り組みましょう。内面へと入るために役立つものであれば何でも構いません。自分と共鳴し、喜びをもたらし、最もパワフルにセルフへと自分を持ってゆくような実践を選びます。

◆実践とは次のものです。呼吸法（例：意識、循環、ウジャイ、スリーパート＝三部、プラナーヤマ）。一般的な瞑想（静寂＝スティルネス、アジナへの集中、ハートへの集中）。誘導瞑想（チャクラとサトル・ボディ、コズミック・ヴァイオレット・コンスーミング・フレーム＝紫の燃焼の炎、ブレイン・イルミネーション瞑想）。ジャパ、すなわちマーラを使ったマントラの繰り返し。チャンティング（詠唱）。踊りと動き。運動（例：ヨガ、太極拳）。食事療法と栄養療法。休息とリラクゼーション。ヘルスケアの専門家のもとを訪れる。変容のためのツール（手段）の使用。

◆セヴァ（無私の奉仕）はサダナの主要な構成要素です。なにも見返りを求めずに、活動を提供し、自分の魂・神に自分自身を捧げます。そうすることで私たちは、他の魂と私たち自身のセルフに祝福されます。

◆内外の世界の統制とは、ただ目撃にする人となり、自分の思考、感情、行動を認め、受け入れて、転換し、解放し、変容させることです。

◆自己統制とは、気づき・選択・決意・集中・実現です。

◆エゴに警戒してください。エゴの使命は、あなたがあなたであることを忘れ、分離という考えを促し、恐れをもとにしてあなたが意識をもち、人生を送るようにすることです。エゴの作るワナや落とし穴は、疑い・批判・非難・自己投影・雑念・正当化・傲慢さなどです。

◆道において進化を理解し、障害やワナに気づくための例えが三つあります。ピラミッドを登る。抗生物質を取らないでいること。錆がつくこと。

◆進化の段階とは。光を思い出せていないこと、光を思い出すこと、思い出した光を忘れること、光に自分自身を捧げることです。

第14章

そこに光あれ！

光は存在しています。そしてその光は、私たちの内側にあります。私たちのまわりと私たちが目にするいたるところに、光はあります。私たちがこれまでいたすべての場所にあり、この地球上にも、この地球を超えたところにも、すべての存在の中にも、光はあるでしょう。あらゆるものが光です。この光がここにあるのは、私たちが実感し、思い出し、活性化し、具体化し、放射するためです。「悟り」とは、この光のことなのです。光を私たちの脳の中に、意識の中にもたらすこと、肉体を持って光であることです。光に奉仕をし、そうすることで人類すべてがこのひとつの光であるという真実に気づき、ワンネスの中でともに光に戻ることになるのです。

本章で取り上げるのは、光、目覚め、悟りですが、私たちそれぞれにとってそれがどんな意味であれ、あまり意味を持たせすぎないようにしていきます。マーが著書『天恵《グレース》の花びら』とCD〝*The Intellectual Understanding of Enlightenment*（悟りの知的理解・未邦訳）〟における教えにおいて、とても明確にしていることですが、悟りとは、言葉や定義についてのことではありません。悟りは、シンプルで自然なことで、ただ在《あ》る状態のことです。悟りとは何かと、そのいくつかの側面についてもっと入ってゆく前に、まず、どうして私が最初にこのテーマを提起するのかについて述べたいと思います。

悟りに関する本はいろいろ出ていますし、悟りについての講義もあります。学究的な世界でも、スピリチュアルな世界でも、異なるコミュニティやワークショップでも、悟りは話題となっています。悟りは、人々を神秘的な気分にさせ、誘惑し、混乱させ、興ざめさせることもあれば、興奮させることもあります。悟りは多くの人を引き寄せるとともに、ある人たちを寄せ付けないものを持っています。悟りは可能であるとも、不可能であるとも、私たちは考えます。他のことと同じく、私たちは悟りを達成目標として見ます。こういう見方が悟りを私たちから遠ざけ、悟りを私たちの外側に置くことになってしまうのです。

以前の私は、悟りをひとつの目標として見ていました。スピリチュアルな道において達成することが重要だと感じていたからです。悟りについて考えたり、それについて他の人に話したり、本で読んだりしました。悟りのことで頭がいっぱいになったり、悟りを得ることに完全に集中していたということはまったくありませんでした。会話の中でますます話題に上るようになったのはずっとあとのこと、ピラミッドを登っていて、自分たちの意識の進化について内省するようになってからです。マーはある時点で、教え子の何人かが悟っていることを指摘し、その人たちは私たちのコミュニティのワークショップで、悟りについて他の人たちと話しました。私ですら、悟りについて話すために、一度ステージに上がったことがあります。

マーは私たちに、繰り返し何度も言っています。「あなたは、すでに悟っています」と。その意味は、私たちが光であることと、そのことに気づいていないだけだということです。私たちは意識のレベルではまだ理解していないのですが、内面の奥深くではわかっています。私たちは思考や感情、行動が持つ不純なものや、根源の光と分離した状態にあるという考え方によって、光を隠してきました。私たちが変容する時、私たちは思い出し、この純粋な意識として、セルフの高い波動の中で生きるのです。私たちは悟りの状態にあります。

みなさんには、あまり知性的になりすぎず、学究的や複雑になりすぎずに、悟りがどういうものかということの、広い意味での感触や感覚を味わっていただきたいのです。本章がみなさんの進化において、なにかしらの形でお役に立てればと思います。どうか、ここに書いている点を絶対的な事実や目標や、応えるべき期待とは考えないでください。ただすべてを取り込み、それにともなってやってくるエネルギーとシャクティと一緒に感じてください。言葉と思考をあなたの中で休ませ、浸透させるように受け取っていってください。あなたの奥深く、ハートの中、お腹の中で、真実として、今ここにいるあなた自身とまっすぐにつながった状態で、共鳴するものがあるかどうかを見てください。経験するものが何であれ、経験してみる、そして、なるがままに任せるのです。よろしくお願いします。

では、悟りの持つ側面と特質のことに戻りましょう。

ウィキペディアには昔からお世話になっていますが、その英語版での悟りの定義は「無知・欲望・苦しみから自由になった最終的な、神の祝福を受けた状態」とあります。無知（すなわち、エゴ、本来の自分を忘れていること、分離）、欲望、苦しみから自由になった祝福を受けた状態、というのには私も同意します。「最終的な」という言葉については、それほどの確信を持てません。悟りの段階というものがあり、それから私たちにはアセンションもあるからです。もうひとつ、私がウィキペディアで気に入った点を付け加えます。「(悟りは）根本的に変化した、あらゆるものは一つであるとして理解する意識である」。たしかに、悟りは意識の悟りのことであり、変化する、という悟りも、むしろ変容するのです。あらゆるものは、悟りの特定の段階で融合しています。それは、統一意識というものです。

マーは、自身の著書の中で「悟りとは何でしょう?」という章に、この状態が持つ多くの側面について書いています。ここに箇条書きで簡単に書き出してみました。マーの本のその章すべてと、マーの本も全部お読みになることをおすすめします。しかしながら、下記については、悟りとはどんなものかの感触をつかむ練習として使ってみましょう。

- 自由、解放の状態

・恐れからの自由
・身体と同一化することからの自由、身体への執着からの自由
・二元性（幻想、分離）からの自由
・感覚と欲望からの自由
・あらゆる障害、覆い隠すベール、レイヤー（積み重なり）、無知からの自由
・明晰な知性を持てる自由
・行なう者ではなく、目にする者となること
・無になること、純粋な意識になること（その状態にあること）
・光、愛、真実、神、根源となること
・「今」であること
・ひとつであること、「私たち」だけであること（「あなた、私」「私、あなた」というのではなく）
・無限であり、果てしなく、絶対的な完璧さであること

悟りは、しばしば自由、解放と言われます。モクシャはサンスクリット語で「解放する」という意味です。私たちは、幻想や、サムスカーラ（思考・言動のパターン）や、そして苦しみを引き起こす人生経験による刷り込みから解放されます。上にあげた「自由」という言葉を含むすべての点を取り込んでみてください。なにか思いつくこと、実感することに目を向けます。それから、その中に「〜であること」を取り込みます。というのも、この状態の中では、何かをするのではなく、ただ在《あ》るからです。私たちは、現在、今に在《あ》るのです。

悟りについて語る時に、「目覚め」という言葉が現れます。私見ですが、私たちは悟る前に目覚めます（すでに私たちは悟っていて、それを知らないだけだということを思い出してください）。どういう意味かというと、私たちは、さらに目覚めて、意識的になって、自分を抑えるものや、苦しみを生むものと自分を同一視することから自由になることができるということです。私たちは今までにないほど自由な状態になりえるのです。先ほどの箇条書きで読んでいただいたことのほとんどは、人が目覚めている時に当てはまります。しかしながら、悟りとは違い、目覚めた状態は永遠ではなく、安定もしていません。やってきては去るということもありえます。今の私が理解するところでは、私の理解も変わるかもしれませんが、悟りの状態という境地は百パーセント永遠のものであるのに対し、目覚めとは完全な悟りへの転換であるのです。

悟りの状態を確実にするには三年かかる、とマーが言っていたことを思い出します。しかし、マーも私もその時間の枠にはこだわりません。また、マーが悟りの段階について話していたことも思い出します。他にも語っている人たちはいますが、それは統一意識、神の意識などへの移行のことです。ここでは、そういった段階で分けることもしません。そうすると複雑になってしまいますから。今のところは、時間と概念については忘れるのが一番です。

スワミジという実験台。 先にあげた箇条書きの点と目覚めと悟りの境地について、私を一例として述べてみましょう。

私がインドに住んでいた時、プッタパルティでたいへんな高熱を出しました。服を着たままベッドに横たわり、汗でびしょぬれになっていました。ベッドにシーツを敷いてもいませんでした。私は気絶していたのです。その前に、私は何週間も長いこと、あちこちに出向き、サダナを行なって過ごしていました。ケララのグルナサンのところでのタントリック（密教的）・ワークや、バンガロールに近いババのアシュラムのすぐ外にあるマーのホワイトフィールドのアパートメントで、他の男性の教え子たちとともに何週間も過ごしていました。ババのダルシャンに行きました。瞑想をして、一人でタントラやそのほかの実践を行ないました。インドで過ごす年の終わりに近づいていた頃であり、サダナに没頭していたのです。

後からマーが言っていましたが、マーと教え子の一人は、回廊に面した部屋の窓から、私がベッドに身体を投げ出して意識を失っているのが見えたといいます。私の熱が少し下がった時に、マーは私と二人でインドのティルチまで車で何時間かかけて行く手はずを整えました。ティルチは、マリアンマのムルティ（活性化された生ける神像）と水銀でできたリンガム（シヴァ神の象徴）がある場所です。そこに行ったのは、アパジのためでした。アパジは米国のためにマリアンマの像を作っていました。そしてマリアンマと、もうひとつ作成されていた新しい像の間に、マーがエネルギーの橋を築くことになっていました。私たちはティルチを訪問しましたが、私は往復の車の中では休息していました。

この経験を持ち出す理由があります。それから数ヵ月後、私がアメリカに戻ってからマーが言っていたのですが、アメリカに戻るまで私が悟りに移行していかないように、一本の糸で私の意識を抑えていたということでした。今、こう言われたことの意味としてとらえているのは、その時の私は、永続的なものにするには数年かかる、覚醒した状態に入ろうとしていたということです。これについて、あまり意味を持たせることを私はしていません。このことを書いているのは、当時私は、このことも知性の鍛錬だと思っていたからです。それについて、なんだろう、と少し考えることはありました。特に悟りについて講演することを依頼された時などにです。当時の私には、悟りにはあまり意味はなく、私の状態がどのようであったか、どう定義されるかについては、今はまったく重要ではありません。

私自身の状態と、そしてそれがどのように定義されるか、あるいは定義されないのか、ということの関係性、これは重要な点をはらんでいます。なぜなら、それは私にとっても、誰にとっても問題にするべきことではない、と感じるからです。それはただ単にそれ、なのです。しかし、自分が進んできた道から、他の人が彼ら自身について何か学ぶことができるものを提供できると感じるのであれば、その人に役立ててもらえるように、自分がどういう状態であるかということについて述べることはできます。そのため、私が覚醒しているのか、悟っているのか、どちらでもないのかということについて、こうして書いているわけです。

以前の私の状態と現在のそれとを比べる時、どういったところが違っているでしょうか？　どこかで線を引くならば、「以前」というのは、およそ十年前としましょう。その時から今までの期間について、私の中で進化したと感じられるという点から書いていきます。それは、どのように私の状態や意識が変容していったかです。現在の状態についても触れながら、この章の最後まで進んでいきます。

過去約十年間で何が進化したでしょうか？　以前のように物事にこだわらなくなりました。どういうことかというと、自分の感情が出てきても、感情にコントロールされていると感じないのです。感情に圧倒されません。感情を観察しているかのように、感情に距離を置いているのを感じます。時に感情が私の中で愉快とは感じられないことはありますが。以前のように反応はしなくなりました。アシュラムの人たちに押されたボタンのことを覚えていますか？　今でも特定の行動や状況には苛立《いらだ》ちを感じることはありま す（ホーリー・シーッ！と言いたくなる時も）。ただし時間という点で違いがあると言えます。ここ数年の間に、感情、苛立ち、あるいは反応・反発を感じている時間は、以前よりもずっと短くなりました。

2005年インドにて。ダラムサラでのスワミジ
Swamiji in Dharamsala, India, 2005

時間に関する点についてはもうひとつあります。私は過去を思い出すためには、集中しないといけなくなりました。過去について考える時、こんな風に考えることもあまりしないのですが、自分は現在にいて、過去にも未来にもいないことを実感します。過去について質問されたり話したり書いたりしないといけない時にしか、こういうことを考えません。マインドの焦点や注意の向け方が違ってきて、過去から現在、現在から未来へ、あるいはその逆もですが、そういう風にうつろわなくなりました。

関連する点がもうひとつあります。私は心配をしません。心配は未来に関わることです。私たちは考えます。あるいは考えすぎます。今ここにあるところ、これから行くところ、その間にある距離について。あまりにも長い年月心配してきた、心配の専門家である私としては、これは大きな違いです。心配とは恐れに基づくのだということを、心に留めておいてください。最近はあまり恐れを感じることはありません。恐れを感じる時も、長く続くことはありません。それは例えば、モーリシャスで再び、ボートが出発してしまう前にゴムの浮き輪の中に身体を入れようとしていた時や、ボートが急に向きを変えたために宙に飛ばされるのではないかと、しっかりとつかまった時、くらいです。

思考、アイディア、情報が以前よりずっと簡単に、やってくるようになりました。以前していたように、分析したり、まとめたり、前もって準備をすることなどに、時間を使いません。これはシャクティという、ダイナミックで知性のあるエネルギーで、私たちがいつでもアクセスできるエネルギーに関係しています。心配せずに現在にいると、シャクティは自由に情報、言葉、アイディアを運んできます。私は数時間をかけて詳細な概要を考えて用意するのに時間をかけたりはしませんでした。それでも、素早く明確にやってくるのです。私にとってそうであるように、ここで書いていることが読者のみなさんにも明確であると良いのですが。シャクティとともにあること、何もせずにシャクティを活用することは、こういった状態の一部でもあります。これは、百科事典で答えを調べなくてもよい、すべての必要な情報を持っている意識というものと、進化しながら一つになることです。

マーと私のゲームを思い出します。私が負けるのですが。それは、お互いにどちらが先に言葉にするかというゲームです。多くの場合、何かマーに言おうとして私が少し躊躇《ちゅうちょ》したり、一呼吸すると、マーは私が言おうとしたことを先に口にします。あるいは、マーに電話しようとすると、マーが先に私に電話をかけてきます。以前のように苛立つ私であれば、こういう時は苛立っていたことでしょう！　流れ、溶融《ヨーガ》、そして、純粋な意識の中で、ただ見つめる人かつ創造者として安らぎながら一体化するというのは、こうしたことです。

今、両眼を閉じて呼吸をします。次に何がやってくるかを待ってみました。「シャクティ」についてもっと記すことにしましょう。私の振動数は以前よりも高まりました。振動し、エネルギーが両手から出て、呼吸とともに動き、自分の中で拡大し、自分を超えてゆくのが感じられます。この振動はその時々で大きくなります。例えば、今こうして書いている最中も、そうです。大いなる力、バイタリティ、そして自分自身の表現が、拡大するのを感じます。

多くの場合、私は脳の中で強い脈動を感じます。私の頭頂《とうちょう》が赤ちゃんのように脈動します。脳の中で、動きとつながりが起こります。とても重要なことがあります。私は眉間《みけん》にあるアジナ・チャクラが、開き、脈動しているのを、かなりしばらくの間感じていたことがあるのです。まるで入り口が開いたかのようで、大いなる存在との完全な一体感がありました。この文章を書きながら、それについて考え、そこに焦点を当てていると、このエネルギーと状態の大きさと強さが増大していきます。アジナ・チャクラという、マーが呼ぶところの「第一の目」が開くことは、覚醒に関連があります。アジナに焦点を合わせることが私は大好きであることも付け加えておきます。そこにある程度の注意を向けると、すばらしく拡大する状態に移るからです。そうすると家に帰ったような気持になります。

もう一つの点としては、アジナから拡大している時、あるいはシャクティの中にいる時、流れているということです。身体は存在せず、皮膚と骨の境界もありません。両目を開いていようと閉じていようと、拡大と無限性が存在しています。私は完全に、今ここに存在するのです。それはマーが「ナウ・イズム（今ここ主義）」と呼ぶものです。私がこうして書いているエネルギーと状態は、私が自分のハートの中にいればいるほど、私が愛に溢れて愛を感じれば感じるほど、大きくなります。私はその愛を感情として持つのではなく、自分のハートの中で、そしてハートから成長し拡大する、自分の中の振動として感じるのです。ほとんどの場合、ハートの拡大とアジナ・チャクラが開いて振動することの間には、強い関係性が存在します。

私がセヴァを行なっている時や、教えている時や、他の人とともにある時に存在しているシャクティには、二つの側面があります。セヴァをしている時、私はシャクティの中にいて、機敏で、エネルギーに満ち、明晰で、活発で、力に溢れてそのセヴァを行なっています。どのくらい時間がかかるか、どのくらいの時間が残されているか、ということについては考えていません。私が教えていて、他の人とともにシャクティの中にある時、私はその人たちを見て、大きな愛と喜びを感じます。その愛と喜びを放射して拡張します。私はその人たちとともにあり、会い、感じ、その人たちに自分を表現し、その人たちにも自己表現してもらい、エネルギーの交換をしてゆく中でひとつになってゆくことが大好きなのです。

その他にも、シャクティのこと、シャクティと私との関係性が引き続き進化していることについて、ひらめくことがいくつかあります。私がシャクティの中でセヴァを行なっている時、いかにしてシャクティとともにありながら急がないようにするかをより深く学んでいる、と実感します。それはどういうことかというと、私はあまりにも早いペースで前に進むために、呼吸することを忘れたり、肉体が緊張したりすることがあるのです。私がものを書いている時は、口をぎゅっと結んでいます。これについてはマーに意見されたことがありました。さらに、自分自身と自分の身の周りに対する意識が、さほどオープンでなかったり拡大していなかったりします。こういったダイナミックで加速した状態でいる時、私はニューヨーク市で過ごしていた頃のような早口でしゃべることもあったりします。そういう時、私は自分の言葉と思考のペースをゆっくりすることに集中する必要が生じます。それはまるで、自分自身よりも先に行っているような感覚です。つまり本当に今、この瞬間にいないということになってしまうのです。その他の点としては、私は水を飲まないで、自分の水分補給をしないところがあります。水分補給はシャクティとともに生き、身体を大切にする上でたいへん重要なことです。シャクティが私を満たすと、私は食べたり休んだりしたいとは感じなくなってしまうのです。

要約すると、私はシャクティに包まれている時のありよう・呼吸・身体（肩と唇をリラックスさせ、水分補給し、栄養を取る）について、より深い修得が必要です。マーからのシャクティの天恵《グレース》の中でくつろぎ、今ここに完全に在《あ》る必要があるということです。この「在《あ》る」ということが悟りの状態を測るものになると感じます。くつろいで現在に在れば在るほどに、悟りの状態そのものが確立され、しっかりと固定されます。これについて私は確実にはわかりませんが、そういう考えが私にやってくるのです。知らないけれども、知らないということもオーケーであるというのが、私の進化の大きなしるしのひとつであると実感しています。思い出してください。私は過去には、知ること・正しくあること・支配しておくことを必要とする人だったということを。今、私は「知る」必要はありません。そして、そのことで大いに安堵《あんど》しています。

「～しなくてはならない」というのは、悟っていないというしるしです。この他には「～するべきだ」とか「足りない」とか「努《つと》めている」ということも同様です。マーはこういった言葉について、いろいろと異なる状況で指摘しますが、みなさんにはおわかりになると思います。プレッシャーを創り出す言葉（～しないといけない）、自分自身への期待を増す言葉（～するべきだ）、何かが不足していることを暗示する言葉（足りない）、あるいは努力をほのめかしたり、自然な状態ではない言葉（努めている）、これらはすべて私たちの意識と、その時のありようについて、何かを伝えています。すなわち、私たちがピラミッドのどのあたりにいるかを示しているのです。

私にとって、悟りについてどのへんに到達しているかを示す最終的なしるしは、どのようにマー、導師、マスターとともに一体となっているかです。おそらく、私の進化の物差しとなるのは、マーがその言葉を言う前に、私がマーにその言葉を言えるかどうか、私に電話をかけようとしているマーに、私から電話をかけられるかどうか、です。マーとひとつであるということは、セルフとひとつ、脳の中と意識に「光が灯《とも》っている（in-lightened）」状態であるということです。愛・献身・実践・決意・集中が、私たち全員をそこまで運んでいってくれるのですが、それはすなわち私たちが、「マー」として自己実現をするということです。その状態をどう解釈するか、どう名づけるか、どう意味づけるかは、どうでもかまいません。その時点ではもはや、定義も、言葉も、意味もすべて、意味はないからです。

悟りの境地に移行するための発展的なヒント。マーは著書の中で、悟りに必要となる要素について述べています。その要素は、サダナの一部となります。この状態に移ってゆくために重要となる、自分自身の内側の状態について書いています。その重要な点について書きますが、私自身のものも付け加えます。

私たちは、完全にオープンになり、正直で、そして自分自身にも他人に対しても真摯《しんし》であることが必要です。いつなんどきも自分自身を初心者として見ることが必要となります。初心で学び、変容することを続けるのです。私たちは、惑星とエネルギーの変化に対して、自分をより大きな絵と動きの中の一部として見てゆくことが必要です。その状況の中で、私たちの目的が展開してゆくのです。肉体を持ちながら言葉で説明できない状態を体験する時には特に、信じるということが必要です。恐れが何ひとつない場所で、人生の中の今と、ここにあるということを、贈り物として受け入れる必要があります。その鍵となるのが喜びです。そして喜びは、許すことなしには存在しません。大事なことは、悟りに至りたいと切望しないことです。

先述しましたが、進化するシャクティとの、また私たちの新たな状態との関係を意識してゆくことも必要になります。そして、今ここに在《あ》り、セルフとまっすぐにつながり、集中し、安定できるように、必要となる内面の調整を行ないましょう。付け加えると、私たちの進化が進み、より自分自身のエネルギーを意識できるようになると、そのエネルギーを試したり、楽しんだりすることができるようになります。呼吸・思考・感情と、エネルギーのレベルやエネルギーの拡大と縮小との間にある相互関係を見ることが可能になります。エネルギーのマスターになることができるのです。エネルギーを身体の特定の部分や、チャクラ、サトル・ボディに集中させて、ハートと脳からエネルギーを広げたり、ハートと脳の間に広げたりすることもできるようになります。すべてのものがエネルギーであり、意識もまたエネルギーです。エネルギーを使う練習をして熟練すればするほど、エネルギーかつ意識として、私たちはいっそう進化していきます。

悟りとアセンション。悟りは意識のものですが、アセンションは肉体のものです。私たちは波動を上げて、サダナと献身を通じて、私たちの光をさえぎるレイヤーを取り除いていきます。私たちの意識は広がり、より高いレベルにある純粋な意識に到達します。私たちの肉体、すなわち脳・臓器・分泌腺・細胞・分子・原子・ＤＮＡ・ＲＮＡの波動を上げる時、アセンションのワークをしていることになります。これはイエス大師も含めたアセンデッド・マスターたちの身に起きたことですが、波動があるレベルまで達すると、身体的な形は光の中に消えます。これがアセンションです。

マーの使命であり、私たちのコミュニティの中でそれを受け入れる人たちの使命は、全員が意識を光で満たし、私たち自身である光を実現し、人生の一瞬一瞬を純粋な意識として生きることです。さらに、肉体という形の波動と地球の波動を上げてゆくことが、私たちの使命でもあります。それによって私たちと地球は光に上昇します。すなわち、私たちはワンネスという原初の、本来の状態に帰ってゆくのです。悟りのワークとアセンションのワークは同時に行なうものです。私たちがいっそうオープンになり、ワークへの準備が整ってきたため、マーがこういったことのために行なうワークは深められ、加速してきています。恐れを解放して、感情のパターンと深い傷を変容させる時、私たちの準備は整います。

みなさんの中には、そうしたワークになじみがない方や、理不尽だとすら思われる方もいることでしょう。しかしながら私には、それを知っていただきたいという思いが湧いてきます。なぜならこのことは、自分のいる道において、自分が何者であるかということを示す重要な要素であるからです。そしてそれは、私たちのもとに加わることを選び、運命をともに創ってゆく人々に対して、常にマーとともにある私が、自分の人生の中でどのように役に立っていきたいか、ということも表しているのです。

では、私はどうなのか?　ヴェーダ占星術師でもあるマーに言われたことですが、私は今、人生で大きな転換期を迎えています。今後、執筆と講演をすることを通じて世界を巡り、伝え、自己表現してゆくでしょう。「私」であることに、もっと自由になれるでしょう。この本が、その新たな自己表現と、私の内側でのより深い変容との、重要な一部になると感じています。そして、こうして書いてゆくことで、自分のエネルギーと自由が転換していることを感じます。現在、シャクティに包まれ、過去と現在が融合し、さらに長年考えも感じもしなかった記憶や触れることができそうな経験が、みなさんに知っていただくために、私の内側で再び浮き上がってきました。本書の原稿を見直しながら、いろいろな考えや記憶、ストーリー、学びがうねりとなって沸き起こり、本書に追加してゆくように導かれました。そのため、朝目覚めてはすぐに原稿を打ち込み、そして夜横たわっては、起きてまた打ち込むことを続けています。こうして回想し追記してゆくことが、私自身も、私のエネルギーも、私が私自身であるという感覚も、より豊かなものにしてくれているのです。これこそ本当に、続いてゆく変容、そして完璧に展開する進化のパワーを象徴しています。

完璧な展開という点で思い出すのは、マーによるプログラムのひとつに参加した時のことです。それはロスアンジェルスに住むベッキーを訪ね、モーリシャスに旅をして、本書の第一章を書き始める直前のことでした。そのプログラムは「プロファウンド・ヒーリング」(深い癒し)と呼ばれるものです。マーがこのプログラムを作ったのは、参加者二〇人と一週間密接に関わって、それぞれの人の中にある頑固な感情のパターンを明らかにし、根っこを取り除くためでした。とても安全な環境の中で、参加者は自分の影と闇に対面し、人生でどのように自ら自分自身に害を与えてきたのか、苦しみを創りだしてきたかを発見するというものです。マーは叡智と大いなる愛とシャクティをもって、参加者を導きます。まったく偽りのないシェアリング（分かち合い）と、強烈な解放、そして具体的な実習が行なわれます。そうしてマーは参加者を、両親や配偶者、子供たち、そのほかの家族のメンバーに対して持っている課題の核に深く触れてゆくようにするのです。参加者は自分自身の中に創ったものと、過去が原因で現在に存在する人間関係の中に創ったものを目の当たりにします。こうして参加者は、新たな気づきと変容を通じて、恐れや、心の傷や痛みを、平和と愛と自分には何一つ欠けているものはないという実感に変えて、自らを癒してゆくのです。

その時点で数百人がこのプログラムを受けてきましたが、私は参加したいという強い気持ちや衝動をまったく感じないでいました。私が受ける前に、娘が先に受けたくらいです。娘がクレストーンで他の若者たちとこのプログラムに参加した時は、私はアシュラムから外に送り出されました。娘が叫んだりするのを聞かないようにということと、私がそこにいることが、彼女の自己表現や結果として起こる変容に障害とならないように、ということからでした。思うに、参加したいとマーにそれまで頼んだことがなかったのは私の明晰さが不足していたためであり、そういったプロセスに自分がどのようになじむのか、他の十九人の参加者とともに自分がどんな状態になるのか、と緊張していた面も少しありました。その頃の私がすでに到達していた、ある状態（それがどんなものであれ）、私がアシュラムなどで果たしている役割、私とマーとの関係性なども考えあわせていました。

マーはプログラムの最初で全員に向けて、私がにぎやかしにそこにいると告げました。プログラムに参加することで得られるたくさんの恩恵については聞いていました。例えば、その次にシカゴで行われるプログラムで、マーによるダルシャンが受けられるということもです。何度かマーに電話をして、私が参加することについて同意をとりつけました。その時に、もうすでにプログラムのもたらす結果と影響に「執着」している、と指摘されました。幸いにも、参加者全員が私の参加を認めてくれました。マーは私が困惑するかどうかを見るために、私をからかっていたのだと思います。

数日が過ぎ、私はロールプレイに参加しました。それは輪になってシェアリングを行う中で、参加者のために神・導師・虐待的な家族などの役割を演じるというものでした。そこで、どんなに人が自分自身を苦しめて傷つけるかということを多々学びました。両親が自分自身のガラクタの中から与えるものを私たちが取り込んでしまうことの影響と、自分自身や人間関係の見方から、深いパターンや心の傷を自ら作り出すのだということを感じました。

同時に、自分についてては、両親や元妻やベッキーにまつわる深い心の傷や強い感情、あるいは未解決の人間関係、表現できなかった怒り、恨み、あるいは激情といったものを、感じることはありませんでした。それでも楽しかったのは、マーがみんなの前でどのように怒りや激情を表現するかを、どのように叫んですべてを出しきるかを見せるように、私に頼んだ時です。参加者は自分たちが怒りをとても強く表現していると感じていました。強すぎるとさえ思っていましたが、ほとんど音もたてず、なにも解放していなかったのです。私は立ちあがり、叫びに叫び、みんなを怒りに燃えながら見つめ、さらにもっと叫び、声も大きくしました。実際、そのあとの一日は、私は声が出なくなったほどです。

とはいえ、私にも二つの変容の源となることが生じました。それはプログラムの間にマーの天恵《グレース》によって起きたことで、それとともに、マーへのさらなる深い認識と感謝も起きました。それを知っていただきたいと思います。プログラムの初日の夜、マーは部屋の中を歩きながら、なぜこの場に参加しているのか、プログラムを通じて自分自身にどういうことを意図しているのかを参加者に尋ねました。私は、もっと喜びを感じ、人生でさらに力強く自分を表現したいからだと言いました。この二つは、先ほど述べた意図に関わります。

初日の夜が私の誕生日だったため、マーは誕生日のプレゼントとして、プログラムの四日目にベッキーとのことでワークを行ないたいか、と私に尋ねました。ベッキー役を演じる人を私は選び、ベッキーと私との過去の関係、私がどんな人間だったか、どんなに自分が至らなかったかを、その人に向かって話しました。しかし、そんなふうに話すことに違和感を覚えました。それは今の私ではなかったからですが、そう感じるとすぐにマーは、現在のベッキーとの関係について話すようにと言いました。それが私にとっての誕生日プレゼントとなったのです。ベッキーへの愛と感謝、自分の人生にベッキーがいてくれることのありがたさ、ベッキーとともにいることの喜び、それを言葉にしました。ベッキーへの思いを伝え終わる頃には、私は活力に溢れ、明るくなり、喜びでいっぱいになっていました。つまり、私は完全に表現ができて、喜びに満ちていたのです。私がプログラム参加で望んだことが、果たされたのです。

そこで終わりではありませんでした。もっとすごく良かったことがあります。シャワーでの出来事です。

その日は水曜日で、昼と夕方のプログラムの間のことでした。マーは私たち全員に、部屋に戻って熱いシャワーを浴びるように、と言いました。私はシャワーを浴び、いつものようにシャンプーはしないで洗おうとしていました。熱い湯を浴びて立っていた私は、クスクス笑い始めました。クスクス笑いが、大きな笑い声に変わりました。その笑いはお腹をかかえて笑うほどになりました。涙が顔に流れて、お腹が痛くなるほどでしたが、止めることできません。身体を曲げて、あえぎ、叫びました。自分がどんなに笑っているかを笑っていました。マーが今、どんなふうに私に奉仕してくれているかを知って笑い、なんという方法だと思って笑いました。プログラムへの自分の要望を思い出したのです。ありがとうございます、マー。私が望んだのはは喜び、理由を必要としない、純粋な喜びでした。この状態は二〇分ほど続き、熱いお湯の下で、私の指も身体のあちこちもふやけてシワシワになっていきました。ようやく身体を拭《ふ》いて、横になって寝よう、と決めてお湯を止めました。

私はベッドに入り、シーツの温かさを楽しみ、眠ろうとしていました。どうなったと思いますか。また笑い始めたのです。それからさらに十分間、信じられないことですが、そのことを楽しんでいたのです。私は完全に拡大した状態で、頭で考えることがなく、身体を感じることもなく、限りがありませんでした。夕方のプログラムのために起きなくてはならなくなるまで、意識を失っていました。

こうした体験、そしてそれに伴う意識状態は、マーがどんな存在であるか、多くのレベルで私たちにどのように尽くしてくれているか、ということについて認識をより強く確たるものにしてくれました。プログラムの中で、私はマーがエネルギーのマスターとして、私たちのエネルギーを見て、私たちが行なうワークを指揮するのを目にしました。そのタイミングと優先順位の付け方、集中力と奥深さに敬服しました。これはまさに本物の熟達した何かであり、マーの変わらぬ愛と献身、絶えることのない慈愛、私たち全員がもう苦しむことがなく、癒されて自己実現するように専心しているということがはっきりと見てとれました。マーについてのこの認識が、私の献身をさらに深め、ハートの中で、意識の中で、マーとのつながりを深めたのです。

重要な学びのために、現在に戻りましょう。私たちが覚醒していようと悟っていようと、どんな意識レベルや変容の段階にいても、誰がなんといっても、終わりはありません。少なくとも、アセンションをするまでは終わりませんし、その時にまた何が明らかになるか、誰にもわかりません。こうした事実を理解することで、私たちは謙虚になり、初心者となり、自分の中や人生で起こることを受け入れ、自分自身を変容させてゆくことを続けることに積極的になれるのです。

最近のことで適切な例をあげます。それは私の過《あやま》ちでしたが、インドのビザの有効期限が切れた後に新たなビザを入手することを積極的に行っていませんでした。法的な名前の変更のことなど、説明や理由はリストにできるほどたくさんありましたが、結局は私の意識が欠けていたためで、もっと早く行動をとらなかったということです。マーの最愛の導師がプッタパルティにある病院に入り、誰もがババはすぐに身体を離れるだろうと予測しました。マーはババに会うための旅の手配をしましたが、私はビザがなかったため、その旅でマーに付き添うことができなかったのです。マーは不満でした。私も不満でした。失望して悲しく思いました。マーの人生の中でも重大な時に、私はマーに尽くすことも、マーのお世話をすることもできなかったのです。

常に尽くし、教える人であるマーは、私に助言をしてくれました。その悲しさを、将来においてさらに素晴らしい行動をとるための手段とするように、そのために使いなさいと。とはいえ、私はすぐにその助言に従いませんでした。その代りに、さらに悲しさや心の傷、罪悪感、自分への怒りなどの一連の感情を感じ、引きこもるように自分を仕向けました。そしてマーからも、アシュラムの人たちからも、私のまわりにいる人たちからも、自分自身を切り離したのです。古くて深いところにあるパターンが再び浮上してきました。また私は洞窟の中に入ってしまったのです。その自分の状態は異質に感じました。なぜなら、私は愛に満ちておらず、人と関わらず、楽しみもせず、生きていなかったからです。よく泣きました。元気がなく、面白みを感じず、疲れ果て、活力がなく、自分が死んだように感じました。

では、何が私を、もっと自分らしい私に戻してくれたのでしょうか。そして次なる新たな状態がどんなものであれ、そこに進化してゆくようにしてくれたのでしょうか。それは行動です。私は、実践することにもっと積極的になりました。朝早くと夕方の瞑想、マントラ、プラナーヤマ、静寂の瞑想、マーへのアールティ〔47〕を行ないました。運動もしました。ストレッチ、ソロフレックス（ベンチプレスのできるシンプルなマシン）でのフリーウェイト、腹筋と腕立て伏せ、踊ることと動くこと、散歩に行くことなどです。サプリメントやホメオパシーのレメディーを取ったり、エプソムソルト（純度の高い硫酸マグネシウム）を入れた熱いお風呂に入ったりしました。感じていることをもっと言葉で表現することもしました。

こうした行動は、私により大きなエネルギー、注意深さ、自分自身との関わり方をもたらしてくれました。それによって自分の中で何が起こっているかを見ること、自分の変容に責任を持つことができるようになり、思考と感情を転換させて、内と外の世界の統制を行なうことにも成功できたのです。そして、自分にとって重要なことや、自分に与えられた権限と責任の実行のために不可欠なものを、以前よりもずっと明晰で力強い自身の存在のありようの中から、具現化して行動をとれるようになりました。そして、その行動と行動の結果が、さらに私の状態を転換させました。今も私は変容を続けています。

私たちは誰もがこの道において、どの瞬間も初心者なのです。自分自身と人生を体験するにつれて、よりいっそう深いレベルでの気づきを重ねてゆくようになります。古い心の傷を癒し、過去の習慣とパターンを手放していきます。根源から自分自身を切り離したことへの、原初の罪悪感も手放します。新たな気

―― 47 アールティ――火を灯《とも》して神や導師に祈りを捧げるヒンドゥー教の儀式。

づきとたゆまぬ行動によって、私たちはさらに素晴らしい自己統制を達成するのです。いかなる瞬間も、新たな始まりの時となります。ですから、再び始めましょう。そしてそこに、さらなる光あれ！

私が経験から学んだこと

◆悟りについて考えるために、たくさんの時間を費やさない。あるいは悟りにたくさんの意味を持たせすぎない。いわば、気楽に行くのです。悟りに集中しないことです。悟りはシンプルで自然な、ただ在《あ》るという状態です。私たちが、内面ですでにそれである光のことです。ですから、それを達成する目標とすることに意味はありません。受け入れることと、自分の思考・感情・行動を、恐れではなく愛を基盤にしたポジティブなものへと変容させてゆくことに集中しましょう。

◆悟りの側面として、以下のことがあげられます。

◇自由（恐れ、身体との同一視と執着、二元性、感覚、欲望、障害からの自由。明確な知性を持つことでの自由）

◇在ること（行動する人ではなく見る人となる、無、純粋な意識、光、愛、真実、神、根源、「今」、ひとつになること、無制限、無限、絶対的な完璧さ）

◆覚醒と悟りとを見分ける方のひとつは、私たちが完全に悟っている時、その状態はしっかりと自分の中で確立され定着しているということ。

◆過去五年間で自分の状態について私が気づいたり生み出したりした違いは以下です。

◇感情が留まることなく、長く続かない。以前のように反発せず、思考や感情にコントロールされたり、圧倒されたりすることがない。観察者、見る者となっている。
◇過去でも未来でもなく、「今」に存在している。過去・現在・未来の間で揺れることもない。
◇私は心配せず、考えすぎたり、分析しすぎたりしない。恐れていない。ちょっとした恐れを体験しても、それはすぐに消える。
◇私の脳はシャクティとともに脈動する。私のハートが拡大する時、多くの場合、アジナ・チャクラが出入り口として開く。
◇私は身体が無い状態に移行する。それは増大してゆく、拡張と無限の周波数。
◇自分のハートからやってくる偉大な愛、拡大されたエネルギーを感じる。特に教えたり、表現したり、伝えている時に。
◇私はセヴァを行なっている時にシャクティとともに動く。エネルギーが満ち、明晰で、積極的で、パワーに溢れている。
◇私はシャクティと、発展してゆく関係にある。シャクティとともに在り、その天恵《グレース》とともに在る。私はより一層シャクティの精通度を高める途上にある。そのために、急ぎ過ぎず、思考と言葉をどんどん先走らせて早口で話さず、身体を大切にすることを忘れない。
◇私は知らないことがあっても構わない。「しなくては」「足りない」「努めている」「するべきだ」という状態にあることは稀である。
◇進化のためのヒント。偽りがない状態であること、初心者であること、さらに大きな絵の一部であること。信念を持つこと。今ここにあること。許すこと。喜びであること。悟りを求めないこと。シャクティとの関係に気づき、自分のエネルギーを使って実践すること。

◆シャワーを浴びて笑いましょう、ベッドでも、どこでも、できるだけ頻繁《ひんぱん》に笑いましょう。

◆意識の悟りと肉体のアセンションは、どちらもマーの使命であり、私たちの使命でもあります。サダナと献身は光を覆っていたレイヤーを取り去り、私たちの意識と物質としての肉体の波動を上げてくれます。私たちは、そのワークのために共同創造し、人類すべてが一つになれば、その使命は達成されます。

◆私たちは道に在《あ》り、その道は続いていきます。

第15章

崖っぷちまで行ってみよう

「崖っぷちまで行こう」

崖っぷちまで行こう
落ちてしまうかも
崖っぷちまで行こう
高すぎて無理だ！
崖っぷちまで行こう！
やがて　彼らはやって来た
そして　彼は押した
すると　彼らは舞い上がり　飛んだ

ギヨーム・アポリネール作　あるいは　クリストファー・ローグ作

＊＊

そして彼女は押した……

マーは、いつでも愛を込めて私たちを押します。私たちがコンフォートゾーン（自分にとって楽な領域）を出て、さらに高められた形、目覚めた状態に変容するために、私たちが行く必要があるところへと押すのです。マーは私たちの光を見て、何が光をさえぎっているかを見ます。マーは私たちの魂と交信するのです。マーは私たちのカルマを見、そして私たちのこれまでのいくつもの生涯と関連づけて、私たちを見るのです。マーは知っています、私たちは強くなる者であり、光の柱となり、地球で何が起ころうと揺るがなくなることを。私たちがどこまで行くことができるのか、現在の私たちに何がふさわしいかを知っているのです。マーは私たちそのものであり、もっと意識がはっきりとしているだけなのです。

信用、信頼、ゆだねること。私はエゴやパーソナリティに騙されて崖から落ちるよりも、覚醒したマスターに押されることを望みます。飛ぶか落ちるか。それは私たち次第です。落ちるということは無知であることで、それを罪と呼ぶ人もいます。無知であるがゆえに、お互いからも、セルフ、根源、神からも離れていると考えます。私たちは内面に入って真実を見出そうとするのではなく、幻想を本当だと考えがちなのです。そのために、私たちは苦しみます。マーは言います。「私は、あなたの幻想をより良いものにするために、ここにいるわけではありません」。マーは私たちを楽しませたり、私たちのエゴをなだめるために、ここにいるわけではないのです。そうしたことで、私たちが目指す場所、内側にある、苦しみから自由になる場所にたどりつくことは実現しません。私たちの決意が早いか遅いかにもよりますが、どこかの時点で私たちはそこにたどりつくでしょう。とりわけ、導師あるいはマスターとともにある人はそうなると言えます。

あなたがマスターとともにいないといけない、と言っているわけではありません。そう言ってしまうことは傲慢であり、あなたという存在に対して、あなたにふさわしいことについて無神経でしょう。私が断言できることは、私自身の道のクオリティと進歩についてだけです。この先はまだまだ続く、ということも知っています。どれだけ「それ」に長い時間がかかろうと、私はマーとともにあることを選びます。なぜなら、自分にとって何がふさわしいのか、何が自分の真実なのかを経験し、感じ、自身の奥深くで知ったからです。自分自身だけでなくベッキーや、またその期間がどのくらいの長さであれ、マーと過ごす機会に恵まれたたくさんの人たちが、変容するさまを見てきました。マーの最高の喜び、導師の喜びというのは、私が、そして私たち全員がマーあるいは別な導師と、セルフとしての導師と、一体化することなのです。

私たちは素晴らしい転換期に生きています。これからやってくる新たな黄金時代の崖っぷちにいるのです。崖は高すぎる、落ちてしまうかもしれないと言ってもかまいません。けれども、この新たな時代に人類と地球のために先駆者となり、創造者となりたいのであれば、思い切って跳び、空へと飛び出すしかありません。実際、他に選択の余地はないのです。好むと好まざるにかかわらず、転換は起こっています。私たちはそこに参加するのか、それとも傍観するだけなのか。実は、抵抗するよりも流れに乗る方が、苦しむよりも内面のワークを行なって変容するほうが、ずっと簡単で、自己破壊が少ないのです。

マーは知っています。本当に飛ぶとはどんなものなのか、完全に自由となり、解放されるとはどういうことなのか。私は、マーとともにいて、ますます飛べるようになってきました。まだ同じ周波数、スピード、一貫性にはなっていませんが。生き、学び、変容するにつれて、私の飛行時間は増えてゆくでしょう。そして、私は自分自身の新たな高さと次元に到達することでしょう。私は、みなさん全員が私と同じく多次元的な存在であって、同じ光、無限で永遠の同じセルフであることを、見て知ることになるでしょう。

この本を書くことで、私は崖っぷちに来ました。自分自身に関するすべて、自分の経験と学び、ベッキーとの関係、生き方の選択について分かち合っています。こういったことを恐れて、そうする自分を止めることもできました。読んだ人がどう反応するかを気にして、特定の情報を伏せておくこともできました。しかし、そうはしませんでした。それは、自分が崖っぷちにいて、マーのシャクティと天恵《グレース》が私のためにここにあると、はっきりと知っているからです。こうして創作をし、本書を書く中で、私は今飛んでいます。執筆することをやめることなどできませんでした。言葉がどっと押し寄せては表れてきました。時間がまたたくまに過ぎました。自分がどんな人間であるかと、読者のみなさん全員に提供できるものすべてを表現する中で、今もまだ飛んでいます。

マーが常に言っている言葉で、かつてあるプログラムの呼び名にもなった言葉があります。「Dare《デア》, Dare《デア》, Dare《デア》!(思い切って、勇気を持って、挑戦する!)」です。挑戦することで、たくさんのことがやってきます。挑戦して崖っぷちまで来なければ、飛ぶことがどういうことか知ることはできません。自由に飛ぶために、あなたの本当の自己であるセルフに、解き放たれることを待っているあなたの中の真実に、押してもらってください。そのために、私たちはこの星にいるのです。自由になり、解放され、目覚め、悟り、そのように生き、創造し、献身することは、私たちが生まれながら持つ権利なのです。

たとえ話はここまでにします。一緒に飛行時間を蓄積していきましょう。実践し、私たちがすでにそうでありながらまだ気づいていない、聖なるパイロットとなりましょう。翼を持とうではありませんか!

そして、私はこう言います。「イエス、マー。私の準備はできています。」

エピローグ　五年の後に

本書の第二版の出版を決意するにあたり、二〇一一年以降に展開したことを、みなさんに知っていただくことができることをたいへん喜ばしく思います。すべてではありませんが、ハイライトとなるところだけをお伝えします。現在、経験と学びが私のもとにやってきていますが、本書を初めて書いた時と同様に、そのスピードはとても早いものです。あなたの人生で応用していただけるように、「経験から学んだこと」の追加項目を太字で記します。

今年、マーと私は今世の経験をともに生きる中、二十二年目を祝いました。マスターが肉体を持つ形で存在しているということ、その美を目にし、叡智ある言葉を聞くことができるのはなんと貴重なことでしょうか。マーも言っていますが、多くの人はマスターが肉体を持って存在していることを当然のようにとらえてしまっています。

本書が最初に出版されてから、二人の導師が肉体を離れました。マハラジから始めます。二〇一二年十一月二八日、それはマハラジがマハーサマーディ[48]に入った一年後でしたが、マハラジの肉体は彼の愛する地元カシのガンジス河に置かれました。その時、マハラジの百歳を祝いました。マー、私、そして何千人もの人たちが参列しました。マーは、「アトミジとアトミヤジ（魂と魂）」の章で記したのと同様の、愛と献身を表していました。式典の間、マーがマハラジの身体に対して、集中して注意を払っている様子を、私はそばで経験していました。そこには、マハラジの移行に役立つための、あらゆる細やかな気配りがありました。身体に何が起ころうとも、神聖な関係は続いてゆくのです。

長年、私は導師たちがお互いに愛し合う様子、導師たちの弟子たちへの愛を目にしてきました。私自身も、導師への弟子たちの愛に関わってきました。それは愛と献身です。マーは、しばしば言います。「私は自分の導師に対して献身している、といつも考えていました。今は導師がどんなに私に献身してくれていたかがわかります」。この言葉から、二〇一一年四月二四日のサティヤ・サイババのマハーサマーディを思い起こします。ババとマーは多くのさまざまな次元で常にともにいたにもかかわらず、マーはババが肉体をもって存在していないことを、たいへん寂しく思っています。

ババがこの世を去った時に、もうひとつ重要な学びがありました。私は法的に名前を変えていましたが、新しいパスポートもインドのビザも、申請は待つことにして、まだ行なっていなかったのです。ババが身体を離れた時、マーはプッタパルティまで随行してほしい、と私を呼びました。困難な時期にマーとともにいるためです。私は同行できませんでした。必死にパスポートとビザを取得しようとしたにもかかわらず、間に合わなかったのです。マーはたいへん失望し、私の認識不足と行動の遅れを指摘しました。私は非常に動揺し、自分自身に落胆し、自分の怠慢を非難しました。そして、重大な時にマーをがっかりさせたことで取り乱しました。悩み、罪悪感と自己批判にとらわれる、長すぎる時間を過ごしました。

マーと人生のおかげで、私は次の教訓を改めて胸に刻みました。

不愉快な経験（ネガティブと呼ばれるもの）を利用して、いっそう気づきを増し、変容し、違った行動をとるようにすること。申し訳ないと思ったり、自分で創りあげたストーリー、意味合い、そして苦しみの中に浸って、もがいたりしない。

私は自分の導師を失望させ、それによって自分自身にも失望しました。弟子の一人として、人生でマスターとともにある者として、これは自分のセルフに忠実ではないというしるしです。その時から三年の

48　マハーサマーディ――聖者がこの地上を去る時、意識を保持したまま肉体を捨てて神の霊の中に融合すること。またその時に行う最後の瞑想。

間、失望したことを、自分のパターンについて何かを学ぶために活用してきました。どのように自分が変容してゆくか、新たな選択と決意をしてゆくかについて、もっとはっきりとわかるようになるためです。私の道において、学び・新たな気づき・新たな行動は続いています。こういったことは現在の私の役割、ブラマチャーリたちとの関係、マーの組織とコミュニティに関連して展開しています。ここでたいへん重要なのは、自分がスワミ（高位の僧侶）であることをいっそう実感しつつ、私自身のためにそれが展開しているということです。

繰り返し起きる学び

人生＝大いなる自己であるセルフと、一直線につながったり、ずれたりする。

進化＝つながる速度はより早くなり、ずれる回数はより少なくなる。

意識の法則のパワー：たとえば思考や感情のように、あなたが意識を集中する部分は、それがなんであれ、あなたが人生で拡大したり、強めたりしているエネルギーである。

私たちが注意を向ける部分は、子供時代の歳月もふくめて、長い時間をかけて私たちの中で培《つちか》われてきたパターンと習慣からやってきます。ジャーニー・オブ・プロファウンド・ヒーリング（ＪＯＰＨ＝深い癒しの旅）はこういったパターンに取り組ませるものです。最近、ＪＯＰＨの卒業生たちとのカンフェレンス・コールで話をしました。このプログラムを私が受けた時のことをあげて、その時には取り組まなかったパターンがひとつあり、それが先年に出てきたということを話題にしました。

ＪＯＰＨのプログラムでの喜びの体験については、先述のとおりです。私は望んだものが得られたわけです。しかし、カンフェレンス・コールの前の数日間で実感していたのは、プログラムでは、喜びという贈り物を通じて変容したものの、自分の核となるパターンに真っ向から対峙《たいじ》せずに、避けていたということでした。それは完璧であろうとするという私のパターンです。私はスワミであり、マーとすべての人は私が完璧であることを期待している。それは完璧でなくてはならないというのは、私の期待だ。そしてそれを他の人に投影している！　育つ過程で私は完璧でなければならなかった。良い子であり、良い成績を取り、マナーも良く、きちんとした見た目の子供でないといけなかった。このパターンに関連する（関連した、と過去形で言えるかもしれない）ことは、他人に気に入られたいという私のパターンでした。

自分を収縮させるようなパターン、私たちのためにならないパターンに取り組まずにいると、そのパターンは取り組むまで繰り返し姿を現します。私が過ごしたこの一年は、その適切な事例です。私は「ザ・ビカミング・オブ・ユー　魂の目的を生きる」というプログラムの、立案と開催の責任がありました。それは世界の八ヵ所で行なうものでした。詳細は書きませんが、私はプログラムの概要を学ぶことや、他の人と教えることについて神経質になり、気持ちが収縮し、自分は完璧でなくてはならないような気持ちを感じていました。教える時のパワーは、マーのシャクティが流れるままにして、自分は媒体となり、あるがままに、参加している人たちと完全にひとつとなることで発揮されます。しかし、完璧さというパターンに固執することは、苦しみを作り、完璧さとは正反対のものを作りだすのです。

その一年間を通じて、私は自分の内側で起こっていることにより深く気づく結果となりました。それは完璧さへの葛藤、コースの概要へのこだわり、ティーチャーの任務を果たすこと、今ここにあること、人と関わり、エネルギー的に拡大すること、などです。他のティーチャーたちと、またはそれぞれの場所で参加者にさまざまなポイントについて、あるいは自分自身の状態について話す時、私は「完璧なティーチャー」になりました。つまり、愛とハートを表現し、参加者たちとのワンネスに移行できたのでした。

先ごろフロリダで、私はＪＯＰＨの卒業生たちに「ジャーニー・オブ・プロファンド・アウェイクニング（深い目覚めの旅）」プログラムを教えていました。マーの後継者の一人であるルシンダ、そしてマーのプログラムの制作を指揮し、世界中で教えているタイラー（現在はマーから「ティアガナンダ・ダス」の僧名を与えられたブラマチャーリです）とともに教えました。二人と教えたことで、完璧でありたいという自分のパターン、彼らと自分とを比較して物足りない結果に終わるというパターンが現れました。ある時点で、私は自分がどんな風に感じているか、自分自身が完璧であることを期待していることや、それが実際に人との間に壁を創り、自分のパターンがゆえに自分自身を全員から隔ててしまっていることなどを伝えずにはいられなくなりました。私がそうして分かち合ったことは、聞いていた人たちに大きな影響を与えたため、参加者にとってどんなに意味があることだったか、フィードバックを受け取ることができたのです。まさに完璧でした！

三つの学び

他の人たちに自分自身を表現したり、偽りなく無防備に接することで、私たちは自分のパターンを変容させる。

本当の自己を表現することからもたらされるメリットはたくさんあります。私たちは自分の内側にあるものを表現すると、ふさがれていたエネルギーを解放し、変換するのです。自分のハートと電磁波領域（脳のそれよりも六〇倍も大きい）を広げます。新たな脳の神経経路を創り、それが私たちを拡張させ、進化を加速させます。教訓から学んだものを他の人のために役立て、さらに自分自身により一層の意識を向けられるようになります。そして、新しくパワフルな人間関係を築くことになります。

自分にとって自分自身はどういう存在かがわかる背景の幅を広げて、私たちがそのものすべてを、持っている資質と才能を、人生経験を、そして自身のエネルギー・フィールドが持つ次元とパワーを、はっきりと理解する。そうすることで、自分のパターンを変容させる。

自分自身を高く評価できる点に立ち返り、自分が提供できることすべてについて本当の見方を持てるようになると、パターンに集中することから離れられます。自分を称《たた》えることです。私たちが提供できるすべてを、自分自身に思い出させるのです。それは、エネルギー的なものも含みます。私たちは自分の魂や太陽の（守護）天使たち、守護の神霊たち、ハイヤーセルフ（高次の自分）たち、マー、そしてすべてのマスターと光の存在たちとまっすぐにつながり、共同して創造できる多次元的な存在なのです。今、多数のエネルギーが地球には存在していますが、私たちの進化のためにそういったエネルギーを使い、自分の内側で活性化させることができるのです。これは、私たちの変貌（トランスフィギュレーション）と復活、そしてアセンションのために、二〇一五年の終わりからマーが教えていることです。

私たちはいつでも、古いパターンを新しいパターンに変えるという選択ができる。

私たちは、思考・感情・（行動としての）エネルギーを使って、どの瞬間にも創造できる創造者です。大事な点は、愛と喜びと遊び心を持った意識ある創造者でありつつ、拡大した高波動の存在であるための新たな道筋や経路、そして方法を発見することです。例えば、完璧でないのではないかと心配する代わりに、私は新たなことを試したり、何がうまくゆくか様子を見たり、私自身の選択やエネルギーと「遊んで」みたりすることでができます。不安を感じる時には、私は微笑み、笑い、もっと冗談を言うこともできるのです。

自分自身の見方の背景を広げることは、人生の中で起こることにも同様に当てはめられます。五年前、コミュニティが望んでいたものを提供することが難しかったために、ブラマチャーリはクレストーンのアシュラムを去り、デンバーに近いエバーグリーンに引っ越しました。このことは、私や私たち全員にとって、重大な転換点となりました。それは住まいのことだけではなく、どのように人生を生きてゆくかということについてもです。私たち自身の見方と、私たちに何が提供できるのかということについての、転換でした。以来、私たちは自己統制と自己表現の時間を増やし、リーダーシップとダルマ（人生の目的）に取り組むことを続けています。

こういった変化すべてに関する背景について、私の意見をお伝えしたいと思います。そうすることで、もしかしたら、あなたご自身の人生の見方が転換することができるかもしれないからです。アシュラムでは、私たちは日々の実践と、人格の変容、そしてセヴァに重きを置きます。私たちはマーによって多くのレベルで面倒をみてもらってきました。それは経済的にも、エネルギー的にも、実践を行なう上でもです。その期間に、私たちの変容はさらに深いところに移り、内側にあった多くの「ねじれ」に取り組んできました。そして癒されました。それから「世界」へと歩を進め、オフィスでの仕事を行なったり、経済的に自立することを始めたり、日々の生活の中でよりいっそう広い分野で、現実的に参加するようになりました。現在、私たちは世界中に広がり、ビジネスを開始したり、自分たちが提供できるものを開発したりと、個人個人で、そしてグループとして、新たな方法で貢献しています。マーの愛、献身、奉仕が、こういった変化の根底にあります。それが表しているのは、私たちのダルマ、つまり、こうして肉体を持って生きていることの目的を展開し、私たちの魂がさらなる進化を遂げることです。変容を続け、意識を広げていきます。いっそうの自己認識、自己表現、自己治癒、そして自己強化に向けて。

学んだこと。人生で起こっていることに関する背景を広げる。そうすることで理解を高め、その気づきによって選択と決意を豊かなものとして、自分の変容と進化にとって何が重要なのかを明確にする。

振り返ってみるに、私はエバーグリーンにある借家に一人で住んでいたことがあります。近くにはアシュラムの人たちの多くが住む家がありました。その一年前に引き受けたHIUのエグゼクティブ・ディレクターの役割を続けていました。これは誰も買って出なかったため、マーから頼まれたことでした。こういう書き方でおわかりになるように、私に熱意はありませんでした。その役割に全身全霊を注ぎ込むということもなく、一時的なものだと常に感じていました。その通りで、ほどなくそのポジション（およびアメリカの地域ディレクターについても）やめるように言われました。本当のところ、私はそのポジションを引き受けることでマーに奉仕をしていると思っていましたが、真逆《まぎゃく》のことを私はしていたのです。完全に関与することをせず、リーダーにもならず、自分ができることで貢献もしていなかったからです。

さらに三つの学び

「イエス」と答える時は、あなたにとって真実であることと一致しているかを明確にする。それに応じて本気で取り組み、行動する。あなたのビジョン、あなたの意図、あなたにとって重要なこと、どう自己表現したいか、どう貢献したいか、それらに合致するように行動してください。つまり、自己統制のステップ（気づき、選択、決意、集中、実現）を完全に実行するということです。

中途半端な思い入れでは決してうまくいかない！　ハートを中心にするとうまくゆく！

本当にそうだという時に「イエス」と言おう…「ノー」という時も同じく。ごまかさないこと。

過去数年間、私はヨーロッパをツアーして、アメリカ以外の七ヵ国で教え、コーチングを行ない、サットサンをリードしました。マーが設立したコミュニティとともに働き、新たなコミュニティを構築する手伝いをしてきました。この本だけでなく、本書に基づいたワークブックと三冊の冊子も出版しています。ウェブサイトも開設しましたので、たずねてみてください（www.inthepathoflight.com）。こちらのサイトには英語で数々の教え、記事、録音がアップされています。また私のブログ (www.insidetipsblog.com) には一〇〇近い投稿があります。ツアーを行なうことと書くことを通して、自分が愛すること、提供できることがいっそう明確になってきました。また最近は、世界中でティーチング・プログラムを開発・開催するティーチャー・チームを指揮する責任者になりました。

学んだこと。明確にわかる時は行動を起こし、よくわからないが良いと感じる時も行動する。実際に行動を起こすことが、答えを教えてくれる。行動によってシャクティが流れるがままにする。それは、ただ行動するために、衝動的に行動に参加するという意味ではありません。内省すること、自己認識、そして実際の行動、これらのバランスをとります。その行動が、さらに明確にわかるようになるために、正しい方向に自分を導いてくれるものだと感じた時に行動します。

さらなるアドバイス。行動自体の見方を拡大する。行動とは、**内なる行動**（思考・感情・視点・信念・夢・意識の在り方とエネルギーの状態）と**外的行動**（行ない・実践・コミュニケーション・交流）のことです。こうしたより広い視点から見ると、自分が作るすべてものに意識を向け、さらに大きな責任を持つことができるようになります。こうした見方とともに、**行動としてのサダナ、日々のスピリチュアルな実践**を行うよう、私は強調します。地球が大きく転換しようとしていること、変化が加速してきていること、地球上に強烈なエネルギーが今やあることなどから、習慣的に実践を行なわれることをお勧めします。これはやはり本当であると、以前よりもわかってきました。実践することがなんであろうと、そうすることで、内面に入ってゆく時や波動を上げる時、意識を拡大する時に、いっそう安定し、バランスが取れて、立ち直りが早くなり、パワフルになります。

私はクレストーンのアシュラムからエバーグリーンまで行き、自分の内側と外側の旅をしました。今は三年以上前に引っ越してきた、アリゾナ州スコッツデールに住んでいます。

マーとは、私がコロラド州から出ることについては話していました。サンディエゴは選択肢からは除外し、アリゾナ州で合意しました。私が選んだ理由は何かですって？　雪はもうたくさんでした。ここは海抜が低く、エネルギーが高く、美観の土地であり、自然も周辺部も美しい環境です。マーとともに二十年間知っている人たちも何人か住んでいて、その人たちとともにコミュニティを作る機会となりました。また、サンディエゴ、ロスアンジェルス、セドナ、グランドキャニオン、ツーソンにも、車であれば近い距離です。

ここアリゾナは、ふるさとのように感じます。九ヵ月してから、砂漠地帯のやや遠い北部から、樹木や花々などがたくさん豊富にそろった地域で、歩いて行ける湖が近くに二つあるところに越しました。家の窓の外側には大きな噴水があるので、一日二四時間、水の流れる音が聞こえます。私の瞑想用の祭壇はバルコニーに面していて、そこからは噴水と紫色やピンク色の花々が咲く青々とした木々が見渡せます。これで、今この文章を書いている私が目に浮かびますね。さらに便利なことに、マーと私は、私のアリゾナへの引っ越しを決めたものの、サンディエゴは今でも人生の中で大きな位置を占めています。サンディエゴへは、しばしば教えたりコーチングをしたりしに行き、成長し、変容中の、愛情溢れるコミュニティとともに過ごしています。そして雪は降りません！

アリゾナに引っ越してきて以来、自分自身に問いかけていることがいくつかあります。私は誰だろうか？　私には何が提供できるだろうか？　他の人と比べて際立《きわだ》つことはなんだろうか？　私だからこそ提供できること、自己表現できる方法はなんだろうか？　**本当に**自分がしたいこと、人に差し出したいものはなんだろうか？　新たに出会う人々に対して、新たなグループや環境の中で、どうしたら私は力強く箇潔に「私とは誰か」を話せるだろうか？

今の私は、人生において新たな段階にいます。それはこの文明が迎えている新たな時代の中で、私にとっての新たな時代です。マーのアシュラムでは七年間暮らしましたが、常駐のスピリチュアル・マスターという決まった役割を担《にな》っていました。マーの天恵《グレース》、そしてコミュニティの生活で浮き沈みがあったおかげで、私は変容を遂げました。私はサダナに集中し、それは内面のワークをすることであって、外でお金を得るというものではありませんでした。その後、エバーグリーンに引っ越し、サダナを継続しながら、経済的にも自給自足を始めました。今はアリゾナに住み、これまで通り、日々の実践と内面のワークを常に続けています。その中で、後述する非営利団体「ライト・レガシー（光の遺産）・インスティテュート」のエグゼクティブ・ディレクターの役割なども含め、新しく提供できることを創りだし続けています。

これまでにじっくりと自分と向き合い、内省してきました。自分がどういう人間で、どんなことを提供できるかを話す文案をいくつか書いてみました（二分バージョン、一分バージョン、三〇秒バージョン、エレベーターで出会った時のように手短かに伝えるバージョン）。自分自身で、こうしていろいろと自己紹介の下書きとなるバージョンを作って、さらなる明瞭さを内面に探しながら、複雑な気持ちになりました。昔のパターンである自己不信が再浮上してきたのです。自分が差し出せるものは何なのか、自分はユニークなのか問いかけました。自分自身を数行の言葉にまとめたり、その言葉を記憶しようとしたりすると、自分がどういう人間なのかを見失うことも、時にありました。一体、何がそうさせてしまうのでしょうか？　それは、大いなる自己、セルフとまっすぐにつながっていなかったからなのです。

それに気づくと、今度は何が起きたでしょうか？　私は、自分が学んだこと、経験したこと、自分だから提供できることを感じる感覚を思い出したのです。その感覚を感じ、感謝し、自信とパワーがよみがえってきました。私の進化のしるしは、そうやって自分を調整し直すことに時間が長くかからなくなってきたことです。とても重要なのは、そういった形で私の回復が早まるのは、実際にいつもと違う人々やグループと出会う時だということです。それゆえに、もうひとつ大事な学びですが、それは「頭の中で考えるところから抜け出して、**他の人たちに表現をする時、話をする中で、自分が何者であるかを自ら創り、その自分を理解し、感謝し、さらに体現していける」ということです。**

外に出て人と会うと、私は自分が人と一緒にいること、やりとりをして、ともに創造してゆくことを愛しているのだと実感します。ランドマークの上級コースを受講した時に、自分で創った可能性を思い出します。「『私』とは、人々が共同で創りあげる可能性のことである」これが、私が、世界中で教える中で表現したい私の情熱であると実感しています。特にプログラムでの、参加者との間で自然に出てくるやりとりなどはまさにそれそのものです。一昨年から毎年、日本を訪れるようになり、今年も訪問しますが、私はあらゆる人たちと心と心が触れ合い、変容を生み出すコーチングの人間関係にも、情熱を注いでいます。あなたと私は今ここで、ともに創造しているのです。私がこういった言葉を書き、あなたがそれを読み、私が自分のことを知ってもらい、あなたがそのうちのいくつかの言葉や学びに共感する中で。

世界中で人々に考えを伝え、分かち合っているのは、私一人ではありません。ブラマチャーリたちも、教え、奉仕し、新たな人間関係を創造し、新しいビジネスを創りだしています。対話の中で、私たちは自分たち自身のために新たな時代を創っていること、そして、それぞれが自己表現を通じて、共同で、かつ独自性をもって提供することによって、自分という人間があることを実感しています。私たちの、この新たな時代を何と呼んでいるでしょうか？　それは「一人一人の自己統制によるグローバルな拡大」です。

私たちブラマチャーリには、ティーチャーとして、そして、コミュニティに、光に、導師であるマーに奉仕する者として、それぞれのダルマと共同のダルマがあります。私たちは、エネルギー的にも実践的にも、ますます一致団結してきています。よりいっそう自分のダルマを表現し、その目的を果たすために、さらに力強く表舞台に出ています。私たちは、マーが決めたとおり、地球全体に広がるサイマー・ブラマチャーリヤ僧団です。僧団が持つ使命、そのメンバーと奉仕については、サイマーのウェブサイトに記載されています。

私たちがどんな存在かをもう少し感じていただくために、私たちがどのように新たな時代を展開しているか、地理的な状況をお知らせします。私たちは以下の地域で活動しています。

- ヴァラナシ（カシ）を中心とするインド
- チリおよびボリビアを中心とする南アメリカ
- フランス、日本、イスラエル
- 米国コロラド州およびアリゾナ州
- ヨーロッパ、カナダ、米国のツアー

私たちがブラマチャーリとして、僧団として、お互いやグローバル・コミュニティとともに、この世界にある時、どういった存在であるのか。その意味合いもまた、新しい時代に入ったことを、二〇一六年十月に日本の富士山麓で行われた「サイマー１０８マハ・ヤギャ」において、私たちは力強く明示しました。サイマーがインドとアメリカから一〇八名のパンディット（司祭）を招き、世界各国から約五〇〇名が参加したこの聖なる炎の儀式「ヤギャ」は、インド国外で執り行われたものとしては史上最大のものとなりました。このパワフルな儀式において、マーは新たに四名のブラマチャーリにイニシエーション（伝授）を行ない、すでに伝授を受けていたブラマチャーリたちにも再伝授の場を持ちました。これによってサイマー・ブラマチャーリヤ僧団は十二名のブラマチャーリと私の合計十三名を有することになりました。

さらに、これまでの世界への奉仕に加えて、サイマーのティーチャー全員が共に属する新たな非営利団体「ライト・レガシー（光の遺産）・インスティテュート」を立ち上げました。この団体は僧団のブラマチャーリたちがクリエイティブに表現するとともに、進化を続けてゆくティーチャーたちが企画立案し指導して、世界でサイマーの教えを展開してゆく、主要な表現手段となります。このインスティテュートはまた、インドのヴァラナシ（カシ）にサイマーのアシュラムを建設するための基金募集活動を監督し管理してゆきます。

私たちはこうして、この世界のすべての人々が内面に持つパワーに気づき、光として生きることができるよう、尽くしていきます。そしてそれはこの地球に、光を拡げてゆくという、マーと私たちのスピリチュアルな遺産を、ともに顕現させてゆくことでもあるのです。

二つの学び：集合的なパワーに感謝しながらアクセスする。人間関係を通じて共同で創造し、このパワーを増加させる。

ブラマチャーリたちと私は、こうして「光の遺産」をこの世界に継承してゆくという、自分たちならではの表現を開始しながら、集団としてのエネルギーが、いかに光の拡大と私たちのダルマに役立っているかを実感しています。私たちのエネルギーは団結してきており、内面で起こっていることを共有して、世界での活動を繰り広げる時、統一されたフィールドを創造しています。お互いに共鳴し合い、自分たちの内側に宿る、類似したエネルギーを活性化させ、拡大しているのです。

　自分自身についてさまざまなグループに話をするにつれて、私はスワミであるという思いがいっそう湧いてきました。それは一つの役、肩書、役割としてではなく、私独自のこの世界への捧げもの、存在の状態とエネルギーの状態としてのスワミです。そうです、スワミで在《あ》るのです！　このことは、私の内なる旅路と私のダルマを私ならではの方法で表現する上で、どんな意味があるのでしょうか？　その答えは、自己発見と自己表現の道において、魂とまっすぐにつながって創りだす、内面での行動と外側への行動からやってきます。内面のワーク、集中した実践を通して、私はスワミとしての自分自身を体現します。私は、この世においてセルフとつながり、幾度もつながり直し、それを繰り返すことで自分を表現する、スワミなのです。

　マーは言います。私たちはみな、全体として同じ目的、魂の目的を持っていると。それは、肉体を持ちながら、光で在《あ》り、神聖な愛で在《あ》るということです。この次元で肉体を得た時に契約したとおり、私たちはその契約を実現して生きてゆくことになっています。その目的の中で、私たちはカルマ、経験、資質と才能に応じて、独自のダルマ、個としての表現を持つのです。しかし多くの場合、私たちは高次の目的を忘れています。というのも、自分のただ一つの目的を見つけ出そうとして、「私は、本当はいま何をすべきなのか？」を自問自答しているからです。

教え：あなた独自のダルマは、あなたがセルフとまっすぐにつながっている時、あなたが愛と光という

魂の目的に合致している状態の時にやってくる。言い換えると、あなたがハートの中に在る時、あなたのダルマ、あなた独自の目的は明らかにされ、あなたの中を流れ始める。

日々の実践のためのアドバイスを差し上げましょう。意識しながら呼吸をし、ハートに集中します。魂の愛と光の中で広がります。マーを呼んでください。あなたのダルマ、目的があなたのところにやってくると思い定めます。明晰さがあなたのもとへやってくるがままにします。行動に信念を持ちます。瞑想の間とそのあとにどんな考えがやってくるかを見てください。他の人と自分の洞察を共有します。そうやって共有することが、あなたの目的についての視点を豊かにしてくれることに、気づいてください。あなたの目的を見出し、体現するために取れる行動が他にないかを確かめてください。

先ほどお伝えしましたように、私とブラマチャーリたちは、この新たな時代に、私たちの目的と、統一された集合的パワーを実感しているところです。私がスワミとして、ブラマチャーリたちとともにある中で、実感していることをお伝えします。現在の私はスワミとして、グループのエネルギー的なまとまりに貢献していると思っています。私は一人一人のブラマチャーリに、共存し共有することで私たちが持つパワーと、私たちのユニークさが持つ美に、いっそう感謝するようになりました。私がスワミになった時にマーが私に言った言葉を覚えています。私はもはやブラマチャーリではない、と。スワミとして伝授を受けたことは、私のエネルギー、意識、そして系列との関係性が異なるものとなったことを意味すると知っています。自分の決断と行動を通じ、この違いを自身に要求し、自分のものとするにつれて、私はその違いそのものとなり、マーと私の目的に対して、ますます完全に力強く献身してゆくのです。

自分がスワミであることをより深く理解すればするほど、私はより自然に、ブラマチャーリたちがそれぞれのダルマを実現し、世界で彼らの独自性を発揮するために尽くすことができます。彼らがダルマを表現するのに関われば関わるほど、私自身が進化し、私のダルマも高められるのです。私たちは世界中で教えることを通して奉仕していますが、旅をしたり、さまざまな文化に触れたり、世界的にコミュニティを形成するということは、私が情熱を傾けることとつながっています。私はブラマチャーリたちのメンター（助言者）として働き、コーチングをします。それを私は熱意をもって行ない、私自身の、独自のダルマが持つ重要な面を実現しているのです。そして私たちの一人一人がどう自身のダルマを表現しているかを共有することで、それぞれのダルマも、そしてブラマチャーリの集合的なダルマも、活性化されるのです。

共鳴の法則に関する学び：あなたがセルフとまっすぐにつながっていることをハートから共有する時、あなたは他の人のセルフとのつながりをも活性化させる。

本書の締めくくりに、最近ベッキーとともに経験したことで、とても重要な学びとして明らかになったことが、あなたにもお役に立つと思いますので、お知らせします。

ベッキーは、私よりもたくさんのランドマークのセミナー・プログラムを受けてきました。もちろん私たちは競争しているわけではありませんが（昔のように！）。彼女はコミュニケーション・セミナーに参加し、週末のセッションの時に私に電話をかけてきました。私は冗談めかして「休憩時間のワークの課題は私かい？」と質問しながら、会話を始めました。ベッキーが私に話してくれたのは、コミュニケーションのふたつのモードのことでした。ひとつは支配的で、権威的、話してばかりで聴かないという古いモード。もう一つは、オープンで愛に満ちていて、感動的で力を与えてくれる新しいモードのことでした。

ベッキーがそのことを話し始めると、私はとてもなじみのある収縮、自分に対して悪い知らせが来るような気がする時の、締め付けられるようなものを感じました。まだ私には足りていない部分がある、変化が必要だと思ったのです。ベッキーが続けて伝えてくれたのは、私が新しいコミュニケーションのモデルとしてどんなに完璧であるか、実感しているということでした。それだけではありません。私は過去において古いタイプのコミュニケーションで完全に機能していた人の代表であるけれども、現在において新たなコミュニケーションのモードで完璧に機能している人でもある、とのことでした。今の私自身がどんなに心動かされる存在であるか、どんなに劇的な変容を遂げたかを、ベッキーは私に教えてくれたのです。

このことは、私自身についてどんなことを教えてくれたでしょうか？　古いパターン、つまり反射的な、脳の偏桃体（恐れを司る部位）に突き動かされるような反応があまりにも強く、それは十億分の一秒くらいで現れましたが、それを無意識にコントロールしていました。すぐにうずくような痛み、緊張、不安を感じました。私の中にまだ残っていたパターンを見ることができるようにしてくれたベッキーに、とても感謝しました。ベッキーにそのことを伝えながら、目に涙を浮かべていた私ですが、それには二つの理由がありました。ベッキーにとても愛されていると感じたためであり、自分のベッキーへの愛をとても深く感じたためでした。私は、自己批判が自分の中にいまだにあることに悲しさを覚えましたが、その感情は私自身と他者への慈しみの心に変わりました。私たちは誰もがこういったことをするのです。自分自身の中に苦しみを創りだしてしまうのです。

一つ目の学び：習慣的、自発的、無（潜在）意識的パターンと反応が私たちに現れるのは、避けがたい人生の現実である。

こういったことは、私たちの子供時代、環境、先祖、過去生などに関係しているかもしれません。私たちの脳、細胞、肉体の中にあるのです。マーの教えでは、主たる実践としては、それを**認めること**（気づき、特定し、名づけて、自分のものであることを認識する）、**受け入れること**（それはそれとして、あるがままに、善い悪いではなく、今はそれが内側に存在しているだけ）、**歓迎すること**（ハートの中に連れてくる）があります。私の場合、すぐに意識し、涙と悲しさを感じ、そして慈しみの気持ちをもって、ハートの中でとても早く完結させることができたのです。

二つ目の学び：内面の変化は、意識的に段階を踏まなくても、非常に早く起こり得る。

私が行なったのと同じく、あなたも直観的に感じることができ、ご自分にこう言うこともできます。「またすぐに反応してしまった。何が起きたわけではない。ただ自動的にそうしてしまった。今、私の中にそれはある。よし、呼吸して、リラックスしよう。前はこういうことで苦しんだけれど、今はもう苦しむ必要はない。集中し直そう。今ここにある会話に戻っていくんだ」。覚えておいてください。**実践すれば、変化する速さも容易さも増してゆくのです。**

スワミであろうとなかろうと、人生にベッキーのような人がいようといまいと、私たちはみな、こういったことをともに経験しています。お互いから学び合えること、お互いとともに創りだせるものがたくさんあるのです。私たちの魂は、人生において肉体で行動し表現されることを待っています。内面のワークを行ない、古いパターンとエネルギーを変容させて、自分にとっての真実であることとまっすぐにつながり、光として自己実現することで、私たちは魂として生きられるようになるのです。

このエピローグと本書のすべてをお読みいただき、どこに共鳴するかを確認し、あなたの人生に活かすことができそうなものを探してみてください。その学びを用いて、ご自身で学んでみてください。そして、あなたがどんな人間になってゆくのかを表現することで、学ばれたことを共有していただきたいと思います。

マーとともに光の道を生きることは、自由、モクシャ（解脱《げだつ》）、悟り、光としての自分を、今もそして常に実現することへのいざないです。本書をお読みいただいたこと、実践をし、進化を遂げ、この世界に生まれてきて、マーと私とともに、この愛と変容の旅路をご一緒してくださっていることに感謝いたします。

オム・ジェイ・ジェイ・サイマー　（あなたの内にいる聖なる母、私の内にいる聖なる母に敬意を表します。）

富士山麓の「サイマー１０８マハ・ヤギャ」にて
儀式開始に際してマーにガーランド（花冠）を捧げるスワミジ

- *Love All Serve All: A Pictorial Message of the Lord.* Sathya Sai Publications of New Zealand.
- 「神の使者」 ゲイリー・R・レナード 著　吉田利子 訳　河出書房新社　2013 年
- 「奇跡のコース A Course in Miracle」ヘレン・シャックマン 著　大内　博 訳　ナチュラルスピリット　2010 年
- 「エノクの鍵への入門　聖なる１２の鍵の秘密」J. J. ハータック 著　森 眞由美 訳　ナチュラルスピリット　1999 年
- 「フラワー・オブ・ライフ—古代神聖幾何学の秘密」ドランヴァロ・メルキゼデク 著　脇坂りん 訳　ナチュラルスピリット　2001 年
- *Electrons: The Building Blocks of the Universe* by the Ascended Masters. Ascended Masters Teachings Foundation, 1995.
- *Energy Blessings from the Stars: Seven Initiations.* Virginia Essene & Irving Feurst. Spiritunfold, 1998.
- 「ババジと 18 人のクリヤーヨーガの伝統と自己覚醒への道」 マーシャル・ゴーヴィンダン 著　ネオデルフィ 監訳　1998 年
- *The Mother.* Sri Aurobindo. Sri Aurobindo Ashram Trust, 1995.
- 「終わりなき愛」 グレンダ・グリーン 著　大内　博 訳　太陽出版　2010 年
- 「思考のすごい力」 ブルース・リプトン 著　西尾香苗 訳　PHP 研究所　2009 年
- *Practical Spirituality.* John Randolph Price. Hay House, Inc., 1985.
- 「運命が好転する 実践スピリチュアル・トレーニング」 エスター・ヒックス、ジェリー・ヒックス著　草間　岳洋 訳　PHP 研究所　2007 年
- *The Story of Sanat Kumara: Training a Planetary Logos.* Channeled and edited by Janet McClure. Light Technology Publishing, 1990.
- *The Transfiguration of Our World: How a Light Alliance Is Transforming Darkness and Creating a New Earth.* Gordon Asher Davidson. Golden Firebird Press, 2015.
- 「ルーミー 愛の詩」 コールマン・バークス（英訳・解説） あらかみさんぞう訳　2014 年　ナチュラルスピリット　2014 年
- 「聖なる鏡 アレックス・グレイの幻視的芸術」 ケン・ウィルバー／カルロ・マコーミック／アレックス・グレイ 著　秋津一夫 訳　ナチュラルスピリット　2010 年
- *The House of Belonging.* Poems by David Whyte. Many Rivers Press, 1992.

スピリチュアル書籍の推薦図書

読書は新たな気づきと洞察にとどまらず、修練の実践方法やツール（手段）をもたらしてくれます。それらはいずれも実生活と、自身の変容に役立てられるものばかりです。以下はマーのもとで何年も繰り返し読み返してきた、私のお気に入りの本です。ごく大まかに、好きな順序で並べていますが、一番上の書だけは別格で、他を大きく引き離しての一位です。

（訳者註・英文表記の書籍は未邦訳のものです。）

- 「天恵《グレース》の花びら」サイマー・ラクシュミ・デヴィ 著　鈴木真佐子 訳　太陽出版 2009年
- *Life and Teaching of Jesus and Mary.* A.D.K. Luk. A.D.K. Luk Publications, 1983.
- *Law of Life (Volumes 1 and 2).* A.D.K. Luk. A.D.K. Luk Publications, 1959, 1960.
- *I Am Discourses.* Ascended Master Saint Germain. St. Germain Press, 1980.
- 「明かされた秘密」　ゴッドフリー・レイ・キング 著　八重樫克彦／八重樫由貴子 訳　ナチュラルスピリット　2015年
- *Magic Presence.* Godfre Ray King. St. Germain Press, 1993.
- 「あるヨギの自叙伝」　パラマハンサ・ヨガナンダ 著　自己実現同志会　森北出版　1983年
- 「［実践版］ヒマラヤ聖者への道」　ベアード・スポールディング 著　成瀬雅春 訳　ヒカルランド　2013年
- *I Remember Union: The Story of Mary Magdalena.* Flo Aeveia Magdalena. All Worlds Publishing,, 1992.
- *Anna, Grandmother of Jesus.* Claire Heartsong. S.E.E. Publishing Company, 2002.
- 「超越瞑想と悟り―永遠の真理の書」「バガヴァッド・ギーター」の注釈　マハリシ総合研究所　読売新聞　1994年
- *Paths to God: Living the Bhagavad Gita.* Ram Dass. Three Rivers Press, 2004.
- 「ビー・ヒア・ナウ― 心の扉をひらく本」(mind books)　ラム・ダス＋ラマ・ファウンデーション 著　吉福伸逸＋スワミ・プラム・プラブッダ＋上野圭一 訳　平河出版社　1987年
- *Sai Baba Gita: The Way to Self-Realization and Liberation in this Age.* Compiled and edited by Al Drucker. Atma Press, 2000.

ライト・レガシー・インスティテュート Light Legacy Institute

ライト・レガシー・インスティテュートは、ブラマチャーリたちが、サイマーの教えをクリエイティブに世界に紹介し、より多くの人々が内面に持つパワーに気づいて真の歓びとともに生きてゆくことができるようにする、そのための奉仕活動を推進してゆく非営利団体です。また、インドのヴァラナシ（カシ）に建設を予定しているサイマーのアシュラム、「サティヤ・サイマー・モクシャ・ダム」のための基金募集を監督・管理する団体でもあります。「サティヤ・サイマー・モクシャ・ダム」は、サイマーがこの世界に遺す光の遺産であり、長年インドで奉仕してきた人道支援活動の今後の拠点となると同時に、内面を見つめる生活の中で、霊性開発と向上、自己変容、自己実現を遂げてゆく、そのための神聖な場所として提供される予定です。

www.lightlegacy.org.
www.saimaahumanitarian.org/ashram

サイマー・ジャパン Sai Maa Japan

サイマー・ジャパンはサイマーの教えと愛を日本で紹介する団体です。サイマー・ブラマチャーリヤ僧団のブラマチャリーニであるラジェシュワリ・ダスィが代表を務めています。

Tel: 03-5544-8400　Fax: 03-5544-8401　E-mail: admin@saimaa.jp
ウエブサイト　http://www.sai-maa.com/ja
ブログ　https://saimaajapan.com/

2016年10月、富士山麓でのサイマー108マハ・ヤギャを終えて

サイマー・ブラマチャーリヤ僧団　The Order of Sai Maa Brahmacharya

「ブラマチャーリが呼吸する息のすべて、ブラマチャーリの中で呼吸する細胞のすべては、神の、真我の、偉大なる自己のためのもの。ブラマチャーリの目的は、喜びは、献身の美徳はたったひとつ、『悟りへのセヴァ』です。」

サイマー

サイマー・ブラマチャーリヤ僧団は、霊性の開発と向上を目的とする修養の実践（サダナ）に人生を捧げる終生の誓いを行った修行僧尼たちで、スワミ（高僧）、ブラマチャリーニ（修行尼僧）、ブラマチャーリ（修行僧）によって構成されています。

インドでジャガットグル（「聖者の中の聖者」とも称される最高位の精神指導者）ならびに1008マハマンダレシュワール（「偉大なる僧院群または教区の長」の意味）の称号を授けられているサイマーの系統・系譜につながる献身的な弟子として、その聖なる存在とシャクティを伝える「うつわ」として、ブラマチャーリたちはサイマーの教えを生き、体現し、分かち合う聖職者として奉仕します。現在スワミの霊的指導のもとに12名のメンバーが4つの大陸におり、プログラムを教え、スピリチュアル・コーチングを行い、人道支援活動を推進し、コミュニティを築き、世界中でサイマーの活動を支援しています。

それぞれのブラマチャリーニたちの純粋さ、献身、規律を通じて、僧団は世界中で人類の光としての意識を活性化させ、光として生きることの可能性を啓発する、エネルギーに満ち溢れた存在となっています。

http://www.sai-maa.com/ja/osmb

サイマーにアールティを捧げる
サイマー・ブラマチャーリヤ僧団

著者プロフィール

スワミ・パラメッシュワラナンダ

Swami Parameshwarananda

自己変容へと導く教師・コーチ・作家。世界中を巡り、英語とフランス語でワークショップとスピリチュアルな会合を開催。本人にとってのスピリチュアルな教師であるサイマーとともに過ごした22年間の中で得た実体験と実践的な教訓に満ちた書籍として、自己変容のための行動の起こし方を紹介するワークブック、行動と瞑想がもたらすヒーリングのパワーについて記した3冊のブックレット、ストレス軽減法について書かれた本の合計5冊を上梓。スピリチュアリティ、個人および社会の変容について数多くの文章と、自己変容のための瞑想とマントラのMP3音声を英語とフランス語で発表。

人道活動を目的とする非営利団体「ヒューマニティー・イン・ユニティー(HIU)」の理事および事務局長として、恵まれない人々へ食事を提供する「ジャスト・ワン・ハンガー・イニシアティブ」を始めとする数多くの人道活動プロジェクトに数年以上にわたって関与。インドで一年間のスピリチュアルな修行の実践を経て出家し、2004年からはコロラド州クレストーンのサイマーのアシュラム(僧院)である「テンプル・オブ・コンシャスネス(意識の寺院)」にてスピリチュアル・マスターとして僧院に常駐し指導する。2017年現在、新たに創立された非営利団体「ライト・レガシー・インスティテュート」のエグゼクティブ・ディレクターとして、またサイマーから伝授を受けた僧尼で構成する「サイマー・ブラマチャーリヤ僧団」のスピリチュアル・リーダーとして、アリゾナ州スコッツデールに在住。

出家以前は25年間にわたりコンサルタントとして会社員及び会社役員を対象としたコーチング、組織論、リーダーシップ、チームづくり、日本企業を含む外国資本企業のアメリカで事業展開などについてのコンサルティングを実施。ニューヨークの大手経営コンサルティング会社の共同経営者を経て独立、ユニセフをクライアントとして、その地球改革プロジェクトに携わるなどコンサルタントとして活躍。ニューヨーク大学で組織心理学の哲学博士号と心理学の医学博士号を取得した、ニューヨーク州認定精神分析医で、大手国際コーチング連盟からマスター・コーチに任命されている。

訳者プロフィール

清田 素嗣（せいた もとつぐ）

カリフォルニア大学アーヴァイン校（UCI）卒。中学卒業後に渡米。大学卒業後、ロスアンジェルスの日本語放送局に就職。帰国後も出版、テレビ番組・映画制作に従事していたが、サイマーとの出会いから通訳・翻訳者としての活動を開始。サイマーの教えの通訳と翻訳を通して、真の生き方の追究と実践を続けている。

山岡 恵（やまおか めぐみ）

東京外国語大学卒。20代でアメリカ、30代でイギリスに留学。訳書『あなたが生きにくいのはチャクラに原因があった』（デボラ・キング著、徳間書店刊）を櫻庭雅文氏と共訳。現在、秘書・ビジネス通訳・翻訳者としての活動のほか、アロマを通じて健康に豊かに生きる秘訣を世に広めている。

マーとともに、光の道をいきる
愛と変容の旅路

2017年2月22日　第一版　第一刷

著　者　スワミ・パラメッシュワラナンダ
訳　者　清田 素嗣　山岡 恵

編　集　倉持 哲夫
装幀・本文デザイン　竹川 美智子

発行人　西 宏祐
発行所　株式会社ビオ・マガジン
〒141-0031　東京都品川区西五反田8-11-21
五反田ＴＲビル１Ｆ
TEL：03-5436-9204　FAX：03-5436-9209
http://biomagazine.co.jp/

印刷・製本　シナノ印刷株式会社

ISBN978-4-86588-015-1　C0011